广东生产性服务业发展与制造业升级研究

——兼论金融与物流产业的支撑效应

程晓静 张蕾 肖斌 著

电子科技大学出版社
University of Electronic Science and Technology of China Press

·成都·

图书在版编目（CIP）数据

广东生产性服务业发展与制造业升级研究：兼论金融与物流产业的支撑效应 / 程晓静, 张蕾, 肖斌著. -- 成都：电子科技大学出版社, 2020.11
ISBN 978-7-5647-8450-8

Ⅰ.①广… Ⅱ.①程… ②张… ③肖… Ⅲ.①生产服务–服务业–产业发展–研究–广东②制造工业–产业结构升级–研究–广东 Ⅳ.①F726.9②F426.4

中国版本图书馆CIP数据核字(2020)第218678号

广东生产性服务业发展与制造业升级研究：兼论金融与物流产业的支撑效应
程晓静　张　蕾　肖　斌　著

策划编辑	杜　倩　李述娜	
责任编辑	罗国良	

出版发行	电子科技大学出版社	
	成都市一环路东一段159号电子信息产业大厦九楼　邮编　610051	
主　页	www.uestcp.com.cn	
服务电话	028-83203399	
邮购电话	028-83201495	

印　　刷	石家庄汇展印刷有限公司
成品尺寸	170mm×240mm
印　　张	14.25
字　　数	263千字
版　　次	2020年11月第一版
印　　次	2020年11月第一次印刷
书　　号	ISBN 978-7-5647-8450-8
定　　价	58.00元

版权所有，侵权必究

东莞市哲学社会科学规划常规课题：粤港澳大湾区建设背景下东莞制造业升级发展研究——制造业与高技术服务业"两业"融合的视角（2020CG13）

东莞市哲学社会科学规划常规课题：东莞市制造业高质量发展综合评价研究（2020CG22）

东莞职业技术学院金融与区域经济发展科研创新团队项目（编号:CXTD201804）

东莞职业技术学院级质量工程教学改革重点项目：基于多元融合的金融管理专业人才分类培养模式研究与探索

东莞职业技术学院级质量工程项目：慕课《信贷实务》（编号：Y20010301）

前　言

改革开放 40 多年来，广东作为我国的经济大省，依靠改革带来的优惠政策及优越的地理位置，实施"走出去"经济战略，经济发展迅速，产业结构不断优化。作为广东经济支柱的制造产业转型升级效果显著，产品附加值和技术含量逐渐提升。2013 年，我国服务业的增加值首次超越工业增加值，广东已经进入服务型经济发展阶段，服务业占比接近 60%，其中半数为生产性服务业。广东省产业转型升级十余年来，坚持创新驱动型发展战略，积极扶持服务业发展，生产性服务业产值增加明显。随着生产性服务行业对经济贡献力度的增强，广东省强调加快发展与先进制造业相配套的生产性服务业，引导生产性服务业向价值链高端转移。广东省制造业与生产性服务业融合效应如何？不同生产性服务行业对制造业的支撑力度如何？政府如何应对能更有效率？本书基于广东省的产业发展实际开展理论研究及相关实证分析，通过把握两大产业融合的发展规律，寻求促进产业融合的应对策略。希望此项研究对广东省甚至国内其他城市的经济社会持续发展均产生重要的意义。

本书以生产性服务业发展和制造业产业升级为主要着眼点，重点研究生产性服务业发展及两业融合对制造业产业转型升级的影响，分析如何促进广东省生产性服务业的发展，这对于更好地提升我国制造业的竞争力、实现产业结构优化发展和我国经济社会战略目标具有重要意义。本书的主要特点包括：从生产性服务业与制造业互动融合的角度研究产业融合对制造业升级的影响及路径，重点考虑了在以往研究中较少关注的细分行业研究——金融行业、物流行业；以价值链为视角，分析生产性服务业与制造业的融合过程模型、融合效应以及融合模式；从地区和行业层面分别测算广东省生产性服务业与制造业的产业融合度；针对章节内容与特点，选择典型案例。

研究团队一直致力于产业转型和产业融合理论及实践方面的研究，本书研究成果来自团队成员教学与科研方面的成果积累，通过调研、座谈、查阅资料等方式获得研究数据。本书一共九个章节,第一、二、八章由程晓静撰写,第四、五、七章由张蕾撰写,第三、六、九章由肖斌撰写。本书在撰写的过程中得到了方文俊老师、陈彩霞老师的协助,她们做了许多誊写、整理工作并提出了不少好的修改建议,在此表示深深感谢。

由于产业结构实践发展飞速且多样,而团队研究能力、范围有限,书中难免有疏漏、局限,甚至错漏之处,敬请各位读者、同行批评指正,对此我们不胜感激。

作 者

2020年11月

目录 CONTENT

第一章 生产性服务业发展与制造业升级理论概述 ⋯⋯⋯⋯⋯⋯⋯⋯ 1
    第一节 生产性服务业概述 ⋯⋯⋯⋯⋯⋯⋯⋯⋯⋯⋯⋯⋯⋯⋯⋯⋯ 1
    第二节 生产性服务业的演化过程 ⋯⋯⋯⋯⋯⋯⋯⋯⋯⋯⋯⋯⋯⋯ 6
    第三节 生产性服务业演化发展的成因 ⋯⋯⋯⋯⋯⋯⋯⋯⋯⋯⋯⋯ 9
    第四节 制造业升级理论概述 ⋯⋯⋯⋯⋯⋯⋯⋯⋯⋯⋯⋯⋯⋯⋯⋯ 13
    第五节 生产性服务业与制造业升级的关系 ⋯⋯⋯⋯⋯⋯⋯⋯⋯⋯ 17

第二章 广东省生产性服务业与制造业发展现状及融合分析 ⋯⋯⋯⋯ 26
    第一节 广东省制造业与生产性服务业发展现状分析 ⋯⋯⋯⋯⋯⋯ 26
    第二节 生产性服务业与制造业的融合关系 ⋯⋯⋯⋯⋯⋯⋯⋯⋯⋯ 34
    第三节 生产性服务业与制造业的融合对制造业升级的作用机理 ⋯ 41
    第四节 广东生产性服务业与制造业的融合水平测度 ⋯⋯⋯⋯⋯⋯ 50

第三章 生产性服务业与制造业融合特征对制造业的影响研究 ⋯⋯⋯ 57
    第一节 制造业服务化对制造业产业升级的影响研究 ⋯⋯⋯⋯⋯⋯ 58
    第二节 服务外包对制造业升级的影响机理 ⋯⋯⋯⋯⋯⋯⋯⋯⋯⋯ 69
    第三节 生产性服务业集聚对制造产业升级的影响研究 ⋯⋯⋯⋯⋯ 76

第四章 生产性服务业各发展阶段对制造业升级的影响差异 ⋯⋯⋯⋯ 88

第五章 广东省金融服务业对制造业升级的支持作用研究 ⋯⋯⋯⋯⋯ 96
    第一节 产业升级中金融产业对制造业支持的国内外研究现状 ⋯⋯ 96
    第二节 金融发展对产业转型升级的影响机制分析 ⋯⋯⋯⋯⋯⋯⋯ 101
    第三节 广东省制造业转型升级中金融支持实证分析 ⋯⋯⋯⋯⋯⋯ 110

第四节 金融发展支持广东省制造业——商业银行信贷视角 … 117
第五节 金融发展支持广东省制造业转型升级的政策建议 … 125

第六章 广东省物流产业发展对广东省制造业升级的影响作用研究 … 128
第一节 广东省物流业推动制造业升级的必要性分析 … 128
第二节 物流业支持制造业升级的机理分析 … 133
第三节 广东物流业发展现状 … 137
第四节 广东省物流产业发展区域差异 … 139
第五节 广东物流业对制造业升级影响的投入产出分析 … 147

第七章 高技术服务业与制造业融合发展研究 … 151
第一节 相关概念界定 … 151
第二节 制造业升级表现类型及影响其升级的主要元素 … 159
第三节 高技术服务业发展对制造业升级作用机理分析 … 161
第四节 中国高技术服务业发展现状分析 … 163
第五节 广东高技术服务业对制造业转型升级的影响 … 166

第八章 全球价值链下装备制造业与生产性服务业融合路径研究 … 172
第一节 全球价值链下装备制造业与生产性服务业融合系统 … 172
第二节 广东省制造业与生产性服务业动态匹配模式及选择研究 … 185

第九章 广东省生产性服务业与制造业发展城市案例研究 … 191
第一节 广州市生产性服务业发展模式——基于区域合作的视角 … 191
第二节 粤港澳大湾区建设背景下惠州市生产性服务业发展案例 … 195
第三节 东莞生产性服务业与制造业互融效应及路径选择研究案例 … 198
第四节 深港生产性服务业与制造业的协同集聚 … 215

参考文献 … 219

第一章 生产性服务业发展与制造业升级理论概述

第一节 生产性服务业概述

为了能够更加准确地对生产性服务业演化发展的一系列问题进行定性和定量研究,首先应当清晰地界定生产性服务业的内涵。

一、生产性服务业的含义

(一)生产性服务业的内涵

生产性服务业又称为生产者服务业,是美国经济学家 Greenfield 在 1966 年分析服务业的分类时首次提出的。Hubbard、Nutter 和 Daniels 等人从服务使用者的层面将服务业分类为生产性服务业和消费性服务业。二者之间的根本区别在于前者主要服务于生产者,后者则为终端消费者供给各类服务。也正是通过这种分类,生产性服务业开始受到国内外学者的关注。1975 年 Browning 和 Singelman 对生产性服务业的定义做了更清晰的说明,生产性服务业被定义为为工业提供保障服务,以保持工业生产过程的连续性,促进工业技术进步,提升产业和提高生产效率的行业。具体来说,生产性服务业包括金融、保险、法律工商服务、经纪以及其他为客户提供专业服务的知识密集型行业。Gruble 和 Walker(1989)从中间投入的角度来界定生产性服务业:生产性服务是一种中间投入而非最终产出,用来生产其他的产品或服务。生产性服务业也被称为中间投入服务,它满足商品和服务生产者对服务的中间使用需求,它是一种服务形式的生产资料,具有与消费者服务业不同的三个显著特征:首先,其产出直接投入到生产企业的生产成本中,是一种中间投入并非最终服务;其次,生产性服务在生产过程中起到整合、协调、控制、计划、评价等作用,并具有积极的前向关联性;最后,它是一个资本密集型、知识密集型和技术密集型的服务行业,可以将人力资本、智力资本和技术资本引入到商品和服务的生产过程中，同时它也是产品价值和产业竞争力的重要源泉。Hansen（1990，1994）从价值链的角度界定生产性服务，认为它包括上游的活动（如产品设计）和下游的活动（如市场调研）。高传胜和李善同（2007）提出生产性服务业具有宽、窄两种口径：狭义的生产性服务业指提供给第一、二、三产业作为中间投入使用的那些服务；广义的生产性服务业意味着除满足消费者最终消费需求的服务之外的服务都应被视为生产性服务。所满足的"生产者"对象不仅包括三个行业，还包括非政府机构、政府机构和国外机构。

基于以上分析，本书将生产性服务业定义为：生产性服务业是以人力资本、智力资本和技术资本为主要投入要素，为生产者提供中间投入服务的总称。它是从工业内部产生并逐渐独立发展起来的新兴产业，也是现代服务经济体系中最有活力、增长速度最快的产业部门。

（二）生产性服务业的外延

国内外学者对生产性服务业定义尚未统一，从而导致了行业外延范围的不确定性。另外，大部分服务行业既为消费者提供服务，也为生产者提供服务，从而使生产性服务业得到延伸，但也更难定义。显然，生产性服务分类是相关研究的基础和前提。目前，生产性服务的范围主要有三类。

1. 定性法

定性法是从产业层面对生产性服务业的范畴划分类别。本书特挑选具有表征性的服务业类别规整如表1-1所示。

表1-1 生产性服务业分类

机构或作者	范围
联合国国际标准行业分类（ISIC Rev.40）	运输和仓储、信息和通信、金融和保险、房地产、出租和租赁、专业和科技活动、行政和资助服务、教育
OECD公布的历年投入产出表	批发贸易及零售、交通及仓储、通信业、金融保险业、房地产及商务服务业
美国统计局（BOS）	不动产、金融、保险、商务服务、法律服务、会员组织及其他专业服务
英国标准产业分类（SIC）	批发零售业、废弃物处理业、货运业、金融保险、广告、研发、贸易协会
日本	批发、通信、金融、租赁、研究开发等

续 表

机构或作者	范围
中国加速发展生产性服务业促进产业结构调整升级的指导性意见（2014）	研发设计、第三方物流、融资租赁、信息技术服务、节能环保服务、检验检测认证、电子商务、商务咨询、服务外包、售后服务、人力资源服务和品牌建设
Browning &Singelman（1975）	金融、保险、会计、法律、决策咨询、开发设计、研究开发、市场营销、产品维修、运输、仓储和通信服务等
刘志彪（2001）	金融、工程技术、法律、广告、管理咨询、批发仓储运输、信息、教育培训等服务
程大中（2006）	金融服务、专业服务、信息服务、其他服务（如教育服务、生产性政府服务）
盛龙、陆根尧（2013）	交通运输、仓储及邮政业、信息传输、计算机服务和软件业、金融业、租赁和商务服务业、科学研究、技术服务和地质勘探业

2. 定量法

定量法通常使用投入产出表来计算每个行业的中间需求率或中间使用率，指数超过某个阈值（如50%或60%等）的行业被定义为生产性服务行业。高传胜和李善同（2007）利用投入产出表，将"中间使用率"和"非居民最终消费比率"用作判断狭义与广义生产性服务业的指标，将这种指标的平均值列为判断标准，超过平均值的划分为生产性服务业，低于平均值的则划分为消费性服务业。

3. 排除法

Gruble 和 Walker（1989）使用剩余法来计算生产性服务的产出，即生产性服务国内总产值＝服务和产品价值－消费者服务国内总产值－政府提供的服务。刘志彪（2006）将服务业按功能划分为分销服务、生产性服务、消费性服务和社会公共服务，因为分销服务的包含范围大多都是生产性服务。所以，由指标的计算过程来看，生产性服务的价值实质上就是第三产业的价值扣除消费性服务的价值，再扣除政府所提供的社会公共服务价值之后的余额。生产性服务业和消费性服务业共同构成服务业，但它们之间的界限非常模糊，内容划分有一定程度的重叠和交叉。许多服务行业同时为生产者和消费者提供服务，如交通、金融、流通、房地产、通信等行业。为企业生产环节提供的中间服务投入被视为生产性服务，为个人消费供给的服务视被为消费性服务。

因此，定性法和排除法无法准确地反映生产性服务业的真实范围，但相关数据更易于搜集与处理。选择定量法来衡量生产性服务业的范畴是最审慎、最符合科学标准的，不过在这个过程中需要大量符合实际的数据信息，处理也相对烦琐。

从表1-1中可以看出，生产性服务业一般涵盖了金融保险、物流运输、信息技术和商务服务等行业。为了准确界定生产性服务业的外延，需要采用定量法，借助投入产出表计算服务业各细分行业的中间需求率或中间使用率，将指标超过平均值的行业界定为生产性服务业。但是，我国投入产出表每五年编制一次，不具有充分的时效性。所以，本书的实证部分借鉴《国民经济行业分类》（GB/T 4754-2011）和《中国统计年鉴》中的部门划分，考虑到生产性服务业的内涵和数据的可得性，生产性服务业的范围被界定为流通服务（交通运输、仓储和邮政业）、信息服务（信息传输、计算机服务和软件业）、金融服务（金融业）、商务服务（租赁和商务服务业）和科技服务（科学研究、技术服务和地质勘探业）。

二、生产性服务业的特点

虽然对于生产性服务业，目前国际上仍缺乏统一的定义，但学术界普遍认为生产性服务业是为生产者而非最终消费者提供的中间服务，主要是为满足中间需求，保障工业生产的连续、高效、专业和低成本。生产性服务业隶属于服务业，其产出同普通服务产品类似，具有无形性和不可存储性。服务是无形的，在生产者消费此产品之前无法用感官感知其颜色、气味和功效等；服务的生产过程同时也是消费过程，两者在时间和空间上不可分割，在供给服务之时，服务的消费相应也会同时出现。不同于消费性服务业，生产性服务业实质上以生产者作为主要的服务对象，是一种高智力、高增长、高集聚、高辐射、高就业的现代服务业，具备四个显著的特点。

（一）中间投入性

中间投入性是区分生产性服务业和消费性服务业的最根本的特征。前者的产出是中间服务而非最终服务，它不直接参与生产或者物质转化，其主要作用是为生产环节提供相配套的辅助活动，以此提高生产者的生产效率。因此，对生产性服务的消费并非最终消费，实质上是为生产、为获得更加充裕的附加价值而进行的具有中间性特点的消费。

（二）产业关联性

产业关联性是指在经济运行中，各产业之间具有的广泛的、复杂的与紧密的技术经济关联。生产性服务业为企业提供中间服务投入，贯穿生产、流通、分配和消费等各个环节，它通过前向相关和后向相关与其他产业相互关联、相互依存，在整个产业链中是不可或缺的重要环节。国内外学者对此展开了深入的研究，Guer-rieri 和 Meliciani（2005）调查了各国出口贸易中金融业、通信业和商业服务业的专业化模式，发现一国发展竞争性服务经济的能力取决于与服务业关系最为密切的制造部门的结构；服务生产商在生产过程中也广泛地使用生产性服务业；信息和通信技术对生产性服务贸易具有重要的影响。Macpherson（2008）对纽约州制造厂商进行了长达10年（1994年至2005年）的跟踪调查，探究工业设计、合同研究和工程业等科技部门使用生产性服务业的变化，并评估外部引进对企业产品创新的贡献程度。调查结果显示，创新和服务业的利用率主要集中在纽约州的三个区域——纽约西部、中部和大都市区，这是由以网络为基础的技术以及公司层面的战略管理变化所驱动的。从20世纪90年代起，越来越多的制造商开始在外部搜寻研究、设计和产品开发活动。截至2005年，制造企业产品创新的成功与外部技术的帮助之间的联系比10年前密切得多。

（三）知识密集性

生产性服务业将社会中日益专业化的人力、智力资本引入商品和服务的生产过程中，形成了这些资本进入生产过程的通道（Gruble，Walker，1989）。因此，从要素密集程度来看，生产性服务业以先进技术、专业人才为主要投入要素，其自身的技术水平和知识水平较高，能为软件开发、信息传输、法律、管理、咨询、科研开发等过程提供智力服务。生产性服务业以高新技术如信息技术作为支撑，经由知识的生产、应用与扩散等环节来实现为生产而服务的目的，具备明显的知识与技术密集性的特点。

（四）技术创新性

生产性服务业指导着制造业的技术改造和产品创新。例如，IBM从制造大型主机转向IC设计服务和更广泛的全球IT服务，成了"服务和制造一体"的综合性公司。IBM提出的"云计算""数字化地球""智能城市"等概念是通过生产性服务业的知识成果实现自身的产业价值最好的实践证明。可以说，生产性服务业是现有国民经济体系中最具活力、最具创新性的产业，具有较好的发展潜力，是未来经济发展的主要趋势。

第二节 生产性服务业的演化过程

产业从产生到衰亡具有阶段性和共同规律性,这种过程的改变被称之为产业生命周期。Vernon(1996)在产品生命周期理论的基础上提出了产业生命周期理论。根据生物进化论的观点,具有生命现象的有机体都会经历从出生、成长到成熟、衰老至死亡的过程,即生命周期。产品、产业也具有"生命",也要经历一个开发、引进、成长、成熟、衰退的周期性过程,这种周期性过程会由于国家的技术水平差异而有所不同。生产性服务业是一个复杂的经济系统,犹如生物系统,是随着时间推移和内、外部环境交互作用而不断演化的系统,其演化和发展也完全符合生物学的基本规律。基于纳尔逊和温特于1982年提出的经济演化理论,众多学者基于不同视角验证了产业的演变过程。如波特(2005)认为"产业是因为某些运动中的力量产生变化的诱因和压力而发生演变"。产业演变主要来自于客户群体的变化、消费需求的变化、知识的扩散、产品的更新换代、产业流程的创新、政策的变化及市场准入变化等。产业的演化会由于产业界限的变化而在演变速度和方向上有所不同。这在生产性服务业形成与发展过程中尤为明显。国内外学者从技术联系、交易成本、经济服务化和产业演变等角度对生产性服务业发展机理进行了深入分析,尽管分析的角度有所差异,但多数研究都强调了生产性服务业与制造业的关系。本书基于生命周期理论,以制造业发展为线索,将生产性服务业的演化过程划分为萌芽期、雏形期、独立期、产业化期和高级化期。

一、萌芽期:制造企业内部服务意识产生

随着制造业的发展,制造企业的内部服务意识开始涌现,这为生产性服务业的形成提供了可能性。生产是企业的核心,企业围绕生产衍生而来的各种职能仅仅是用来缓冲外部环境带来的影响。在此背景下,服务被认为只是生产系统的辅助,这种观点并未充分认识到服务对制造的作用。Chase 和 Eriskon(1998)提出了更加开放的观点,即制造企业除了向客户提供生产的物化成果,还应提供基于生产的服务。这是对制造企业与消费者之间的关系的巨大改变,同时也确立了生产部门与其他职能部门之间的关系:互相提供服务。由此可见,服务意识开始显现。综上所述,制造业经历了从封闭系统到开放系统的转变,制造企业为了实现

规模经济，一改过去依托生产业务的"一体化"的经营模式，将企业的职能部门围绕核心生产业务进行细分，包括人事、财务、销售等，它们为生产业务提供服务，使生产业务能更好地满足消费者的需求。这个阶段可以说是生产性服务业的萌芽期。

二、雏形期：制造企业内服务专业化

一般而言，伴随着制造企业规模的扩大和内部价值链的深化，生产过程的各个环节会不断细化和完善，从原来的车间工作逐渐细化为市场调查、原材料采购、产品功能测试、营销和售后服务等环节。现代化生产不再以体力劳动为主要投入方式，而更多地依赖于人力资本的投入，服务活动逐渐成为生产过程的一部分。奎因（1992）指出制造业是创造物质财富的核心，服务业则是制造产品增值的关键。这充分说明制造企业内部服务的作用。在雏形期内，制造企业所需的各种辅助服务如研发、运输、销售等基本上都是由企业内部提供，外部生产服务市场尚未形成，企业"大而全"的生产体系使得生产效率低下，附加值低，缺乏核心竞争力。但是知识密集型制造企业对生产性服务的需求逐渐扩大。

综上所述，专业化分工使得制造企业内部服务流的重要性有所提升，这是生产性服务业产生与发展的重要基础。因此制造企业内部的服务功能是生产性服务的雏形。

三、独立期：生产性服务外部化

随着制造企业内部的服务日趋专业化，为了缩减辅助环节的成本，提高生产效率，增强核心竞争力，企业逐渐进入专业化服务"外部化阶段"，即企业通过购买外部服务（即服务外包）的方式使得企业中服务职能逐渐脱离制造业，继而形成了生产性服务。在独立期，外部的生产性服务市场逐渐形成，制造企业在生产过程中面临着各种生产要素是内部生产还是从外部市场购买的抉择，这直接影响着企业的生产成本、生产方式、组织结构和区位选择。如果外部采购更高效、成本更低，则应该由外部组织来完成；相反，如果企业自身能做得更好，则应该选择由自己做。科斯认为，随着社会分工的深入和产品交易规模的逐渐扩大，只要分工的边际收益大于交易费用的边际增加，那么劳动分工将进一步精细化和专业化，同时也会提升制造业的生产效率。的确，生产性服务外部化可以大大降低交易费用，实现资源与要素的最优配置。于是，制造企业的内部服务活动逐渐外化,外部生产服务提供商之间的竞争也日益突出。对生产性服务需求旺盛的不仅仅是先进的制造企业,甚至连普通的制造企业对生产性服务的需求也逐渐增加。在这个过程中,分工起着重要的作用。随着消费需求的日益多样化,制造企业之间的竞争也越来越激烈,大部分公司会改变战略——追求专业化而非范围经济。内化于公司的市场调研、研发、设计、会计、营销、咨询、售后服务功能逐步分离。这种"生产性服务"从"内化"到"外化"的转变是分工专业化和市场化程度不断提高的必然结果。制造企业利用外包来分散风险并将资源集中于价值链上最具竞争优势的核心环节,从而能创造更高的价值,增强企业的核心竞争力。外部的生产性服务市场的形成并不意味着制造企业内服务职能的消失,部分企业内服务仍然发挥着"黏合剂"的作用,并为制造企业提供了新的选择。制造企业的"内化"服务是产品差异化和产品附加值增加的主要来源。(李金勇,2005)由此可见,当生产性服务与制造业分离时,生产性服务会更加专业化,服务能力不断提高,由规模效应和学习效应带来的成本降低进一步推动了制造业将更多的生产性服务剥离,为生产性服务业的产生和发展创造了条件。

四、产业化期:生产性服务业形成

生产性服务外部化以后,随着其市场化、规模化和产业化的发展,客户数量逐渐增加,服务能力逐渐提高。同时,规模效应和学习效应带来的成本优势已经开始显现,进一步推动了制造业将生产性服务外部化,逐渐形成了生产性服务业。随后,制造企业开始从生产性服务企业采购辅助性服务,以降低生产成本,企业就可以投入更多资源从事核心生产环节,从而提高制造企业的生产效率,创造更多的产品附加值,增强市场竞争力。另外,生产性服务业的形成也为社会提供了更多的就业岗位,促进了社会经济的发展。因此,制造业越来越依靠生产性服务的专业化和个性化服务。制造业和服务业的分离是经济发展到一定水平社会化大分工的结果。但是,各国经济发展的历史表明,两个产业在发展过程中并不完全独立。生产性服务业作为一个重要的要素投入,可以促进制造业产业结构升级并向产业价值链的高端转移,从根本上改变中国制造业大而不强的态势。

五、高级化期:产业融合与产业集聚

随着制造业对生产性服务业需求的不断增加,生产性服务业逐渐向制造业价值链延伸、渗透和重组,逐渐融入制造业的研发、设计、运输、培训和售后等各

个环节中，为其提供中间投入服务。随着两产业黏合度的不断加深，相互依存度也不断提高，这使得产业边界日益模糊，制造业服务化和服务业高端化趋势明显。生产性服务业与制造业由共生、互动逐渐合二为一，最终形成融合型的产业体系。通过研究发现在生产性服务业演化发展的过程中，高端生产性服务多集中于国际化大都市，这就形成了生产性服务的空间集聚，甚至出现了集群式发展的态势。随着生产性服务业的区域性发展，刚进入该地区的少数几家核心服务企业具有强势的创业精神和创新意识，他们积极开展业务活动。尽管他们面临着环境不确定和技术匮乏可能引发的风险，但也可以获得一些有利的客观条件。例如，他们可以充分利用该地区的自然资源和劳动力资源，垄断需求市场。因此，这些核心企业必能获得可观的经济效益，产生更大的社会影响。一旦成功，他们将吸引更多的企业进入该地区，初步形成生产性服务业集群。可见，产业融合和产业集聚是生产性服务业发展的高级阶段，也是生产性服务业未来发展的方向。

第三节　生产性服务业演化发展的成因

产业的发展和升级离不开创新，而创新源于供求关系的演变。在服务经济发展过程中，生产性服务业与制造业互动、融合，并协同制造业向大中城市聚集，这样的演化过程是否存在推动力量？这些推动力量的作用机制是什么？为了回答这些问题，本节将深入分析生产性服务业演化发展的动力机制。总的来说，生产性服务业的演化发展是各种成因共同交织的产物，具体可分为内生动力和外生动力。

一、生产性服务业演化发展的内生动力

生产性服务业形成与发展的内生动力表现为制造业对生产性服务业的需求。从生产性服务业的演化过程可知，生产性服务业脱胎于制造业，并为其提供中间服务投入，因此，来自母体的服务需求是生产性服务业发展演变的基础。随着工业化的发展，社会物质产品种类日益丰富，人们的消费结构与消费偏好也在发生着变化，人们已不再满足于只拥有某种物质产品，更需要产品所附带的服务，通过服务能更快捷、更方便地使用产品，形成制造业企业产品的差异化特征。罗永泰（2006）基于企业对服务需求的分类进一步划分制造业的服务需求，将其同样

分为显性需求和隐性需求。显性需求指的是制造业已经意识到的、能够明确清晰表达出来的一种内在要求和行为状态。例如，制造企业的产品需要运往全国甚至世界各地销售，仅仅依靠企业自身的运输能力是难以实现的，通常需要公路、铁路、海运或空运等公共交通的协助，这即为典型的显性服务需求。隐性服务需求是指制造企业为了获得竞争优势所产生的一种潜在的、不明确表达的，且可以达到或超越企业预期的一种心理要求和行为状态。例如，中国的石油机械设备准备进军国际市场，但对国外销售规则的认识不足。以潜油电泵为例，国内的销售模式是买断式，而苏丹等国是租赁式的。

这种销售模式的差异使得制造企业在初次接触该领域时无法明确描述自己的服务需求。这时就需要生产性服务企业提供专业的意见与标准指导，将制造企业的隐性需求显性化，并有针对性地投入生产。显性需求更易被发现，而挖掘隐性需求、将其显性化却是生产性服务业市场发展的关键。由此就对生产性服务业提出了更高的发展要求，从而推动生产性服务业向更高端发展。生产性服务业发展同现代制造企业的服务需求之间的关系如图1-1所示。

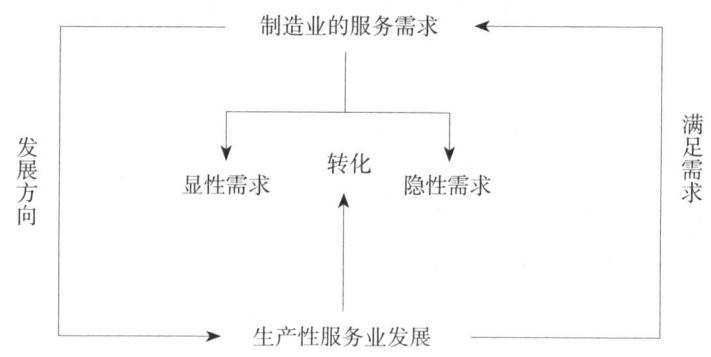

图1-1　制造业服务需求与生产性服务业的发展关系图

注：在苑雅文和罗永泰（2010）的基础上绘制而成。

总而言之，国内生产要素禀赋与要素结构正发生着巨大的变化，制造业的产业结构也逐渐向技术、资本密集型转变，需要改变制造业发展的要素投入结构，降低劳动、资源的投入，提高资本、技术、管理等要素对制造业增长的贡献。而生产性服务业具有人力资本密集、资金密集、技术创新等特点，它是先进制造业发展的智力支撑。随着制造业的快速进步，其对生产性服务产业的规模、服务类别、专业化程度等方面都提出了新的要求，因此，生产性服务业基于制造业的引致需求也在不断发展，其从母体分离，形成独立的产业，逐渐实现专业化、集聚化，并与制造业相互交融，推动制造业升级。

二、生产性服务业演化发展的外生动力

生产性服务业形成和发展的外部驱动力主要包括外部环境和政府规制的影响，具体表现为经济结构调整、国际分工深化和政府引导等方面。

（一）经济结构调整

20世纪中叶，随着英美等发达国家先后完成了工业化进程，经济发展逐渐从工业经济转变为服务经济。根据世界银行的统计数据显示（如表1-2所示），从服务业的世界平均水平来看，1995年服务业产值占GDP的比重达到了58%，这一比例在2016年上升到了68%；高收入国家的服务行业起步较早，1995年服务业产值占GDP的70%，2016年比1995年上升40%；中高等收入国家、中低等收入国家和低收入国家服务业起步虽晚，但发展速度均超过高收入国家，1995—2016年间服务业产出占比分别上升11%、5%和6%；2016年中高等收入国家和中低等收入国家服务业产出水平已占到GDP的一半以上。从世界制造业的平均水平来讲，1995年制造业产值占GDP的比重为21%，2016年此比例下降至15%；高收入国家1995年制造业产出占GDP的比重低于世界平均水平，2016年比1995年下降了4%；中高等收入国家、中低等收入国家制造业产出占比较高，但也呈现下降趋势，1995—2016年间制造业产出占比分别下降了5%和8%；中低收入国家制造业产出占比不足10%。可以看出，世界经济结构调整逐渐转向服务型经济为重心的趋势，且国家越发达，服务业的占比越大。

表1-2 世界按收入等级分制造业与服务业产出占GDP比重（单位：%）

分类	1995年		2016年	
	制造业	服务业	制造业	服务业
世界	21	58	15	68
高收入国家	19	70	15	74
中高等收入国家	26	48	21	59
中低等收入国家	24	47	16	52
低收入国家	9	42	8	48

20世纪60年代,世界主要发达国家开始以服务业发展为重心,逐渐形成由"工业型经济"向"服务型经济"转变的趋势。从发达国家生产性服务业的发展经验来看,工业比重的下降释放了大量的就业人口,他们迅速转向服务行业,为服务业发展提供了必要的人力资本储备。同时,一大批工业企业开始调整现有的生产模式,集中主要资源进行研发和技术创新,大力发展"高精尖新"工业,使得传统工业加速同生产性服务业融合,逐渐实现产业一体化,也加速了生产性服务业的聚集,从而使生产性服务业开始向高级化阶段发展。

(二)国际分工深化

新古典经济学认为,分工是经济结构调整的必要条件。在经济发展过程中,当生产力发展到一定水平时必然会要求对劳动要素进行细分,于是社会化分工开始。梳理国际分工模式的历史演进过程可以得出大致经历了三个阶段:产业间分工、产业内分工和产品内分工阶段。一种或几种劳动脱离生产过程形成了各产业部门,即为所谓的产业间的分工,这种分工源于要素禀赋的差异。与产业间分工相对应的概念是产业内分工,规模经济是产业内分工的源泉。当单一的产品生产过程被切割成可分工的若干阶段,如研发、设计、采购、生产、运输、仓储、销售、售后等,就形成了一条完整的价值链,产品内分工出现。在整个价值链条上,研发、设计、核心组件生产和营销等高附加值环节占据了价值链的高端部分,而原材料供应、生产组装等低附加值式工序则沦为价值链的低端部分。分工的深化使市场需求更加多样化,竞争也更加激烈。企业已经不将"大而全"作为发展目标,而是将其产品的某些生产流程外包给其他企业。这不仅可以使企业专注于自身优势,形成核心竞争力,而且还可以使企业通过外包获得更先进的技术、更低廉的价格。因此,整体分工提高了生产效率,也逐渐形成了独立的产业——生产性服务业。

(三)政府引导

在生产性服务业的发展过程中,政府的引导不可或缺。以日本东京都市圈为例,在20世纪中叶,日本政府开始着眼于东京都市圈的长远规划,将东京都市圈定位为全国管理中心枢纽,并计划建立东京都市圈卫星城。这都为东京都市圈的产业转型创造了制度环境。伴随着东京制造业的向外转移,生产性服务业也同步发展起来。20世纪70年代后期,日本政府提出从"贸易立国"转向"技术立国",生产性服务业也逐步从人力、物流等传统服务职能转向资本、知识技术等服务职能。到了20世纪末,东京都市圈实现了产业结构的转型,即由以制造业为主导的产业结构转型成以服务业为主导的产业结构。随后日本政府先后通过了《信息技术国家基本战略草案》《国家产业技术战略》等高新技术产业发展规划，确定了以信息服务作为新增长引擎拉动整个生产性服务业的发展的发展战略。从东京都市圈生产性服务业的发展过程中可以看出产业政策的制定、政府规划的出台对资源要素的吸引起着决定性的作用。

第四节　制造业升级理论概述

一、产业结构与产业结构升级

（一）产业结构

产业结构概念始自于20世纪40年代。最初，利用这个经济概念分析经济问题时，其含义是不规范和不明确的。随着产业经济研究的深入这一概念才逐步明确起来。我国学者刘志彪认为产业结构有两方面的含义：一是从量的方面看，它是指国民经济中各产业之间和各产业内部的比例关系；二是从质的方面看，它是国民经济中各产业的素质分布状态，即技术水平和经济效益的分布状态。学者刘伟认为产业结构分析是揭示产业及产业之间相互运动关系的理论，产业结构研究主要包括三方面的内容：研究各产业之间在生产规模上的比例关系，所涉及的是量上的结构均衡问题；考察各产业之间内在的质的联系，所涉及的主要是产业结构高度和结构效益问题，产业结构研究是这种量的和质的结构分析的统一。考察产业间在投入产出联系上的特点，分析在技术上具有相似、连续性的产业间投入产出关系，使结构分析与社会再生产过程分析统一起来。上述观点对本书正确理解产业结构的概念很有启示作用。所谓产业结构是指在社会再生产过程中，一个国家或地区的产业组成即资源在产业间配置状态、产业发展水平即各产业所占比重以及产业间的技术经济联系即产业间相互依存相互作用的方式。目前这一领域主要包含三方面的内容：一是产业结构的形成和演进规律；二是产业结构的优化及其与经济发展的关系；三是产业结构的调整与手段，主要涉及产业政策的内容。

（二）产业结构升级

产业结构升级是指在技术进步条件下，产业结构系统从低度水准向高度水准、较低形式向较高形式的演进过程。产业结构升级是一个持续不断的过程，是根据经济发展的历史和逻辑序列顺向演进的。产业结构的升级至少包含有三个层次：产业结构合理化、产业结构高度化与产业结构高效化。产业结构合理化，主要是指产业与产业之间协调能力加强和关联水平提高。它主要表现为三个方面：一是产业的素质之间协调，各产业之间不存在技术水平断层，不存在劳动生产率的强烈反差。二是产业之间相对地位协调，各产业之间主次有序，轻重有别。三是产业之间联系方式协调。产业结构高度化，在总体上表现为由第一产业占优势比重逐级向第二产业、第三产业占优势比重演进。美国经济学家库兹涅茨的研究成果揭示了三次产业收入结构变化的一般趋势：随着工业化和信息化的推进，第一产业收入比重持续下降，第三产业收入比重持续上升，并最终占有优势比重。产业结构的高效化是指产业结构效率的不断提高，主要表现为由低生产率、低技术含量、劳动密集型行业向高生产率、技术密集和资本密集型行业演进。

（三）产业结构升级的影响因素

产业结构的升级是以开放经济结构为前提条件，它的演进、成长与升级取决于以下几个因素：社会需求结构、资源供给结构和国际经济等。其中社会需求结构、资源供给结构为内在动因，而国际经济指国际贸易与利用外国投资，则是外在动因。满足需求是生产的主要动因与直接目的，一切社会生产活动最终都是为了满足社会需要，社会需求规模与需求结构的变化必然引起产业结构的变化。需求结构的演进也是产业结构升级的主要动力。社会需求结构对产业结构的拉动效应主要是通过需求结构的收入弹性表现出来的。需求结构的收入弹性是指需求结构变动对收入水平变动的长期反应趋势，最终表现为产业结构变动对人均收入水平变动的反应。资源供给结构主要是指生产要素的供给结构，包括资源禀赋、资本要素和劳动要素等。供给结构既决定着产业结构升级的基础，同时也决定着产业结构的选择与性质。国际经济因素包括国际贸易与外国直接投资。外国直接投资能直接改变东道国的资金供给状况，进而影响产业结构而国际贸易，这是来自外部从需求和供给两方面影响产业结构变动的因素。一般来说，各国间产品生产的相对优势的变化会引起各国进出口结构的变动，从而影响其产业结构的变动。各国产品生产的相对优势往往是建立在该国生产要素丰裕的基础上，如某些自然资源、人力资源等。在一定时期内，由于某些生产要素价格和投入费用低，从而能在国际贸易中获得比较利益。这种建立在生产要素禀赋优势基础上的国际贸易必将导致出口国家产业结构变动和对需求国家产业结构发生影响。

二、制造业与制造业升级

(一) 制造业的含义

制造业这个用语是舶来品。制造业中的"制造"是指对原材料（采掘业的产品及农产品）进行加工或再加工的产业活动。不改变其商品性质，只对商品进行挑选分类、整理、分割、包装、再包装等表面处理的活动一般不列在制造业范围之内。但值得注意的是，对已制成的零部件等半成品进行组装的活动就被视为制造业，这是由于组装后的完成品在其性能上已发生变化。这一点在世界大多数国家都是得到认同的。在三次产业分类中，制造业属于第二产业，一般是指加工工业，它在国民经济各产业中占有举足轻重的地位。制造业一般可分为制造各工业部门所需的装备制造业，如机械制造业，它为各个部门提供生产工具与手段；生产消费资料制造业，如家电制造业、纺织服装制造业等。制造业分布广泛，对国民经济及人们生活很重要。可以说，没有制造业，就没有了生产的工具与设施，也就谈不上农业、建筑业、服务业。根据中国国家统计局第二次修订并实施的《国民经济行业分类表》，产业分为第一产业、第二产业和第三产业，其中第二产业包括工业和建筑业，工业又分为采掘业、制造业、电力、燃气及水的生产供应业三大部门。制造业包含工业中的各个行业。这个行业大体分为轻纺制造业、资源加工工业、机械电子制造业三大部分。具体包括农副食品加工业、食品制造业、饮料制造业、烟草制品业、纺织业、纺织服装及鞋帽制造业、皮革毛皮羽毛绒及其制品业、木材加工及木竹藤棕草制品业、家具制造业、造纸及纸制品业、印刷和记录媒介复制业、文教体育用品制造业、石油加工与炼焦及核燃料加工业、化学原料及化学制品制造业、医药制造业、化学纤维制造业、橡胶制品业、塑料制品业、非金属矿物制品业、黑色金属冶炼及压延加工业、有色金属冶炼及压延加工业、金属制品业、通用设备制造业、专用设备制造业、交通运输设备制造业、电气机械及器材制造业、通信设备与计算机及其他电子设备制造业、仪器仪表及文化办公用机械制造业、工艺品及其他制造业、废弃资源和废旧材料回收加工业等。

(二) 制造业的作用及重要地位

制造业作为工业社会的主导产业，为人类创造了大量的物质财富，在国民经济中具有重要地位。这主要体现在以下几个方面：

1.制造业对国民经济具有很强的拉动作用

与第一产业、公用事业和服务业相比，制造业具有很强的前后向联系，对国民经济其他部门的带动作用也较大,尤其是强大的材料工业、零部件配套工业和装备工业对于促进一国经济的成长十分关键。这些产业不仅会消耗大量的原料、零部件等上游产业的产品,从而具有很强的后向联系效果,更重要的是能为下游的制造业以至国民经济其他部门提供有助于增强其竞争力的材料、零部件和装备工业。美国经济学家卡尔多也认为,经济高速增长几乎总是与第二产业,主要是制造业的高速增长联系在一起的。

2. 制造业是获得国际竞争优势的基础

目前,发达的制造业和先进的制造技术已成为衡量一个国家或地区综合实力的重要标志,成为一国在日趋激烈的国际竞争中获胜的关键因素。综观世界各国的经济发展史,制造业给英美日等工业发达国家带来了巨大的经济成长和市场繁荣,使它们相继成为制造业强国,均被称为"世界工厂"。这些国家都是通过发展制造业而取得了如此的成就,可见,制造业是一国成为经济强国、获得国际竞争胜利的优势所在。

3. 制造业产品能满足人类的基本生活需要

衣、食、住、行是人类生存最基本的需要,而人类生存所需的产品大部分来自于制造业。各国制造业均包含20多个甚至30个行业,从轻工业制成品到重工业设备、从消费品到资本品均为满足人类的各种需要尤其是物质需要而制造及加工各类产品,制造业对人类社会发展起到奠定物质基础的作用。

4. 制造业是高技术产业发展的载体和动力

制造业不仅包括食品、纺织、制革、钢铁等传统工业,也包括高新技术产业。根据OECD的标准,计算机与办公设备制造业、电子及通信设备制造业、航空航天制造业和医药品制造业等高技术产业全部属于制造业。在全球经济一体化竞争的推动下,传统制造业正在不断地吸收电子、信息、材料、能源以及现代化管理等领域的最新技术成果,使技术水平和生产效率不断地发生变化,从而逐渐发展成为以先进适用技术为基础的中高技术产业。可见制造业是高技术产业发展的物质技术基础和载体,同时也为高新技术革新发展提供了市场和动力。

(三)制造业的升级

考察国内外制造业发展历史演变可以发现,制造业内部的结构变化是有顺序的,也是有一定规律的。国外发达国家制造业发展一般可分为四个阶段:

第一阶段为工业化发展初期。在工业化初期,人们收入水平低,市场需求主要集中在生活必需品,因此,轻工业在整个制造业中占主导地位。

第二阶段为重工业快速发展阶段。随着工业和整个国民经济的发展，工业部门增多，对生产资料的需求越来越大，重工业发展速度越来越快，其比重不断上升并逐渐超过轻工业。

第三阶段，随着大工业的深入发展和科学技术的进步，一方面，生产由机械化向半自动化、自动化进一步发展，生产有机构成进一步提高，对生产资料提出了更多需求；另一方面，随着科学技术水平的提高，社会生产从粗放向集约化发展，生产效率进一步提高，单位社会最终产品所需的生产资料占用量和消耗量降低，因而出现对生产资料的需求相对减少的局面。这两种因素的结合，使生产资料生产和消费资料生产的发展速度相接近，重工业的比重不再提高。

第四阶段，随着科学技术的深入发展和生产集约化的进一步提高，知识和技术含量高的新兴产业大量涌现，传统产业不断被高新技术所改造，整个制造业产业结构的知识和技术含量达到一个新的高度。上述发展过程就是制造业升级的过程。就我国目前的实际来看，我国的制造业是尚未获得充分发展的产业，我国经济的发展是无法跨越重化工业化的发展阶段而发展的。

关于制造业升级的概念，不同的学者有不同的看法。笔者认为所谓制造业升级就是加速改变现有的制造业结构，由劳动力密集型制造业为主的体系转变为技术密集型制造业为主的体系，或者是不断提高技术密集型制造业的比重，促进传统制造业的自动化，推动新兴制造业的发展，就是通过促进高科技制造业的发展来带动传统制造业的升级。

制造业结构升级的核心是提高各部门的生产率，特别是通过高生产率上升率部门比重的扩大带动整个社会劳动生产率的不断上升，而加快技术进步是提高生产率的关键。积极引进国外先进技术并大力消化吸收和改良引进技术是加快技术进步的主要途径。产业升级的思路一方面是要大力发展高新技术和新兴的产业，培养新的经济增长点，另一方面就是要积极利用高新技术，特别是信息技术来改造传统产业。

第五节　生产性服务业与制造业升级的关系

一、生产性服务业与制造业的产业关联性

生产性服务业与传统制造业作为制造业不可分割的一部分，相伴而生，紧密

相连。本节选取了 1997、2002、2007、2012 年四个年份的《中国投入产出表》，采用中间需求率、中间需求率、感应度系数、影响力系数这四个指标来对两者之间的关系进行量化分析。

1. 中间需求率

所谓中间需求率，指的是各产业对某产业产品的中间需求之和占整个国民经济对该产业部门产品总需求的比率。这一指标能够清晰地反映各产业部门的总产品中有少作为中间投入产品为其他产业所需要。中间需求率越高，表明该产业部门的产品提供的生产资料越多。其计算公式为

$$H_j = \sum_{j=1}^{n} x_{ij} \Big/ (\sum_{j=1}^{n} x_{ij} + Y_j), (i=1,2,\cdots n) \tag{1.1}$$

式中，第 i 个部门的中间产品需求系数用 H_i 表示，部门 j 在生产中消耗的 i 部门产品的总数量用 $\sum x_{ij}$ 表示，即国民经济各行业对第 i 产业的中间需求，Y_i 表示国民经济各行业对第 i 产业的最终需求。表 1-3 为制造业对生产性服务业及其细分行业的中间需求率的计算结果。从表中可以看出，生产性服务业与制造业之间的中间需求逐年变化，且结构也在不断完善。图中的数据显示制造业对生产性服务业的中间需求率基本维持在 30%，并且存在逐年下滑的趋势。由此可见，我国制造业对生产性服务业的中间需求较低，而中间需求率的下降一方面是由于产业的政策使得生产性服务业与制造业之间存在天然的隔阂，另一方面也是因为生产性服务业是从制造业母体分离出来的，制造业对其的依赖程度并不大，从而需求水平较低。即便如此，不同的生产性服务业对制造业各行业的中间需求变化趋势也存在较大的差异。随着我国服务业水平的不断提升以及经济的迅猛发展，国内的制造业对于仓储、物流等流通服务的需求正在不断地扩大，并逐步转化为对商务、技术服务业等知识密集型服务业的需求。1997—2002 年，制造业对科技服务的中间需求率较低，而对流通服务、信息服务、金融服务和商务服务的需求保持着相对较大的比率，说明依托新技术的科技服务对制造业的嵌入能力不足；但 2002—2007 年，制造业对科技服务的需求大幅上升，这充分说明中国制造业开始转型，转型过程中必然需要新技术的支撑。

表 1-3 制造业对生产性服务业及其细分行业的中间需求率（单位：%）

	1997 年	2002 年	2007 年	2012 年
生产性服务业	34.85	29.82	28.73	29.53

续表

	1997年	2002年	2007年	2012年
流通服务	47.59	31.38	35.09	33.13
信息服务	29.89	22.38	17.62	5.52
金融服务	31.54	21.98	27.83	26.31
商务服务	36.85	38.37	30.57	26.98
科技服务	7.25	9.22	39.51	25.95

数据来源：作者根据1997、2002、2007、2012年《中国投入产出表》数据计算而得。

如表1-4所示，制造业各部门对于生产性服务业的中间需求也存在差异。就技术密集型的制造业而言，其对于生产性服务业的中间需求较大，其次是资本密集型制造业，劳动密集型制造业的需求最少；劳动、资本密集型制造业对生产性服务业的中间需求比例逐年下降，技术密集型制造业的需求呈递增态势，并已取代资本密集型制造业成为生产性服务的首要需求者。由此说明了制造业已经由劳动密集型向资本、技术密集型转变。

表1-4 不同类型的制造业对生产性服务业及其细分行业的中间需求率（单位：%）

	1997年			2002年			2007年			2012年		
	劳动密集	资本密集	技术密集	劳动密集	资本密集	技术密集	劳动密集	资本密集	技术密集	劳动密集	资本密集	技术密集
生产性服务业	12.02	13.32	9.50	9.23	10.21	10.09	7.52	10.49	11.81	8.29	9.56	10.87
流通服务	12.00	23.23	12.36	10.67	11.81	10.65	8.26	11.75	11.37	12.31	10.41	12.37
信息服务	6.98	14.83	8.08	5.12	8.86	8.40	2.86	8.31	6.44	1.19	1.88	2.46
金融服务	7.80	15.49	8.47	5.87	8.40	7.71	6.72	10.01	11.1	5.01	12.18	9.12
商务服务	15.96	10.67	10.22	14.13	7.72	16.52	9.82	5.55	15.2	7.31	8.12	11.55
科技服务	1.82	2.85	2.58	2.15	3.65	3.43	5.66	12.61	21.24	2.92	8.55	14.47

数据来源：作者根据1997、2002、2007、2012年《中国投入产出表》数据计算而得。

制造业要素密集度不同，对生产性服务业细分部门的需求也不尽相同。劳动密集型制造业对流通服务和商务服务的需求最显著，资本密集型制造业对流通服务和金融服务的需求最显著，而技术密集型制造业对流通服务和科技服务的需求最显著。可以看出，三种类型制造业对流通服务的需求都很显著。这说明我国正处于工业化转型时期，国内统一市场体系未完全形成，实物产品的生产、销售及其衍生交易的运输量仍占多数。而对于已经完成了工业化或已步入"后工业化社会"的发达国家而言，制造业对技术密集型服务的中间需求较大，如日本。在1973—1992年期间，日本制造业的迅猛发展产生了大量的中间需求，集中体现在批发零售、交通运输、汽车维修等传统的服务产业，缺少对信息、研发等知识技术密集型生产性服务的需求。1991年泡沫经济破灭后，日本经济进入了长达20年的低迷期，产业自身求变、创新动力不足等问题突显，制造业对知识密集型生产性服务的需求比重显著提升。其中2011年的数据显示日本的制造业对于生产性服务业的中间需求率达到了22.46%，而在需求排名靠前的生产性服务业之中，对知识技术密集型生产性服务业的中间需求率达到14.38%。

2. 中间投入率

中间投入率是指某产业部门在其生产过程中的中间投入占总投入的比率，这一指标主要用于衡量为生产单位产值的产品所需消耗的其他产业部门产品占总投入的比重。其计算公式为

$$F_j = \sum_{i=1}^{n} x_{ij} / (\sum_{j=1}^{n} x_{ij} + N_j) \ (j=1,2,\cdots n) \tag{1.2}$$

式中，第j个部门的中间产品投入系数用F_j表示，第j个产业部门在生产中消耗的第i个产业部门产品的总数量用$\sum x_{ij}$表示，第j个产业部门的增加值用N_j表示。生产性服务业对制造业的中间投入情况如表1-5所示，1997—2012年生产性服务业对制造业的中间投入率基本保持在10%左右，呈波浪式态势，这正说明我国生产性服务业的变化趋势，即生产性服务业正逐步与其母体——制造业分离。1997—2002年，生产性服务业对制造业的投入增加，尤其是流通服务对制造业投入增长了3.35倍，其次是信息服务投入增长52.6%。事实也是如此，1997年以后我国开始深化国有企业改革，生产性服务业逐渐从制造业企业中剥离出来。2002—2007年，除信息服务、金融服务和科技服务外，其他生产性服务业对制造业的投入均有所下降，原因在于国有企业改革后期进行国有企业固定资产更新改造，陈旧的机器设备被更先进的机器设备淘汰，机器制造的迂回生产方式大大提高了生产效率，使制造业企业逐渐走出困境。此时，制造业自身的大规模投入代替了生产性服务业的投入，这是这一时期制造业的生产性服务业投入大规模下降的重要原因。但是设备的更新换代需要信息、资本和技术，因此，这一阶段信息服务、金融服务与科技服务对制造业的投入在上升。2007—2012年，生产性

服务对制造业的总投入增长35.9%，其中科技服务与金融服务投入均增长60%，其次是商务服务和流通服务，信息服务投入反而下降56.4%。中国加入WTO后，在政府积极引进外资的政策吸引下，以及发达国家制造业转移战略推动下，大量外资涌进中国，成立了一大批外资与合资制造企业，以及台资、港资企业，"世界工厂"的地位形成，"Made in China"全球闻名，中国成为全球第一大出口国，金融市场为中国大中型制造企业的发展带来了充足的资金。但是，尽管中国制造业参与全球价值链分工的程度逐步加深，中国制造的产品附加值仍然很低，国际竞争力弱，"中国制造"向"中国质造"转变势在必行。因此，中国逐渐加大科技投入，积极推动制造业产业升级。另外，从行业层面可以看出，流通服务、金融服务和商务服务对制造业的中间投入相对较多，并且流通服务和科技服务的中间投入逐年增加。流通服务作为生产要素嵌入到制造业价值链中，使产品制造与销售打破空间的限制，形成规模效应，降低制造业成本，提高制造业效率和产品附加值，促进制造业升级。由表1-3与表1-5对比可知，制造业对生产性服务业的中间需求率远大于生产性服务业对制造业的中间投入率，但两者的差距在不断拉近，说明生产性服务业总量水平稳步上升，产业结构软化得以改善，经济服务化趋势明显增强。

表1-5 生产性服务业及其细分行业对制造业的中间投入率（单位：%）

	1997年	2002年	2007年	2012年
生产性服务业	7.42	10.77	7.22	9.81
流通服务	7.39	5.79	1.71	4.3
信息服务	0.17	0.57	0.87	0.39
金融服务	1.91	1.1	1.13	1.21
商务服务	1.14	3.93	1.2	0.81
科技服务	0.8	0.12	0.19	0.51

数据来源：作者根据1997、2002、2007、2012年《中国投入产出表》数据计算而得。

从要素结构来看（表1-6），生产性服务业对于劳动、资本密集型制造业的中间投入略低于技术密集型的制造业，其中流通服务和金融服务的投入最为显著。

表 1-6　生产性服务业及其细分行业对不同类型制造业的中间投入率（单位：%）

	1997 年			2002 年			2007 年			2012 年		
	劳动密集	资本密集	技术密集	劳动密集	资本密集	技术密集	劳动密集	资本密集	技术密集	劳动密集	资本密集	技术密集
生产性服务业	6.82	8.71	6.76	11.10	11.06	10.22	6.95	6.80	7.83	9.98	8.55	11.09
流通服务	11.15	2.56	1.48	7.8	57.82	6.59	4.32	4.31	4.60	7.16	4.50	6.10
信息服务	0.35	0.86	0.51	0.65	1.02	0.90	0.25	0.50	0.40	0.13	0.15	0.23
金融服务	0.70	1.65	0.98l	0.99	1.28	1.10	1.12	1.17	1.32	1.28	2.32	1.98
商务服务	4.54	3.50	3.64	1.46	0.72	1.44	0.99	0.39	1.10	1.09	0.90	1.46
科技服务	0.08	0.15	0.14	0.14	0.22	0.19	0.28	0.44	0.75	0.32	0.69	1.33

数据来源：根据 1997、2002、2007、2012 年《中国投入产出表》数据计算而得。

3.感应度系数

感应度系数是指国民经济各部门每增加一个单位最终使用时，某一部门由此而受到的需求感应程度，也就是需要该产业部门为其他所有产业部门生产而提供的产出量，也被称为前向关联系数。其计算公式为

$$G_i = \frac{\sum_{j=1}^{n} b_{ij}}{\frac{1}{n}\sum_{i=1}^{n}\sum_{j=1}^{n} b_{ij}}, (i=1,2,\cdots n) \quad (1.3)$$

式中，G_i 表示 i 产业的感应度系数，$\sum_{j=1}^{n} b_{ij}$ 为列昂惕夫逆矩阵第 i 行所有列值之和，$\frac{1}{n}\sum_{i=1}^{n}\sum_{j=1}^{n} b_{ij}$ 为列昂惕夫逆矩阵 i 行所有列值的和的平均值。当感应度系数的数值大于 1 时，表明 i 产业所受到的感应程度高于社会平均感应度水平（即各部门所受到的感应程度的平均值）。感应度系数高的产业通常被称为基础产业，对其他产业部门具有后向推动作用。

本书选取了 2007 年、2012 年《中国投入产出表》对生产性服务业对于制造业的系数进行全面的分析，如图 1-7 所示。结果得出 2007—2012 年生产性服务业各部门的感应度较低，均小于 1，并有上升的态势，可见国内的制造业受到生产性制造业的后推作用有限，产业间的依存度低。尽管生产性服务业的基础地位还不够稳固，但对制造业的波及效应逐渐增强，其中流通服务、商务服务、金融服务的感应度系数有较大的提升，这也在一定程度上反映出生产性服务业对于制

造业的依赖性较强。

表1-7 生产性服务业与制造业各细分行业感应度系数和影响力系数及其变化率

	2007年		2012年		2007—2012变化	
	感应度	影响力	感应度	影响力	感应度	影响力
生产性服务业	0.621	0.864	0.750	0.882	0.2077	0.0208
流通服务	0.721	0.970	0.824	0.3392	0.966	−0.1501
信息服务	0.556	0.844	0.569	0.973	0.0219	0.1530
金融服务	0.671	0.689	0.741	0.710	0.1036	0.0313
商务服务	0.611	1.108	0.707	1.074	0.1584	−0.0305
科技服务	0.543	0.937	0.579	1.078	0.0662	0.1498

数据来源：作者根据2007、2012年《中国投入产出表》数据计算而得。

4.影响力系数

所谓影响力系数，其主要是用于衡量国民经济某一个产品部门增加一个单位最终产品时，对国民经济各部门所产生的生产需求波及程度。由于影响力系数是从消耗部门出发追溯最终需求变动对各部门产业的波及效应，反映其与后续各生产部门的关联程度，因此也被称为后向关联系数。其计算方式如下：

$$E_j = \frac{\sum_{i=1}^{n} b_{ij}}{\frac{1}{n}\sum_{j=1}^{n}\sum_{i=1}^{n} b_{ij}}, (j=1,2,\cdots n) \quad (1.4)$$

式中，E_j表示j产业的影响力系数，$\sum_{i=1}^{n} b_{ij}$为列昂惕夫逆矩阵第j列之和，$\frac{1}{n}\sum_{j=1}^{n}\sum_{i=1}^{n} b_{ij}$为列昂惕夫逆矩阵到和的平均值。当影响力系数大于1时，说明该产业的总投入每变化一单位会引起的其他中间投入的变动大于社会平均程度。行业内的龙头企业影响力系数一般较高，起到了拉动行业发展的作用。

从表1-7可以看出，2007—2012年，影响力系数略有提高，其中2012年科技服务和商务服务的影响力系数略大于1，说明伴随着我国工业化进程的不断深入和新经济元素的逐渐渗透，生产性服务业尤其是知识密集型生产性服务业对制造业的拉动作用逐渐增强。从变化趋势来看，流通服务和商务服务的影响力分别下降了15.01%和3.05%，说明这两个行业的后向联系减弱；其他行业的影响力均有所提升，其中信息服务行业更是提升了15.3%。由此可见，我国制造业受到信息化的影响极为巨大。但是在前文的分析中，2007—2012年我国制造业对信息服务的中间需求率由17.62%下降到5.52%，可能的原因一方面是我国制造业信息化建设还处于新兴阶段，水平相对较低，与制造业也还没有充分融合，对信息服务的吸收、消化能力较利用信息化能力不高；另一方面，信息化建设需要一个过程，其投入成本较高，相关的配套设施（如通信网络、信息技术人才等）也不完善，以至于多数制造行业还是过度依赖于传统的要素投入，就导致制造业对信息服务的中间需求率降低。但随着信息化建设的不断深入，信息服务对制造业的影响力在不断增强。因此加快信息化建设，推动信息化与工业化融合也是未来我国制造业发展的方向。

综上所述，显而易见生产性服务业与制造业之间存在着紧密的关联性。由于我国现阶段制造业对生产性服务业的中间需求率远大于生产性服务业对制造业的中间投入率，这种供需的不平衡为以生产性服务业为切入口推动制造业升级提供了新的思路。

二、生产性服务业对制造业升级影响的分析框架

生产性服务业最主要的功能和作用就是为制造业提供中间服务投入，而制造业也需要生产性服务业的辅助来提高技术水平，增强盈利能力。二者相辅相成，既有利于制造业的发展，生产性服务业也能够从中获益。因此，中国制造业要实现升级，生产性服务业的作用是不容小觑的。从前文的分析中我们可以发现，生产性服务业经历了从低级到高级的五个动态演化过程：萌芽期、雏形期、独立期、产业化期和高级化期。其中萌芽期、雏形期和独立期可以被视为生产性服务业形成的准备阶段，即生产性服务脱离制造业的过程，从制造业的角度来看，也是制造业将生产性服务逐渐外包的过程。由此，生产性服务业的演化过程可以简化为生产性服务外包、生产性服务业与制造业融合、生产性服务业集聚三个阶段。在对中国制造业升级的研究中发现要走新型工业化道路，发展生产性服务业是关键（刘志彪，2006；江小涓，2008；李江帆，2004；路红艳，2009；杨玲，

2012；黄群慧，2016）。生产性服务业将高端服务元素嵌入制造业之中，增添了制造业的知识和服务含量，从而提高了制造业的生产率和制成品的品牌品质，摆脱了传统的粗放型模式，延伸了制造业的产业链，使制造业走向精细化和高端化，从而有助于达成制造业产业升级发展的目标。由此可见，生产性服务业发展对制造业升级起着十分重要的作用，那么生产性服务业演化发展的各个阶段也必然在不同程度上影响着制造业升级，因此，本书接下来将会进一步深入探讨生产性服务外包、生产性服务业与制造业融合、生产性服务业集聚三个阶段对制造业升级的作用机理和效应大小。

第二章 广东省生产性服务业与制造业发展现状及融合分析

第一节 广东省制造业与生产性服务业发展现状分析

一、广东省生产性服务业发展现状

1. 总体发展规模

广东省生产性服务业（producer services）总体规模逐年扩大，对经济贡献作用增强。如图2-1所示，生产性服务业增加值由十年前的6 508亿元上升至28 085亿元，年均增速达到14.22%，超过GDP增速11.71%。生产性服务业占GDP的比重持续攀升，由2006年的24.48%上涨至31.25%，其对经济增长的贡献波动较大，2009年生产性服务业对GDP的贡献达到近年来最大值52.40%，之后其对经济增长的贡献随着GDP的稳步提升也逐渐放缓，近五年的贡献率平均为37.19%。2016年以来有上升趋势，说明生产性服务业的发展能提升经济增长，且具有发展潜力。

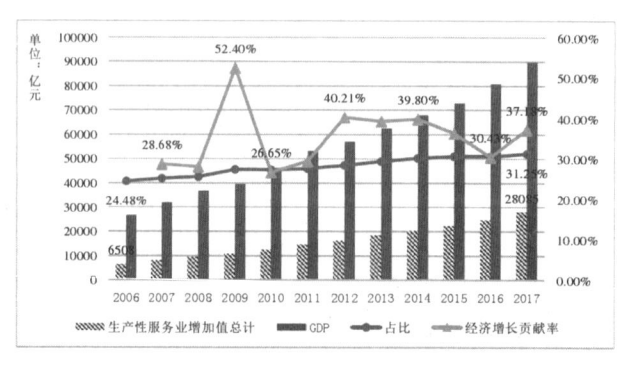

图2-1 广东省生产性服务业规模发展情况

生产性服务业内部结构有待完善，高知高技术产业占比不足20%。从图2-2可知，批发零售业规模虽呈波动下降趋势，但占比仍最大，其次为金融业，两者规模总计达生产性服务业一半以上。交通运输业、租赁商务服务业和信息服务软件业规模相当，且呈下降趋势。信息服务软件业在2010—2015年落后于前两个部门，但从2015年开始，规模上升较快，并在2017年赶超交通运输业，成为第三大生产性服务部门，但和批发零售业相比，差距依然很大。科研技术勘查业的规模虽稳步上升，但体量较小且排末位。科研技术勘查和信息传输等高端生产性服务行业科技含量高，但总计不足20%，生产性服务业内部结构层次较低，有待完善。

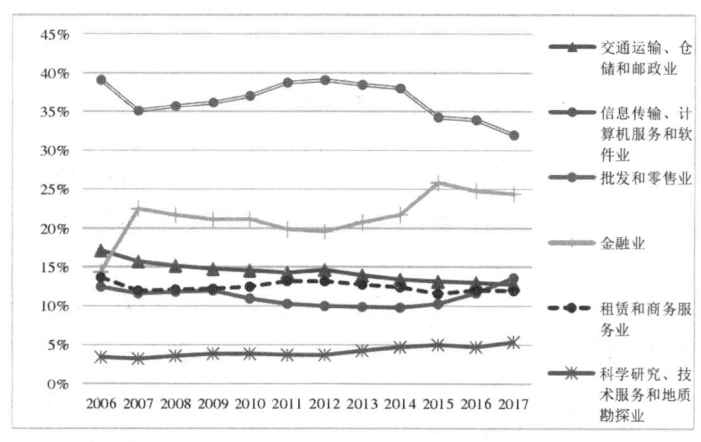

图2-2 广东省生产性服务业内部结构

2.吸纳就业能力

生产性服务业吸纳就业能力提高，吸引力上升。分析图2-3可知，第三产业从业人员数量稳定上升，2017年占从业人员总数的比值近40%。自2010年以来，生产性服务业人员数量在第三产业中的比例接近60%。生产性服务业越来越成为就业人员的优良选择，吸引力上升。

从细分行业看，高知高科技生产性服务业从业人员数量极少，占比总计仅15%。批发零售业就业人数虽呈下降趋势，但占比超60%，与其他行业拉开相当大的距离。第二为交通运输业，前期占比略有变化，但后期基本维持在13.50%水平。租赁商务服务业从业人员数量波动上升，2017年占比为11.95%，基本与交通运输业持平。金融、科研技术勘查与信息服务行业从业人员数相当，占比总计达 15%，这些行业准入门槛高，要求的从业人员素质优、教育背景好，广东省高素质人才依旧紧缺。

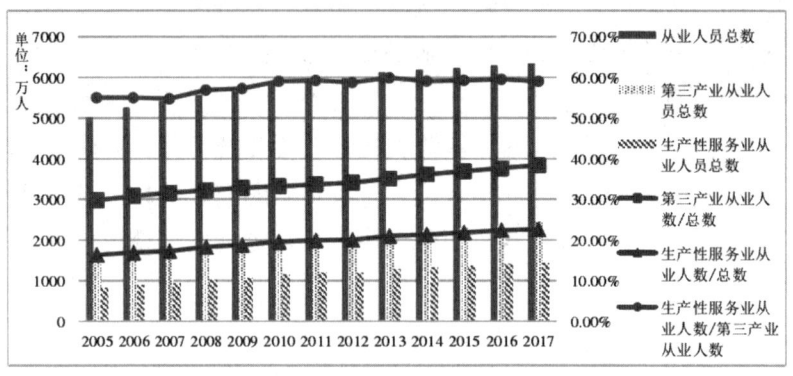

图 2-3 广东生产性服务业从业人员情况

金融、信息技术以及科研等行业的劳动生产率与其规模、从业人员数量趋势相反，高于传统生产性服务业。从图 2-4 劳动生产率（增加值与就业人员年末数的比值）可以看出，生产性服务业总劳动生产率虽一直处于上升趋势，但不足 20 万元/人。劳动生产率最高的是金融业，虽在 2010 年陡降，但随后呈 J 型增长，2017 年达到 117.7 万元/人。信息传输、计算机服务和软件业以及科学研究、技术服务地质勘查业的劳动生产率也表现不俗，然而租赁和商务服务业却在 2012 年之后呈下降趋势。劳动生产率倒数第一、二的分别是批发零售业和交通运输、仓储和邮政业，平均为 13.5% 和 7.3%。结合增加值和就业人数看，批发零售和交通运输、仓储和邮政业表现完全相反，批发零售业规模最大、就业人数最多却排劳动生产率末位，而金融和信息技术行业虽然从业人数少，但却创造了极大产值。说明生产性服务业内部结构仍需优化，传统生产性服务部门虽吸收了大量劳动力，但存在人员冗余，效率低下问题，高知识、技术含量高的生产性服务业效率高，但规模小，从业人员少，对经济贡献的能力还未完全发挥。如何整合传统生产性服务业，提高人员素质，匹配高端生产性服务业发展的问题亟须解决。

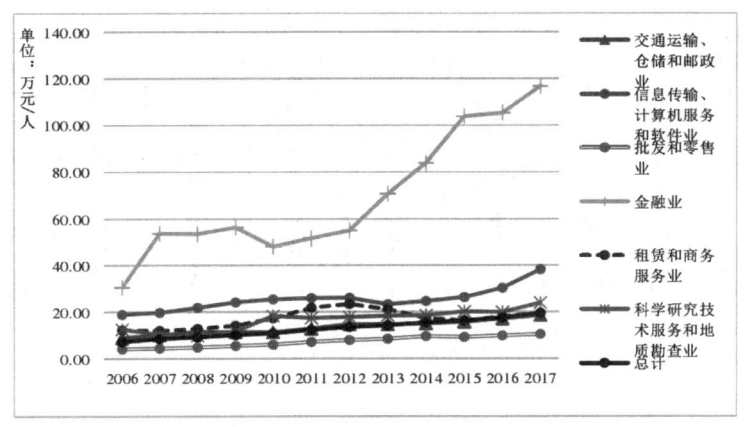

图 2-4　生产性服务业及细分行业劳动生产率

从以上分析可以看出，广东省生产性服务业规模不断扩大，对经济增长贡献显著。其中交通运输、批发零售等传统生产性服务业与经济周期同步，且发展逐步放缓，而科研、信息技术等现代生产性服务业提速较快。但目前生产性服务业内部结构层次仍较低，以传统生产性服务为主，高端生产性服务占比较低，内部结构有待完善。生产性服务业从业人数增加，其中传统生产性服务业的就业人数仍较多。虽然金融、科研、信息技术等行业劳动生产效率高于传统生产性服务业，但从人数较少。培养高素质人才，发挥高端生产性服务业创造经济价值的目标亟待实现。

（三）广东省制造业发展现状

1. 总体发展水平

（1）广东省制造业规模波动上升，对经济增长贡献波动下降。由图 2-5 可知，广东省制造业规模由 2006 年的 9 855 亿元扩大至 2017 年的 28 023 亿元，年均增速 9.97%，小于 GDP 的增速 11.71%，且其产值在 2011 年环比下降 4.89%，此后微幅上涨。制造业占 GDP 的比重从 2006 年的 37.07% 上涨至 2010 年的 43.10%，后持续缓降至 2017 年的 31.18%，基本与生产性服务业持平。制造业对经济增长的贡献率从 2007 年开始大幅波动下降，2011 甚至达到负增长 13.47%。制造业虽有过 60% 以上的高贡献率，但 2017 年的经济增长的贡献率仅为 4.27%。广东省提出用制造业带动经济增长，但制造业的发展不容乐观，如何提高制造业增加值迫在眉睫。

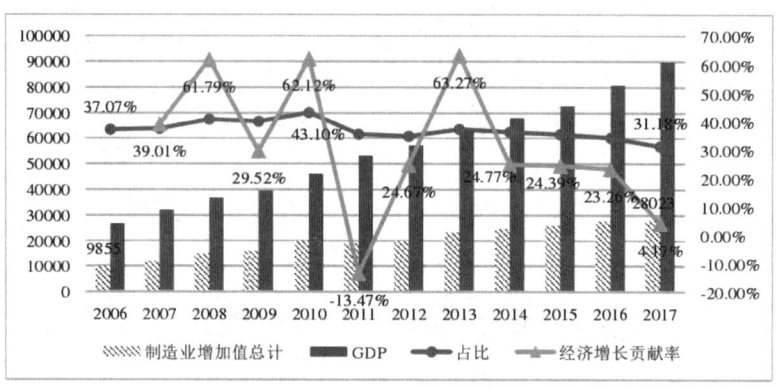

图 2-5　广东省制造业总体发展规模

OECD 在《全部经济活动的国际标准产业分类》中根据各制造业行业的技术水平将制造业划分为低技术产业、中低技术产业、中高技术产业和高技术产业。本书参考 2017 年《国民经济行业分类与代码》（GB/T 4754-2017），对我国制造业进行分类。由于"工艺品及其他制造业"统计口径多次变化，因此未被计入。具体分类见下表 2-1。

表 2-1　制造业分类

低技术制造业	中低技术制造业	中高技术制造业	高技术制造业
食品制造业、烟草制造业	石油、煤炭及其他燃料加工业	化学原料和化学制品制造业	计算机、通信和其他电子设备制造业
纺织业	非金属矿物制品业	通用设备制造业	仪器仪表制造业
皮革、毛皮、羽毛及其制品和制鞋业	黑色金属冶炼和压延加工业、有色金属冶炼和压延加工业	汽车制造业	
木材加工、家具制造业	金属制品业	铁路、船舶、航空航天和其他运输设备制造业	
造纸业、印刷业、文教用品制造业		电气机械和器材制造业	

高技术制造业产值占比上升，其余产业产值均下降。中高技术产业和高技术产业表现较高增加值，从 2012 年开始呈上升趋势，2017 年高技术产业增加值占比最高，为 31.31%，且高技术产业在近十年的年均增速为 10.8%，其余产业年均增速为 9.7%。低技术和中低技术产业的增加值占比均小于 25%，且从 2011 年起缓慢下降。中高技术产业产值表现在 2006—2013 年优于高技术产业产值，但此后两类产业产值差距缩小，2017 年被高技术产业赶超。高技术产业的发展势头正猛，创造的增加值高，低技术产业的发展显现疲势。

制造业内部高技术产业对经济增长贡献的上升，但难抵其他三类制造业贡献的下降，造成制造业整体对经济增长贡献下降。由图 2-6 可知，2008—2011 年间，四类制造业对经济的贡献有较大幅度波动，但贡献率相差不大。从 2011 年开始，制造业内部各产业的经济贡献率开始显示不同产业特性。高技术行业对经济增长的贡献开始与其他三类制造业拉开距离。2014 年后在其他三类制造业对经济贡献下降的形势下，高技术制造业一路上扬，2017 年的经济贡献率达到 10.5%，其中通信设备、计算机及其他电子设备制造业的贡献率为 10.2%。而其他三类制造业的贡献均为负，低技术产业贡献率最低，为 -4.0%。单靠高技术产业发展还无法拉动经济增长，仍需对其他三类产业进行优化，提高制造业效率。

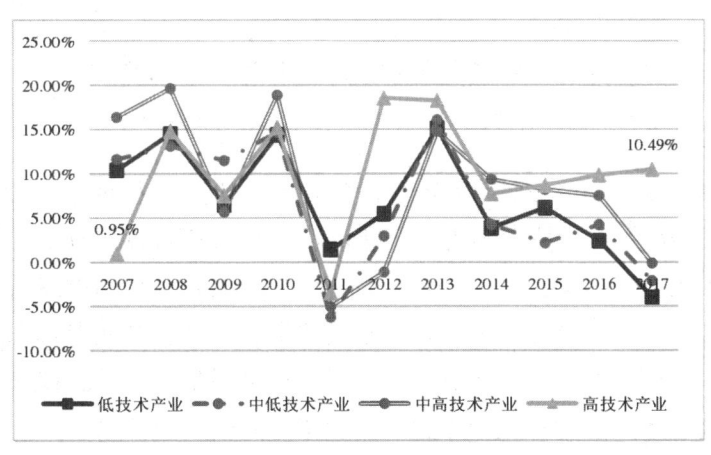

图 2-6 制造业不同技术密集型产业经济贡献率

（数据来源：根据 2007—2018 年广东省统计年鉴整理所得）

2.吸纳就业能力

中高及高技术产业从业人数缓慢上升，在 2017 年与低技术产业从业人数相当。从图 2-7 吸收就业人数比例看，低技术产业从业人数占比最高但呈下降趋势，高技术密集型产业从业人数占比位居第二，且不断上升。低技术产业吸收的就业人数最多，但从业人员占比从 2006 年开始持续下降，从 35.65% 下降至 2017 年的 27.61%。相反中高技术产业和高技术产业的从业人数占比相差不大，且两者吸纳就业能力持续攀升，2017 年高技术产业就业人数占比最大，达 27.71%。中低技术产业的从业人员占比最低，2017 年占比 18.69%，相比于 2016 年下降 0.14 个百分点。

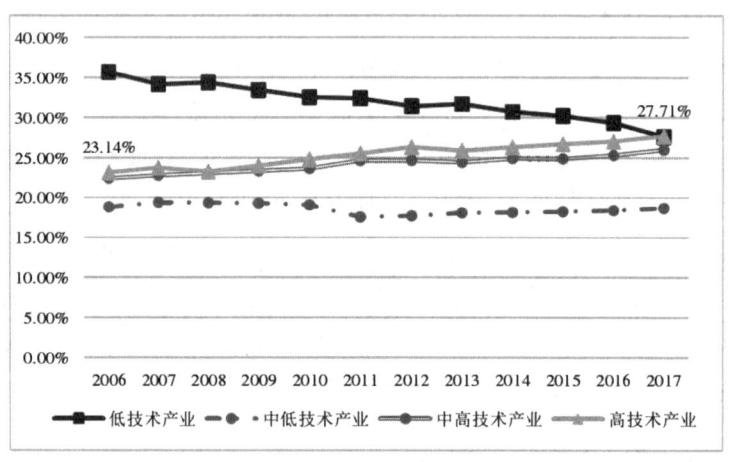

图 2-7 制造业内不同技术密集产业吸收就业人数比例

（数据来源：根据 2007—2018 年广东省统计年鉴整理所得）

根据统计可以得出，规模以上工业企业内部研发人员数量缓慢波动增长，2017 年猛增 3.26 万人。技术密集型产业从业人数增长趋势与研发人员一致，且高技术产业产值近几年表现稳定增加。发挥高素质人才水平、提高制造业效率需要企业进一步提高管理能力，完善员工激励机制，提高资源配置效率，以发挥研发人员能力。从全员劳动生产率看，低技术产业表现垫底，中高技术产业劳动生产率最大，高技术产业劳动生产率上升，但未与其他产业拉大较大差距。可以看出，高技术产业劳动生产率在 2007—2015 年期间接近平均劳动生产率，后期逐渐提高，2017 年达到劳动生产率最高值。结合人数看，低技术产业就业人数最多，但效率最低。而高技术产业的生产率未与其他产业拉开较大距离，其规模与中高技术产业相近，且前期远小于中高技术产业，同时吸收就业人数较多，导致整体生产效率表现不佳。相较之下，中低技术和中高技术产业效率表现较好。虽然广东省制造业的高技术产业占比较高,但效率仍未达到高技术水平,从业人员素质仍需加强,企业管理机制也应相应完善。广东省中低和中高技术人员劳动生产率较高,但规模仍需提高。在推动高技术产业发展的同时,广东省仍需守住中部技术水平产业发展。

3. 经济效益

制造业研发投入增加,但占主营业务收入不到 1.40%,难以提升技术水平。研发支出对技术进步起到关键作用,由图 2-8 可知,2006 年以来规模以上工业企业的研发经费支出一路上涨,年均增速 15.52%,但研发经费在主营业务收入中所占比重仍然很小,2017 年占比仅 1.39%,相比于 2006 年仅提升 0.77 个百分点。研发对企业生产高附加值产品至关重要,发达国家企业的研发投入环节占据重要位置,通过向能提高产品附加值的环节投入大量资金获得巨额利润,广东省规模以上工业企业的研发投入小,难以形成竞争优势。政府应引导企业在中高附加值环节加强技术创新,寻求技术突破,这样才能消除中高端产业低附加值化现象(傅元海,2016)。结合图 2-8 可知,中高技术产业及高技术产业更应该重视技术创新,才能进一步提高生产效率。

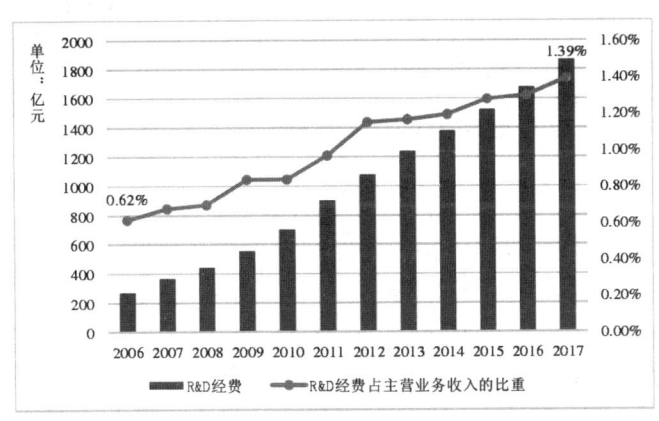

图 2-8 R&D 经费及其占主营业务收入的比重

(数据来源:根据 2007—2018 年广东省统计年鉴整理所得)

从利税总额看,制造业利税总额呈上升趋势,主要由中高技术产业贡献,但未形成较大规模。制造业利税总额年均增速为 13.80%,高技术产业和中低技术产业增速为 15%,低技术产业和中高技术产业增速为 12.81%。制造业利税总额中占比最大的是中高技术产业,其余产业占比相差不大。2014 年开始高技术产业利税总额占比上升，与其余两个产业渐渐拉开距离，与中高技术产业占比差距由十年前的 10% 降至 4.7%，而中低技术产业和低技术产业利税总额占比呈下降趋势。结合劳动生产率看，中高技术产业的劳动生产率虽居次位，但广东省制造业的经济效益主要由中高技术产生，说明广东省制造业的中高技术产业的营利能力强，但仍未形成较大规模，在对经济增长的贡献方面还未显示其优势。高技术产业的劳动生产率近几年攀升至首位，但利税总额仍居次位，且与中高技术产业相比仍有距离。政府近年来扶持高技术产业，资本投入增加，但企业仅掌握低技术含量的生产环节，高附加值中间投入品依赖进口，企业创造的附加值少。

总的来说，广东省制造业规模增速放缓，对经济增长贡献微弱，发展不容乐观。从细分产业看，中高及高技术产业发展较好，且其吸纳就业能力提高，研发人员数量也不断增加，但劳动生产效率未能与其他产业拉开差距，对经济增长的贡献未能抵御低技术产业的下滑。从利税总额看，高技术产业未能释放较大经济效益，广东省制造业仍以中高技术产业为主导，但需进一步扩大规模。

第二节　生产性服务业与制造业的融合关系

一、生产性服务业与制造业融合的内涵

产业融合日益成为工业经济发展的重要趋势。近几十年来，国内外学者从不同角度研究了产业融合的发展趋势，但尚未形成统一的定义。要了解产业融合，就必须要从古典经济学的经典命题——分工开始。亚当·斯密在《国富论》中首先从经济学的角度讨论了分工问题。他认为，正是分工的存在才使得劳动创造了财富。伴随着分工的不断深化，劳动生产率也随之不断提高。他充分肯定了分工在人类生产劳动中所起的重要作用，但也同时指出了分工所带来的问题，如单一的工作会抑制工人的积极性，甚至对劳动者的沟通能力和发展潜力带来不利影响。斯密对分工的理解存在着历史的局限性，在分工初期，他更加关注分工带来的专业化趋势和效应。他认为任何生产活动只要采用分工制，便相应地能增进劳动生产力。这无疑夸大了分工的正面效应。马克思在斯密的基础上，运用工厂手工业与机器大工业两个时期的案例剖析了产业融合的趋势。他指出："分工可以从两个方面影响手工业的发展：它导致各行各业的手工业兴起，同时也将已分开并

分属于不同行业的手工业彼此相结合。"由此可见,只要生产中有分工,就会出现融合的倾向,只是由于历史的局限性,当时融合现象并不显著,直到机器大工业时代产业融合才真正来临。随着机器时代的来临,手工制造环节被先进的机器所替代,技术逐渐成为重要的生产投入要素,劳动的差异化程度大大降低。正如马歇尔(1983)所指出的,机械化大生产使劳动分工更细化,行业之间的界限更细微。由此可见,马歇尔已然发现产业融合出现的可能性,不过由于时代背景的局限性,他并没有系统地对产业融合进行分析。随着第三次工业革命的到来,以及信息技术的快速发展和应用,20世纪六七十年代,信息通信技术的交融正式掀开了产业融合的序幕。

Negreouponte(1978)在深入研究电子计算机、印刷和广播行业的技术发展趋势时,第一次用三个圆圈的重合部分代表技术融合领域。随后许多学者都从技术融合的角度进行界定,认为产业融合是新旧技术之间不断交替的一个过程(Gains,1998;Bally,2005)。20世纪90年代,随着互联网技术的兴起与普及,新闻、广告等行业与计算、通信和金融等服务行业开始融合式发展(Collins,Bane,Bradley,1997)。周振华(2003)研究发现数字技术可以实现不同信息产品的统一数字化编码。因此,数字技术促进了产业融合的产生。如今,信息产业、制造业、服务业等多个产业的融合已成为未来产业发展的必然趋势,也是产业升级的必由之路。除了从技术的角度判断产业融合外,也有学者从产业融合后的特征来对其加以界定。经济合作与发展组织(1992)将产业融合界定为产品功能改变而使产品的生产者或公司组织间的边界模糊。欧盟委员会(1997)的绿皮书(GreenPaper)明确指出产业融合就是产业的联盟与合并、技术网络平台以及市场等三方面的融合。马健(2002)更全面地界定了产业融合的内涵,他认为技术融合是产业融合的基础。它通过改变产品的特性和市场需求,从而改变产业之间的关系,导致产业边界的瓦解与消失。还有一些学者将产业融合理解为新兴技术与传统产业间系统集成创新、相互渗透、相互交叉并形成新产业的动态过程(岭言,2001)。但是,产业融合其实并非是产业的简单相加,而是产业间持续创新,发挥"1+1>2"的经济效应与生产效应。

综上所述,古今中外的学者们关于产业融合的概念界定只是刻画了产业融合的大致样貌,不免有些表述抽象、以偏概全,始终未形成一个明确清晰的定义。在前人研究的基础上,本书认为生产性服务业与制造业融合实则是两大产业间的交融,即生产服务业与制造业之间相互渗透、相互交融而使两者的边界模糊化,出现兼具制造业服务化和服务业制造化特征的新型产业形态的过程。在这个过程中，融合主体可以是制造企业，也可以是服务企业。根据主体的不同，融合可表现为两种形式：一是制造业的服务化，即以制造企业作为融合主体，突破自身的产业界限向服务业进行延伸和渗透，为制造产品提供配套的服务，"产品+服务"这种"新型产品"由此产生，如IBM、GE已由传统的制造商转型为服务商；二是服务业的制造化，即服务企业凭借着自身的技术水平、管理经验、品牌优势等向制造业延伸，通过OEM等方式进入到生产环节或是将现代制造业的生产方式、标准化产品引入到服务业，使服务业越来越像制造业，如中国电信同时也提供通信设备。这种融合并未改变服务业的服务功能，只是借助现代化的设备或生产方式来为顾客提供全方位、一体化的服务。

二、生产性服务业与制造业的融合动力

国内外学者从不同的角度分析产业融合的动力。例如，波特（1985）认为技术创新是技术融合的主要驱动力。Yoffie（1996）进一步指出，除技术创新外，宽松的制度环境、管理创新或战略联盟也为产业融合创造了条件。从现有的研究来看，对产业融合驱动力的研究多是抽象性分析，较少文献研究某一特定产业之间的融合。由于产业间的差异性，某些特定产业之间的融合也会呈现不同的特点。因此，本书在前人研究成果的基础上，结合生产性服务业和制造业的产业特点与发展现状，分析两大产业融合的驱动力。具体来说可以归纳为基础驱动力、内在驱动力与外在驱动力三个方面。

（一）基础驱动力：市场需求变化

市场需求的变化能推动生产性服务业与制造业融合的发展，随着物质财富的丰富和人民生活水平的不断提高，消费观念和消费模式发生了巨大的变化。在传统工业经济时期，人们更注重物质财富的拥有与消费，而到了服务经济时代，人们更注重产品功能而不是产品本身，这种由量到质的转变使得消费产品经历了由"产品或服务"到"产品+服务"，再到"产品+服务+支持+知识+自我服务"三个阶段的演化。消费者不再仅仅是单纯地拥有产品、获得使用价值，更需要享受配套的服务，使产品收益最大化。这种巨大的转变模糊了产品和服务之间的界限，传统"产品+服务"的描述很难准确展现这种"新型产品"。于是，有学者提出"产品服务包""产品服务束""产品服务对""产品服务组合"和"服务生产品"等术语来描述这种服务和产品融合后的"新型产品"。对消费者而言，他

们希望尽可能地直接降低消费不同产品所形成的交易成本,或者通过额外获取其他相关产品实现"捆绑式销售",从而降低交易成本。不仅如此,消费者还希望通过一次交易行为满足更多的效用,即达到效用最大化,这种需求力量将使"一站式消费"模式兴起,生产者也随之改变传统的产品独立销售模式,将产品打包销售,这反过来又促进了产业融合的发展。

总之,根据市场理论中的"需求决定供给",生产性服务业和制造业必然会根据市场需求变化进行自适应调整:首先,两大产业会逐渐加强自身的研发和设计能力,不断提高产品多样性,满足市场上日益增加的个性化、定制化消费需求;其次,制造业基于产品的使用功能逐步增添服务功能,并将物流、销售及售后服务等服务价值环节引入产品价值链中,以满足消费者对"产品+服务+支持+知识+自我服务"融合型产品的需求。

(二)内在驱动力:技术创新与扩散

技术创新和扩散是产业融合发展的内在驱动力,也是产业融合的关键。生产性服务业和制造业的发展依赖于现代技术,尤其是信息技术。随着互联网的普及和信息技术的发展,各种技术创新被广泛应用,再加上技术创新的外溢效应,使得技术在不同产业之间转移,产业间的界限逐渐模糊,从而推动产业之间的融合。技术创新促进生产性服务业与制造业的融合具体表现在两个方面:一方面,生产性服务通过技术创新开发出更多的相关联或具有替代性的技术,渗透、扩散到制造业的生产过程当中,进而改变产品的技术参数和生产成本函数。同样,制造业的技术需求推动生产性服务业不断地进行技术创新,产业间的技术壁垒消失,形成通用技术,实现产业间的技术融合,并进一步相互渗透、扩散,最终实现两大产业产品的相互融合。另一方面,技术融合和产品融合也会引发生产性服务业和制造业各自在产业管理方面出现自适应性调整,改变传统的管理体制和模式,实现从产业内管理向跨产业管理的转变,制造业与生产性服务业之间的职能逐步一体化,形成两个产业之间的组织融合。简而言之,有效的技术创新能促进制造业和生产性服务业在技术、产品、市场和管理等多方面的全面融合。

(三)外在驱动力:政府规制的放松

通常,基于保护主义,各个产业都会设立一定的准入门槛,这导致各个产业间存在着明显的界限。著名管制经济学创始人乔治·斯蒂格勒(George Stigler)提出,政府的经济规制形成产业准入壁垒,这使得新进入该产业的企业将会承担更多的成本。的确如此,以往中国电信业、金融业等生产性服务行业都具有较强的垄断性，政府在其准入、运营和定价等方面规制较多，阻碍了行业内部的自由竞争，制约了生产性服务业的发展。从发达国家生产性服务业发展的历史经验可以看出，政府规制政策起着重要的作用。例如，美国政府于1996年颁布了《1996电信法案》，放松了对电信业的管制，使得电信业和有线电视业之间的界限日益模糊，竞争也日益激烈，最终导致电信和电视行业的融合。因此，政策规制的放松可以有效地促进市场从垄断走向自由竞争。当然，规制的放松并不意味着没有规制或减少规制，而是更注重规制的合理性。通过规制的放松引导生产性服务业融入制造业的竞争中，使两大产业的价值链活动相互配合，优化资源配置，实现生产性服务业和制造业融合。由此可见，政府的引导在生产性服务业与制造业融合过程中起着非常重要的作用。通过政府的制度、要素等方面的供给为生产性服务业与制造业融合提供政策支持。同时实施监管融合能有效节约监管成本，提高监管效率，防范行业风险。因此，宽松的规制环境是生产性服务业和制造业融合的外部驱动力。

综上所述，市场需求的变化、技术创新与扩散以及政府规制放松是推动中国生产性服务业和制造业融合的主要驱动力，各驱动力之间也存在着密切的联系：个性化、定制化市场需求的变化以及政府规制的放松，增强了制造企业之间的竞争，更促进两大产业加强技术创新获得竞争优势；反过来，两大产业的技术创新会对市场需求、市场竞争状况和政府的规制产生影响。

三、生产性服务业与制造业的融合过程

不同的产业领域以不同的方式实现产业融合，最终使产业结构更加合理化、高级化，形成融合型产业。对于产业的融合过程，国内外很多学者认为，产业融合经历了技术融合、产品融合和市场融合三个阶段，最终完成了产业融合的全过程（Alfroso，Salvatore，1998；卢国庆，2001；郑明高，2010）。但是，上述对融合过程的研究是基于特定的历史时期展开的，且以抽象性的"产业"为研究对象分析产业融合的过程。而不同的产业有不同的特点，其融合过程也存在差异。因此，本书借鉴前人的研究成果，并结合生产性服务业与制造业融合的特点，将两个产业的融合过程划分为技术融合、产品融合、市场融合和组织融合四个阶段。生产性服务业与制造业融合过程中各个阶段的逻辑关系为：第一，生产性服务业基于制造业的技术需求进行技术创新，并通过技术的渗透和扩散，形成两大产业间的通用技术，从而促进了其技术融合，引发产品融合；第二，市场

需求的变化必然会影响融合型产品的市场供应,从而促进两大产业加大对融合型产品的技术研发和产品生产;第三,对融合型产品的需求和供给将共同实现两个产业的融合。生产性服务业和制造业的技术融合、产品融合和市场融合势必使两个行业的结构与管理模式也进行自适应性调整,从而进一步引发对组织融合的需求,形成两大产业的组织融合。

四、生产性服务业与制造业的融合程度

(一)产业融合水平的测算方法

产业融合水平即为产业融合程度,其量化指标的计算尚存在较大争议,国内外还没有形成较为一致的测度标准及方法。目前衡量产业融合的指标主要为赫芬达尔—赫希曼指数(HHI指数)、产业间专利相关系数、变权灰色关联分析、综合指标体系法、投入产出分析。由于技术融合是产业融合的关键,许多专家学者通过技术融合水平来衡量产业融合水平,如HHI指数、产业间专利相关系数。Gambardela(1998)选取1984—1990年间电子行业的32家公司作为研究对象,使用HHI指数测算电子信息产业间的技术和业务融合程度。Tunzelman(2001)收集美国电子、机械、化学和运输行业的32家企业数据,分析它们在1930—1990年间的专利活动记录,采用产业间专利相关系数计算上述行业之间的技术融合度。HHI指数和产业间专利相关系数两个指标在计算过程中都要涉及产业专利数据,该数据不易获取,并且以技术融合度来衡量产业融合水平较为片面,难以反映产业融合过程中的产品融合、市场融合及组织融合等方面。也有学者采用其他的方法来测算产业融合度,如李琳等(2013)为清晰测度地区间信息化与工业化融合,即"两化融合"的程度,通过构建测度两化融合程度的指标体系,采用变权灰色关联法分析"两化融合"的程度及水平。张新等(2012)构建了区域"两化融合"评价指标体系,并采用层次分析法对各省"两化融合"水平进行测算。这两种构建综合评价指标体系的方法存在一个问题:权重的确定带有一定的主观性,而且也无法准确反映技术、产品、市场和组织等四个方面的融合。因此,部分学者尝试利用投入产出表测算产业融合水平,投入量是技术、产品、市场和组织融合真实且综合性的反映。李美云(2007)利用服务业投入总额在制造业产出的占比来衡量产业融合度。赵新华(2013)基于投入产出表计算各行业间的直接消耗系数、行业融合水平。汪德华等(2010)用生产性服务业在制造业各细分行业总产出的占比需求系数、影响力系数和感应度系数,测度产业之间的直接和完

全融合程度。基于以上分析，本书根据投入产出表数据，以生产性服务业投入在制造业总产出的占比来衡量两大产业间的融合水平。

（二）融合水平的测算：行业差异

为了与前文的行业分类保持一致，在计算中国生产性服务业与制造业融合水平时，将2012年中国投入产出表（139个部门）的制造业行业合并为食品及烟草业（M1），纺织业、皮革制品及制鞋业（M23），木材加工及其制品业（M4），造纸印刷及其制品业（M5），橡胶及塑料制品（M6），石油、炼焦和核燃料加工业（M7），化学原料及其制品业（M8），非金属矿物制品业（M9），金属制品业（M1011），机械制造业（M1213）和回收加工业（M17）等13个部门，并进一步将13个制造业行业部门分为劳动密集型、资本密集型和技术密集型三类。通过测算，发现中国生产性服务业和制造业的融合度是0.06642，远远不及美国（0.438）、日本（0.372）、德国（0.365），这充分表明中国生产性服务业和制造业的融合度非常低，生产性服务对制造业的实际贡献度不高。

（三）融合水平的测算：地区差异

在测算了两大产业各行业间融合程度的基础上，本书进一步从地区层面测算并分析两大产业之间的融合情况，进一步将除了港澳台地区的31个省市（自治区）划分成三大区域：东部地区、中部地区和西部地区。东部地区包括辽宁、北京、河北、天津、山东、浙江、江苏、上海、广东、福建、海南11个省市；中部地区包括黑龙江、吉林、山西、安徽、河南、湖北、湖南、江西8个省市；西部地区包括新疆、西藏、内蒙古、甘肃、陕西、宁夏、青海、云南、广西、四川、贵州、重庆12个省市（自治区）。从计算结果来看，中部地区生产性服务业与制造业融合水平最高，其中流通服务与制造业融合水平最高，占比达71.35%。东部地区信息服务、商业服务与科技服务的融合程度较高，可见东部地区是知识密集型生产性服务业与制造业融合水平较高的区域。改革开放以来，凭借独特的地理优势和成熟的工商业基础，东部地区已成为我国经济发展最具活力的地区之一以及国际制造业向中国转移的重要集聚地。伴随着产业的转移，外资企业纷纷进入东部地区，大量外资涌入，并且在承接国际制造业转移的过程中，通过技术外溢效应使得制造企业的技术水平提高，进而对先进技术的需求也不断增加，推动并加速了知识密集型生产性服务业与制造业的融合。金融服务与西部地区融合最高，这可能是由于西部大开发战略的实施，伴随着产业由东部向西部转移，金融资本也随之转移，以支持西部开发与建设。

第三节　生产性服务业与制造业的融合对制造业升级的作用机理

目前，全球经济呈现出从"工业经济"向"服务经济"转变的新趋势。为了提高竞争优势，制造企业逐渐将以往的以生产为主导转变成以服务为主导，典型代表是通用汽车、IBM 和飞利浦等世界知名制造企业，他们纷纷通过业务转型和服务模式创新以提高市场竞争力。原有的制造业与服务业的界限已日益模糊，服务要素的投入在制造业中间投入所占比重越来越大，尤其是生产性服务，其对制造业技术创新、产品创新的引领作用和对制造业价值链的渗透和融合作用也日益增强。作为一种新的产业发展范式，生产性服务业与制造业的产业融合、服务和制造的融合都是为了实现制造价值链中各利益相关者的价值增值，通过融合、客户的全程参与、企业间相互提供生产性服务和服务性生产，实现分散化的资源融合和各自竞争优势的协同，从而达到高效创新的一种模式。这对正处于"大而不强"局面、亟待实现经济增长方式转变的"中国制造"提供了一种绿色的发展范式，即不再以牺牲资源和环境为代价，而是通过将生产性服务业与制造业全部价值活动进行有效组合，并对这些价值活动所涉及的全体利益进行优化融合的方式来实现。两大产业融合而成的"制造服务部门"也成了现代经济中增长最为快速的产业部门之一。因此，如何借助这种经济发展范式又快又好地实现由"中国制造"向"中国质造""中国智造"转变成为未来制造业升级的方向。

一、融合促进制造业生产效率的提高

（一）提高制造业的技术效率

从生产性服务业的演变过程可知，生产性服务脱胎于制造业价值链，成为独立的生产性服务企业，嵌入制造企业的上、下游产业链中，并为其提供专业化的服务。在将生产性服务与制造业分离的同时，还需要初始的固定资产投入。因此，假设国民经济体系中仅有两个产业部门：生产性服务业 S 和制造业 M。除了诸如资本、劳动等传统生产要素投入外，制造业的生产过程还增加了生产性服务要素，该要素同样需资本、劳动等要素的投入。假设全社会的劳动力总量为 L，制造业劳动力份额为 λ，生产性服务业劳动力份额则为 $1-\lambda$。假定储蓄率为 ω，

储蓄率相对稳定；资本折旧率为 δ；劳动力人口增长率为 n，该增长率稳定不变。因此，有如下表达式：

$$M = S^{\alpha} K^{\beta} (\lambda l)^{\gamma}, (0 < \beta < 1, 0 < \gamma < 1) \tag{2.1}$$

$$S = [(1-\lambda)L]^{\phi} M^{\theta}, (0 < \phi < 1, \theta > 0) \tag{2.2}$$

$$\dot{K} = \omega Y - \sigma K, (0 < \omega < 1) \tag{2.3}$$

$$\dot{L} = nL, (n > 0) \tag{2.4}$$

其中，α、β 和 γ 分别表示制造业总产出中生产性服务、资本、劳动等要素投入的产出弹性，ϕ 和 θ 分别表示生产性服务业总产出中劳动投入、制造业投入的产出弹性。假定规模报酬不变，则有：

$$g_k = \dot{K}/K = \omega S^{\alpha} K^{\beta-1} (\lambda L)^{\gamma} - \delta \tag{2.5}$$

$$\dot{g}_k = \alpha g_s + (\beta-1) g_k + \gamma n \tag{2.6}$$

当 $\dot{g}_k = 0$ 时，实现稳态均衡，于是有：

$$g_s = \frac{(1-\beta) g_k - \gamma n}{\alpha} \tag{2.7}$$

将（2.1）式代入（2.2）式中，则有：

$$S = [(1-\lambda)L]^{\phi} S^{\alpha\theta} K^{\beta\theta} (\lambda L)^{\gamma\theta} \tag{2.8}$$

$$g_s = \dot{S}/S = \phi n + \alpha\theta g_s + \beta\theta g_k + \gamma\theta n \tag{2.9}$$

将（2.7）式代入（2.9）式中，得出：$g_k = \dfrac{\alpha\phi n + \gamma n}{1 - \beta - \alpha\theta} \tag{2.10}$

因此，$\dfrac{\partial g_k}{\partial \alpha} = \dfrac{\phi n(1-\beta) + \gamma n \theta}{(1 - \beta - \alpha\theta)^2} > 0 \tag{2.11}$

又根据（2.9）式，有：$g_s = \dfrac{\phi n + \gamma n \theta}{1 - \alpha\theta} + \dfrac{\beta\theta}{1 - \alpha\theta} \cdot g_k \tag{2.12}$

因此可得：$\dfrac{\partial g_s}{\partial \alpha} > 0 \tag{2.13}$

同理可以推导出 $\dfrac{\partial g_s}{\partial \theta} > 0, \dfrac{\partial g_k}{\partial \theta} > 0 \tag{2.14}$

由此说明，随着生产性服务对制造业投入的增加以及制造业对生产性服务业投入的增加，两大产业的增长率都会加快，从而使得交易技术和交易效率不断提高。因此，从产业融合的角度来看，两大产业中某一产业的发展均离不开另一产业的投入,即制造业的发展需要专业化的服务投入,生产性服务业的发展也需要制造业所生产的固定资产作为投入,从而形成两大产业互动融合的局面。

(二)融合提升制造企业的创新效率

产业融合打破了原有的产业格局,改变了产业内的资源配置和要素投入以及产业间的结构,形成新的产业创新网络的组织形态,并促使企业创新活动进行自适应调整,这将对产业创新的方向、模式和效率产生重大的影响。可以说,生产性服务业与制造业的融合也是两大产业内企业创新活动调整和创新效率提升的过程。具体来说,体现在以下四个方面。

第一,产业融合的需求效应拓宽了知识的选择范围,降低了新知识的搜索成本,并有助于增加基于创新带来的利润。生产性服务业和制造业的融合引发了对产业间集成式技术、知识的需求,并在个性化、定制化消费趋势的推动下进一步增加,激励企业为满足日益增大的市场需求而通过各种创新活动来搜寻外部知识。产业融合为企业的研发创新活动提供了契机。在产业融合过程中,必然会涌现出具有市场领导力的龙头企业,他们通过集成式创新促进了技术水平的提高,改变了产品的生产模式和性能,生产出功能更强、个性化更突显的新产品,从而获得先发优势,占据更大的市场份额,赚取高额利润。新产品的出现将吸引更多企业进入市场参与竞争,为了抢占市场份额,他们会根据市场需求快速地调整自身发展战略,整合各种资源,并通过模仿、再创新等方式加强产品的研发,实现创新获利。

第二,产业融合具有很强的溢出效应,这将改变行业间知识转移和扩散方式,从融合前的产业间外溢到融合后的产业内外溢,提高了知识传播的速度,提高了创新效率。知识技术密集型生产性服务业在创新系统中扮演知识创造者和知识传播者的重要角色。制造企业通过外部购买生产性服务活动,引进新的知识、信息和技术,帮助企业展开研发与设计;生产性服务企业为制造企业提供中间服务,进而在服务过程中通过交流和互动创造出新的知识,并传递给制造企业。制造企业通过知识外溢效应获取更多的外部知识、技术,并加以应用形成制造企业的技术创新,降低研发风险,提高技术创新绩效。

第三,产业融合会产生挤占效应,进而加速新知识、新技术更迭的速度,促进创新效率的提升。产业融合问世的新产品通常技术更先进、性能更优化,这势必影响市场上的传统产品。为了挤占市场份额,传统产品的生产企业会纷纷搜寻新知识,模仿和学习新技术,从而进一步增强企业创新的有效性。随着"两化"

融合程度的不断深入，信息技术与传统生产领域的融合发展日益显著，但是信息技术的研发具有较大的不确定性，投资风险也较大，于是企业纷纷进行模仿创新，不仅能降低后发企业的创新成本，也能有效提高创新效率。

第四，产业融合的关联效应拓展了产业知识结构，促进了多元化知识的互动交融，丰富了多元化创新产出。随着制造业产业链的整合与延伸，新产品的问世将进一步带动相关产品（包括互补品和替代品）创新的需求，于是上、下游企业会通过各种途径搜寻、学习与传递新知识和新技术，以期同先进产品配套生产，这种关联效应缩短了知识发掘的时间，降低了知识搜寻的成本，提高了创新效率。例如，半导体技术在不同的关联产业间传播，先后用于军事设备、通信设备和商业计算机等各种行业，从而实现多个行业的共同繁荣。

二、融合促进制造业价值链高端攀升

（一）推动产业链的整合与延伸

目前，全球已进入信息化时代，随着信息技术的快速发展和互联网技术的广泛应用，生产性服务业与制造业相互融合的趋势日益明显。特别是信息产业，不仅产业内部各行业间存在着广泛融合，它同其他产业也逐渐融合、渗透，使得生产性服务业与制造业的边界日益模糊，呈现出趋同趋势。生产性服务业与制造业的融合主要包括产业间功能互补性、产业链延伸性和替代性融合三种形式。产业间的功能互补是指生产性服务业与制造业价值链相互渗透，形成一种新型的融合产品，即"产品＋服务"的捆绑式模式。融合后的新产品更多体现了制造业的功能，同时又具有生产性服务业的特点。例如，智能化家用电器产品，除了电器产品本身的功能外，还具有与产品一起销售的知识和技术服务。又如IBM公司，它从1993年开始从硬件制造转向软件、咨询等服务，为客户提供信息系统整体解决方案，包括服务器、网络设备、信息采集设备等硬件及配套软件，还包括提供培训、咨询等生产性服务，并根据客户的要求对业务流程、信息种类、客户战略等问题进行分析，提供客户所需的服务，从而使收入飙升。据统计，IBM公司生产性服务业收入已达到总收入的一半以上。产业链延伸性融合是指生产性服务嵌入制造业价值链中，使制造业价值链向上游或下游进一步延伸，从而利用制造业原有的核心竞争力优势，挖掘出新的生产性服务需求，形成新型产业。以安吉安星信息服务有限公司为例，它是通用汽车、上汽集团和上海通用汽车合资组建的，专业提供汽车售后服务，比如金融贷款服务、二手车业务等，使汽车产业链得以延伸，同时它还为汽车用户提供各种安全信息服务，如自动碰撞报警器、道路救援、远程解锁、转弯道路导航等，通过提供多样化的服务为上海通用汽车提升了产品与服务竞争力，让客户有了更好的消费体验，感受到更多的产品价值。替代性融合是制造业依照产品生命周期，通过生产服务价值链重组形成的新技术、新流程、新管理等方式来实现替代产品的创新，从而占据市场，创造更多价值，并形成"1+1>2"效用模式，这在一定程度上将拓宽生产性服务业和制造业的领域。

（二）实现制造业的价值创造与利润转移

在波特价值链理论中，生产性服务活动在整个价值链中扮演重要角色，占据价值链的核心环节，如技术研发、采购、市场营销和人力资源管理。在生产性服务活动不发达的情况下，产品的附加价值主要体现在整个价值链的加工过程中。改革开放以来，中国主要以加工贸易方式参与全球价值链分工，使得中国制造业的规模不断扩大，我国迄今已成为世界制造大国。然而"中国制造"的附加值却极低，最为典型的例子就是芭比娃娃和苹果系列产品的生产。中国制造生产并出口到美国的芭比娃娃，市场零售价是 9.9 美元，但作为生产加工企业，中国仅分得 0.35 美元的加工费。又比如一款 ipad 在中国的出厂价是 150 美元，但它在中国组装的过程中，劳动要素投入与新增的附加值仅几美元而已。中国的经验表明，在全球价值链中加工、组装等环节创造的附加值较低。现阶段，伴随生产性服务业的不断发展，价值创造环节已发生了从制造环节向服务环节转移的趋势。从价值链构成来看，纯粹制造环节所创造的附加值占比持续走低，目前约是 1/3，而服务业中的维护保修、运输、研发、销售、人力资源管理、信息服务、金融保险活动、法律等专业化的服务所创造的附加值逐渐增加，高达 2/3。可见制造业不再局限于生产加工环节，服务环节也纳入其中，在制造过程中融入服务的要素，使得利润从中间加工制造转向上、下游业务服务环节，"制造业服务"的趋势日益凸显。制造业价值链的利润发生转移主要是由于生产性服务作为制造业的中间投入和产业链延伸部分，促进了产品异质性。（李海舰、原磊，2005）长久以来，人们一直认为同质化创造利润。在产品同质化的经济学假设前提下，企业只有加大资本、劳动力等生产要素的投入，扩大生产规模，实现规模经济，才可能获得可观的利润并在竞争中幸存下来。产品同质化的假设在特定的历史背景下是合理的，在产品短缺的经济时代，消费者消费更关注的是产品的基本功能，并不会对产品个性化有更多的要求。只要产品功能满足消费者需求，价格成为唯一的竞争优势。在这种情况下，制造企业更多将资源集中于降低成本，只要能够以更低的成本生产出同质产品，就能比别的厂商获得更多的利润。因此，在利润驱动下，制造企业不断扩大自身规模，以期通过规模经济来降低单位成本。事实证明在特定的经济时代，实现规模经济是正确的选择。比如说福特公司，在20世纪早期它的经营方针就是"同质化、低成本、大批量"，这一战略取得了巨大的成功，福特汽车公司在1920～1925年间年均生产1 000万辆汽车，几乎占世界汽车总量的50%，树立了福特汽车的全球地位，赚取了丰厚的利润。但是随着产量过大而形成过剩的产能以及人们生活水平的提高，民众对产品提出了更高要求，他们已经不会满足于仅能够达成其基础需求，而是追逐产品的革新，并愿意为个性化而付出更多的代价；生产者为了满足消费者的个性化需求，即使将产品价格定得远远高于市场同类产品价格，也往往供不应求，反而还能获得比同质化生产更多的利润。此时，利润并不是源自于同质化，实际上是源于其产品的多样性。价值链的上、下游环节更易于形成产品的异质性。研发、设计等环节最为关键，它从源头上确定价值链是否能够为消费者提供异质化产品。技术研发使新产品诞生，根据产品的生命周期理论，新产品刚问世是难以模仿或者模仿的成本非常大，这使得企业拥有比较优势，最先占领市场并获取高额利润。因此，技术研发是制造企业实现产品差异化的重要手段，也是获取异质化利润的关键。一些世界知名制造企业尤为关注研发投入，同时将大量的资金投入到科研过程。例如，英特尔、苹果公司每年投入大量研发资金，从而始终引领技术革新，通过实现产品异质性而获得可观的利润。除了技术研发，营销和售后等下游服务环节也是决定产品异质化程度的另一类关键要素。实质上，这些环节是企业对自己产品的增值。随着信息技术的应用和普及，技术的普及速度越来越快。一项新技术经常在短时间内被复制和推广，这使得产品的异质性空间越来越小。在这种情况下，企业不仅远离产品本身的异质性，而且还需要体现产品配套服务的独特性。目前，公司已经开始支持服务的生产和应用，以及产品和服务的"捆绑式销售"，实现了"产品"到"产品＋服务"再到"产品＋服务＋支持＋知识＋自我服务"的转变。

（三）改善制造业的出口结构

改革开放以后，中国通过代工模式实现了经济高速增长。虽然这种贸易方式使得中国的出口量大幅增加，但中国制造业一直处于价值链的低端，而发达国家则通过跨国公司的直接投资、产业转移和订单外包等方式，将公司的非核心业务、低附加值生产环节发包给中国、印度等劳动力低廉的发展中国家，自己则掌握研发、设计、营销等价值链的高端环节，并通过强化和垄断核心技术，保持竞争优势，居于全球价值链的顶端。不仅如此，跨国公司还利用核心竞争力来约束中国制造企业的知识创造与企业能力的提升，造成中国制造企业被"低端锁定"。在这种锁定效应下，跨国公司将获得长期的高额利润，而中国制造企业只得到极少的利润。目前，全球价值链和生产体系正逐渐调整。生产性服务业的发展有利于中国参与全球价值链，实现产业技术升级和产品升级，促进产业结构优化升级。在参与全球价值链分工时，实现产业升级的路径通常是OEM（原始设备制造商）— ODM（原始设计制造商）— OBM（原始品牌制造商）。中国的经验表明，依托OEM生产，承接生产的企业只能赚取加工费。ODM是指企业除了加工生产外，还参与产品设计活动，使得承接企业在价值链中向上游环节靠近了一步。OBM不仅涉及深加工装配和产品设计活动，还涉及自主品牌的开发，这是制造业升级的高级阶段。如图2-9所示，通常有两种方式可以实现从OEM到OBM的转变：一种是通过改进和提高生产过程的效率来增加市场份额，从而成为全球供应商，在积累了相当的实力后，加大了自主创新力度，加强了设计和研发能力，最终转型为自主品牌制造商，即O—A路径；另一种方式是从OEM方式开始，继续加强对新产品功能和技术的研发，将非核心业务或不具备竞争优势的环节以发包的形式委托给其他生产商，在此基础上创立自己的品牌，成为自有品牌生产商，即O—B路径；生产性服务业与制造业的融合可以使发展中国家通过提高制造业企业的研发、学习和创新能力，即以简单的装配参与全球价值链分工，继而使其上升至OEM，借助生产性服务的支持，如研发、营销、物流、品牌维护，提高制造企业自身的技术水平，升级到ODM，最后转化为OBM。

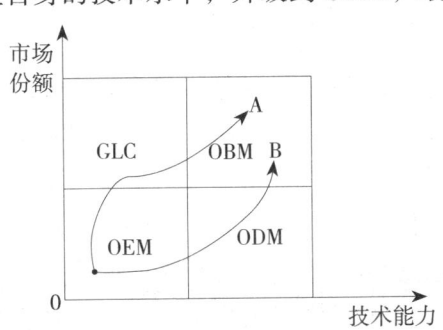

图2-9 产业价值链升级路径

注：路红艳.生产性服务业与制造业结构升级—基于产业互动、融合的视角[J]财贸经济,2009(09):129-131

三、生产性服务融合与价值链升级

生产性服务业与制造业的融合促进了产业链的整合与延伸，改善了制造业的出口结构，实现了制造业的价值创造和利润转移，促进了制造业价值链的升级。但是不同的生产性服务投入与制造业融合对价值链升级的影响也会存在差异。通过对生产性服务业的范围界定可知，生产性服务业包括流通服务、信息服务、金融服务、商务服务和科技服务。不同类型的生产性服务业在价值链中起到的作用是不同的，其与制造业融合之后对产业价值链升级的作用也会存在着一定差异。从流通服务与制造业融合的角度来看，Arrow 和 Kurz（1970）证实了交通运输的重要作用。流通服务行业和制造业的融合形成了制造业运输的服务化。这有助于企业有效调整生产要素，降低出口交货时间成本，降低出口风险和不确定性，提高生产效率和产品附加值。（Moreno et al.，2002；王永进等，2010）制造业运输服务化能进一步深化企业间流程的分工与合作，优化供应链的空间布局，提升资源的全球和区域整合，延伸产业链和企业的"生产步长"，增加企业出口附加值。

从信息服务与制造业融合的角度看，随着互联网的普及，产业发展的社会化、专业化程度大大提高，企业间的联系更为方便快捷，促进了制造业与服务业的关联性和协同性。电子商务、"互联网+"和集成的融合是一种新的商业运作模式。目前很多大公司利用互联网技术实现服务化的转型，许多中小企业依靠云计算和云服务平台提供全方位的服务，甚至还形成服务化产品，增强了市场竞争力。在制造业和信息服务一体化之后，价值链升级效应可以从两个层面来理解：一是从企业层面，通过信息技术和制造技术的融合，企业可以有效地控制生产、供应和销售等各环节的运作，提高产出效率；二是从供应链层面，供应链信息化有利于实现企业之间的信息共享和协同运作，消除信息障碍，提高供应链的运作效率。从金融服务与制造业融合的角度看，金融服务业投资是深化公司价值链参与、提升公司出口附加值的关键因素。金融机构可以充分发挥"储蓄"的功能，有效缓解企业流动性约束，降低交易成本，提高公司生产效率；同时，金融服务的投入可以促进企业创新。金融机构为技术创新和研发投入提供必要的资金支持，促进长期、稳定和可持续的技术创新行为。从商务服务和制造业融合的角度来看，商务服务为制造业提供产前（包括产品研究、市场开发等）、产中（如技术咨询等）和产后（包括营销和售后服务等）等服务。它与制造业的融合是实现价值链升级和延伸的重要途径。一是可以有效缩短厂家与客户之间的距离，提高他们对产业链下游环节的参与度，减少因信息不对称造成的生产盲目性，有效缩短出口企业与东道国企业之间的文化距离、制度距离和地理距离；二是改变以产品为中心的生产模式，充分满足个别客户需求的目标，通过客户体验营销和参与式研发，为客户提供"产品+服务"套餐的完整解决方案，最终实现目标客户锁定和产品价值增值。（Correa，2007）从科技服务与制造业融合的视角来看，部分服务公司掌握了价值链高端的核心控制力，掌握了核心技术的研发，进而形成对价值链高端的控制力。例如，思科是一家专门提供IT服务解决方案的大型跨国公司，其产品主要用于连接计算机网络系统，目前，新加坡、马来西亚、泰国和中国有7家设备制造工厂，专门生产网络设备，并进行产品测试；谷歌研发中心于2007年推出Android手机操作系统，随后推出自主品牌的手机，在收购摩托罗拉后它开始在中国建厂投入生产。科技服务的产出是知识，知识渗透到制造业各环节中，有利于提高制造业的技术水平，增加产品的附加值，使制造业的价值链更高端化。

综上所述，生产性服务业与制造业的融合使得制造业的趋势凸显出来，降低了企业的各种成本，提高了生产效率，加大了企业价值链参与程度，促进了价值链升级。但是不同的生产性服务行业对制造业升级的作用是有细微差别的。

四、"低端锁定"效应对融合的不利影响

从现有的国际分工格局来看，发达国家的企业位居全球价值链的高端环节，为产业提供具有较大增值空间的服务，专注于产品研发、系统集成和行业标准的制定，垄断核心技术和新产品的生产，培育和运营产品品牌，并控制全球市场的主要销售渠道。例如，日本生产集成电路、关键部件、高端消费电子产品和高端计算机，在国际分工体系中处于高端位置；而中国凭借着低廉劳动力从事加工和组装等附加值低的生产环节，在全球价值链之中一直处于国际分工体系的低端。面对跨国公司的技术和标准的垄断，中国企业自身的创新能力较弱，对国外技术的依赖性较强，在下游经销商的品牌和销售渠道的控制之下，企业难以进入国际市场。海外市场隔离现象明显，只能通过各级渠道商赚取微薄的利润。技术依赖和市场隔离导致中国企业在全球价值链中位于低端，在国际分工的利益分配中没有话语权。发达国家基于市场势力对生产性服务业价值链进行细分。在上游的研发环节中，发达国家牢牢控制核心技术，在国际分工体系中建立了强大的

市场力量；在知识生产过程中，跨国公司通过专利丛林法则和专利联盟机制对关键专利和技术标准实施垂直化圈定，从制度上强化其市场势力；在产业标准的制定上，发达国家采用先发优势垄断标准，形成较高的准入门槛，导致发展中国家的制造企业只能以廉价的条件参与国际分工，难以实现技术的自我积累。由此可见，跨国公司通过垄断专利技术和行业标准行使市场支配力，有效遏制发展中国家企业的技术能力，提升产业结构。跨国公司除了在生产服务上游价值链上行使市场势力外，还控制着下游渠道和品牌。一方面，跨国公司凭借其全球资源的整合能力、充分信息资源和资金优势，牢牢掌握了其产品的国际销售渠道；另一方面，发达国家通过战略联盟及签订排他性协议建立了相对稳定的销售渠道，导致发展中国家的制造企业难以进入国际市场，只能任凭各级国际渠道商"宰割"来挤压自身的利润空间。品牌能对消费者产生价值的信号，拥有强势品牌的企业往往能凭借品牌效应赢得强大的市场势力，也能在价值链治理和利益分配中拥有话语权。跨国公司通过实施品牌圈定，阻隔发展中国家制造企业进入国际市场，无法实施全球品牌战略，从而将发展中国家的制造业锁定在全球价值链的低端。

第四节　广东生产性服务业与制造业的融合水平测度

一、投入产出法概述

投入产出表由美国经济学家瓦西里·列昂惕夫于 1931 年提出，反映了一定时期各部门间相互联系和平衡比例关系的一种表，有价值型和实物型两种，本章节采用价值型投入产出表。价值型投入产出表主要由中间使用、最终使用、中间投入和增加值四个部分组成。投入产出表的列向表示各个部门生产环节对物质和服务的消耗，以及收入分配情况，表的横向反映各个部门的产出分配给其他部门生产环节的中间使用以及分配给居民、政府的最终消费。投入产出表存在几个重要的平衡关系，具体如下：

行平衡关系：中间使用 + 最终使用 = 总产出
列平衡关系：中间投入 + 增加值 = 总投入
总量平衡关系：总投入 = 总产出

表2-2 投入产出表

产出投入		中间使用		最终使用			总产出
		部门1/部门2	中间使用合计	最终消费支出	资本形成总额	最终使用合集	
中间投入	部门1/部门2						
	中间投入合计						
增加值	劳动者报酬 生产税净额 固定资产折旧 营业盈余						
	增加值合计						
	总投入						

中间投入系数（亦即直接消耗系数），是指某个行业在生产经营过程中，直接消耗其他行业的服务或产品的价值量在总投入中的比重，反映了该行业的生产对其他行业的依赖程度。用公式表示为：

$$\alpha_{ij} = x_{ij} / (\sum_{i=1}^{n} x_{ij} + N_j) \qquad (2.15)$$

式中，x_{ij}、N_j分别表示国民经济中第j个行业的全部中间投入和增加值。中间投入系数越高，表明j行业对i行业的依赖程度越大。第j个行业的中间总投入系数越高，表明该行业对其他行业队依赖程度越高，附加值越低；反之，对其他行业的依赖和带动程度越小，附加值率越高。

中间分配系数，是指某个行业的产出在分配过程中，其作为中间产品分配给其他行业用于生产的量占该行业总需求的比重，反映了该行业的生产资料性质程度。用公式表示为：

$$h_{ij} = x_{ij} / (\sum_{i=1}^{n} x_{ij} + Y_i) \qquad (2.16)$$

式中，x_{ij}、Y_i分别表示国j行业对i行业的分配和i行业的最终使用。中间总分配系数越高，它的生产经营更多地依赖中间使用；反之，则说明该行业的发展更多地依赖最终使用。

二、广东省投入产出表分析

(一) 中间投入总体分析

首先,我们观察国民经济整体的中间投入状况。制造业的生产对其他行业的依赖程度较大,属于低附加值、高带动性产业,而生产性服务业属于低带动、高附加值产业。由表2-3可知,制造业中间投入系数最高,维持在77%以上,2015年达到80.39%,呈波动上升趋势。相比之下,第一产业和生产性服务业的中间投入系数较小,基本不到50%。

表2-3 各行业的中间投入系数表

年份	第一产业	第二产业其他产业	制造业	生产性服务业	消费性服务业
2005	0.416 5	0.693 1	0.766 6	0.430 8	0.395 4
2007	0.399 0	0.696 1	0.793 8	0.420 7	0.389 4
2010	0.390 9	0.750 9	0.779 6	0.470 6	0.388 8
2012	0.388 5	0.731 9	0.779 8	0.488 8	0.389 4
2015	0.379 3	0.759 9	0.803 9	0.464 1	0.385 0
平均	0.329 0	0.605 3	0.653 9	0.379 2	0.324 7

数据来源:根据2005—2015年广东省投入产出表整理所得。

进一步,我们分析制造业生产所需中间投入的内部结构,发现广东省制造业的发展主要以实物型投入为主,且企业以研发—生产—营销一体化生产为主。表2-4中,生产性服务业对制造业的中间投入系数平均为0.055 6,远不及制造业的自身投入0.517 2。从中间投入系数来看,制造的中间投入对自身的依赖度最高,但对生产性服务业的投入依赖度较低,两者融合欠佳。广东省制造业仍以实物投入为主,对资源消耗较大,且广东省制造业发展仍以一体化为主,对市场的反应依靠企业内部分析、反馈,服务外包较少。

表2-4 制造业关于各部门的中间投入系数表

年 份	第一产业	第二产业其他行业	制造业	生产性服务业	消费性服务业
2005	0.019 2	0.064 3	0.612 2	0.062 1	0.008 8

续 表

年 份	第一产业	第二产业其他行业	制造业	生产性服务业	消费性服务业
2007	0.022 8	0.073 9	0.624 4	0.060 9	0.011 9
2010	0.026 1	0.072 1	0.606 7	0.062 7	0.011 9
2012	0.019 0	0.063 2	0.616 5	0.069 7	0.010 0
2015	0.019 9	0.053 1	0.643 5	0.078 1	0.009 3
平均	0.017 8	0.054 4	0.517 2	0.055 6	0.008 7

数据来源：根据2005—2015年广东省投入产出表整理所得。

（二）中间投入分行业分析

由表2-5可知，高技术产业的生产性服务投入系数最大，平均为0.0254，其次为中低技术产业、中高技术产业，低技术产业的生产的服务投入系数最低，仅0.006。高技术产业中计算机、通信和其他电子设备制造业的投入系数在所有产业中最大，2015年为0.062 2，但2005年仅0.006 1，说明电子设备制造业在加强使用知识资本密集的生产性服务业。中低技术产业的石油、煤炭及其他燃料加工业2015年的生产性服务投入系数为0.032 8，且长期维持在0.03以上。中高技术产业中化学工业的生产性服务投入系数最大，2015年为0.007 4，而其他中高技术制造业的生产性服务投入较少。由于投入产出表仅体现外部的投入，一些大型企业将生产性服务内部化，导致企业的外部需求较小，如通用设备制造业、专用设备制造业是生产机器的机器制造业，这类企业通常为资本技术劳动均密集的大型企业，一体化的生产较为普遍。而化学原料和化学制品制造业由于缺少技术支持，因此对外的科研和技术服务需求大，2015年达到0.111。低技术制造业中，皮革、毛皮、羽毛等制造业和造纸、印刷等制造业的生产性服务投入系数较大，2015年分别达到0.004 2和0.021 9。相对而言，技术密集度较高的产业使用生产性服务的比例较大，但高技术型产业内部也存在较大差异，同时技术密集度低的行业中也不乏与生产性服务业联系较为紧密的行业。以下分别选取高、低技术密集型制造业中的计算机、通信和其他电子设备制造业及皮革、毛皮、羽毛及其制品和制鞋业，具体分析细分生产性服务业的投入，以了解两者之间是如何关联的。

表 2-5 制造业细分行业的生产性服务中间投入系数表

行 业	2005	2007	2010	2012	2015	平 均
低技术产业						
食品制造业、烟草制造业	0.005 4	0.000 9	0.001 2	0.002 8	0.003 4	0.006 0
纺织业	0.000 5	0.005 1	0.005 0	0.000 2	0.000 2	
皮革、毛皮、羽毛及其制品和制鞋业	0.004 5	0.000 7	0.001 1	0.003 1	0.004 2	
木材加工、家具制造业	0.003 3	0.000 6	0.000 9	0.000 5	0.000 8	
造纸业、印刷业及文教用品制造业	0.025 4	0.016 7	0.023 2	0.017 8	0.021 9	
中低技术产业						
石油、煤炭及其他燃料加工业	0.036 2	0.033 3	0.043 4	0.057 9	0.032 8	0.012 1
非金属矿物制品业	0.000 3	0.000 0	0.000 0	0.000 4	0.000 4	
黑色金属、有色金属冶炼和压延加工业	0.000 4	0.000 0	0.000 0	0.000 2	0.000 1	
金属制品业	0.000 7	0.012 4	0.012 9	0.004 1	0.007 1	
中高技术产业						
化学原料和化学制品制造业	0.005 4	0.023 7	0.023 7	0.006 7	0.007 4	0.008 2
通用设备制造业	0.000 3	0.001 3	0.001 4	0.002 1	0.002 0	
汽车、铁路、船舶、航空航天和其他运输设备	0.010 3	0.016 8	0.023 1	0.004 2	0.003 3	
制造业	0.016 2	0.005 3	0.005 1	0.002 8	0.003 6	
电气机械和器材制造业						
计算机、通信和其他电子设备制造业	0.006 1	0.041 9	0.037 3	0.064 5	0.062 2	0.025 4
仪器仪表制造业	0.011 2	0.008 7	0.008 5	0.007 4	0.006 4	

数据来源：根据 2005—2015 年广东省投入产出表整理所得。

由表 2-6 可知，通信设备、计算机和其他电子设备制造业中间投入率平均在

0.8以上,附加值很低,使用的生产性服务中前三位分别为批发和零售业,交通运输、仓储和邮政业租赁和商务服务业,使用最少的是科学研究和技术服务业,且呈下降趋势。电子设备制造业的服务外包、合作较少,依靠内部服务的趋势更为明显。

表2-6 通信设备、计算机和其他电子设备制造业的生产性服务中间投入系数表

年 份	交通运输、仓储和邮政业	信息传输、软件和信息技术服务业	批发和零售业	金融业、保险业	租赁和商务服务业	科学研究和技术服务业	中间投入率
2005	0.018 8	0.004 4	0.015 1	0.007 6	0.019 6	0.002 6	0.812 0
2007	0.011 6	0.001 1	0.022 7	0.005 2	0.007 1	0.003 5	0.839 8
2010	0.013 2	0.001 0	0.020 2	0.004 9	0.007 9	0.004 8	0.804 9
2012	0.008 2	0.000 6	0.015 9	0.002 8	0.004 0	0.000 3	0.794 5
2015	0.009 2	0.000 6	0.017 3	0.003 1	0.003 8	0.000 6	0.804 1

数据来源:根据2002—2015年广东省投入产出表整理所得。

由表2-7可知,皮革、毛皮、羽毛及其制品和制鞋业使用的生产性服务中主要为批发和零售业,租赁和商务服务业交通运输、仓储和邮政业,这与服装皮革等制品的制作、生产、运输、销售等环节特点一致。科学研究和技术服务业投入最少,但在逐渐增加。广东省先进制造业"十三五"规划中提出打造环珠江口先进轻纺制造业集聚区,生产高附加值纺织服装。发展多种材料多层复合、立体织造、无水少水印染等先进纺织技术,推广应用基于互联网的协同制造新模式和纺织智能装备、智能工厂。服装纺织制造业应加强与科研技术服务业的合作,改善生产过程,减少废水污染,创造更加绿色开放的环境。

表2-7 皮革、毛皮、羽毛及其制品和制鞋业的生产性服务中间投入系数表

年 份	交通运输、仓储和邮政业	信息传输、软件和信息技术服务业	批发和零售业	金融业、保险业	租赁和商务服务业	科学研究和技术服务业	中间投入率
2005	0.010 9	0.004 5	0.026 2	0.003 0	0.003 9	0.000 3	0.735 0

续 表

年 份	交通运输、仓储和邮政业	信息传输、软件和信息技术服务业	批发和零售业	金融业、保保险业	租赁和商务服务业	科学研究和技术服务业	中间投入率
2007	0.014 8	0.003 6	0.016 5	0.004 8	0.009 5	0.000 7	0.667 3
2010	0.017 7	0.003 3	0.015 4	0.004 7	0.011 0	0.001 0	0.734 2
2012	0.017 9	0.002 8	0.048 9	0.006 4	0.022 1	0.000 8	0.729 9
2015	0.017 6	0.002 5	0.046 8	0.006 4	0.018 6	0.001 3	0.777 1

数据来源：根据2005—2015年广东省投入产出表整理所得。

从以上分析可以得出，广东省制造业属于低附加值、高带动性产业，而生产性服务业属于低带动、高附加值产业。广东省制造业主要依靠自身发展，生产性服务业的投入较少。虽然技术密集度高的行业中生产性服务投入较高，但服务战略意识不强，仍以"产品理念"进行生产，将生产性服务仅作为降低成本的功能，因此对科研技术服务、信息传输、计算机服务等生产性服务的需求较少，投入较多的为传统的生产性服务业。但制造业的服务投入在逐渐增加，依靠生产性服务投入进行转型升级的空间较大。

第三章 生产性服务业与制造业融合特征对制造业的影响研究

随着信息技术快速发展，服务业与制造业之间呈现出融合互动、相互依存、相生相伴态势，这种融合趋势成为现代产业发展的重要特征。未来，应积极发挥市场主导作用，加快体制改革和创新，促进制造业与服务业深度融合，推动经济结构由产品经济向服务经济转型，由制造化向服务化、数字化、现代化的生产体系转型。

云计算、3D 打印、生物技术等新技术的产生和广泛应用，将促进智能制造、创新设计等新的制造模式以及服务外包、电子商务、网购、网银等新的商业模式快速发展，也必将加速制造业与服务业的融合发展。把握好这一机遇，对于推动我国经济结构的战略性调整、提高国际分工地位、实现中国制造业强国梦、塑造中国服务品牌都具有战略意义。

制造业与服务业融合表现出几个突出特征：一是制造业服务化与服务业制造化呈现相向发展的趋势；二是服务外包成为融合的主要路径；三是产业集聚化、配套化成为融合的组织形式；四是全产业链发展成为融合的利润增长模式；五是信息技术成为融合的技术载体；六是产城融合发展成为融合的区域实现形式。这些特征从产业、企业和区域不同层面，推动了制造业的转型升级，拓展了服务业发展空间，产生结构升级效应。从产业层面看，制造业与服务业相互渗透越来越强，使得产业价值链重构为一条既包含制造业价值链增值环节，又包含服务业价值链增值环节的融合型产业价值链，具有更广阔的利润空间和增长潜力；从企业层面看，企业经营活动的重心已经由单纯制造、单纯服务转向服务与制造相互融合，企业的组织方式、赢利模式、产业链、利润增长已经由服务部门决定；从国家经济竞争力来看，生产性服务业发展水平的高低，是决定一个国家参与国际分工的地位、产业控制力和竞争力的关键。本书将主要从产业层面，即制造业服务化、服务外包、产业集聚角度分析两业融合对制造业产业结构升级的影响。

第一节　制造业服务化对制造业产业升级的影响研究

一、产业升级

产业升级，又称为产业深化。产业升级（Industry Upgrading）的基本内涵是产品本身附加值提升的过程，本质是生产要素的改进、生产产业结构扭转以及全要素生产效率（Total Factor Productivity，TFP）水平的提高。产业升级包括产品质量提升、生产结构升级、产业规模生产效率提升以及产业链整体水平的飞跃过程。从微观企业战略发展的视角来看，制造业企业可以通过提升公司内部管理模式，增强技术要素的投入来实现最终产品附加值的提高。从宏观角度来看，产业升级是从产品品质升级到产业结构升级的质变过程。产业结构的转变会进一步触发国家经济结构的调整与经济增长方式，如从劳动密集与资源密集型的第一、二产业逐步向知识型经济的第三产业转变。产业结构的转变可以促进社会居民福利的发展，为国家打造新时代"软实力"做出强有力的依托，同时也能够进一步扭转一国经济产业增长的路径与产业比较优势的重塑。从经济理论定义来看，Porter（1990）定义了产业升级并提出，当人力资本与技术资源相对于传统劳动力与自然禀赋更为丰富时，国家开始根据更为丰富的资源来重塑各国产业的比较优势，即集中力量拓展技术和资本密集型的产业。Gereffi 和 Tam（1998）在此基础上，加入全球贸易网络的背景，提出产业和企业升级涵盖组织层面的大范围学习过程，在"干中学"（Learning by Doing）的过程中，市场参与主体通过提升产品与经营管理的竞争力，来提升自身参与全球生产商品线（Global Commodity Chain）的地位。从全球经济一体化的视角来看，产业升级强调企业在世界生产链条中位移过程，其位移的根本原因在于技术的革新与创新能力的变化，更多的是针对传统制造业结构的变化（Structural Change）。Gereffi（1999）在连续跟踪并研究东亚纺织产业结构变迁时发现，全球化转变了各国的产业和企业生产经营模式和生产战略的调整，使得发达国家和发展中国家根据自身经济发展水平与产业比较优势，以不同身份和形式参与到全球价值链（Global Value Chain，GVC）生产体系中。产业升级的内涵从传统的产品附加值提升、产业结构调整向全球价值链升级方向延伸、建立、打通了全球买方（Buyers）和卖方（Sellers）交易模式与社会网络体系,最终结果是实现企业和国家主体提升价值、利润与商品技术复杂度的高阶段发展水平。目前,产业升级相关研究集中在以下几个维度。①企业或厂商内部升级。企业或经济主体内部产业升级表现为企业提供的生产产品和服务由简单到复杂精密、由廉价到质优,以及由小批量生产到大规模订制的发展与转变过程。②企业之间网络联系。这种升级模式往往出现在企业之间沟通往来日益密切之时,企业之间订单由固定标准化向差异化和灵活订制的方向转变阶段。③本国和国外经济体。在全球生产网络(Global Production Network)背景下,产业升级是一场覆盖全球经济参与者的"革命行动",它打破了本国与外国原有的生产界限与阶层分布。从进出口贸易视角来看,是从简单的进出口加工组装转向更为规范整合的OEM(Original Equipment Manufacturer)、OBM(Original Brand Manufacture)的自主创新阶段的过渡。④区域之间变革。从区域经济一体化进程分析,产业升级在此过程中跨越了双边区域、多边区域的地理界限,朝着更加全面、发展的大范围区域内分工,包括生产端的原材料供应、加工、组装、流通与分配直至最终消费的全产业链流程,使得区域内与区域间生产、消费信息更加对称。(Bernard 和 Ravenhill and Gereffi,1995;Gereffi,1999;张其仔,2008)

产业升级对于发展中国家参与全球经济融合具有重要的战略意义。自改革开放以来,我国凭借劳动力人口红利、土地资源要素,促进了我国经济的起飞与高速增长。然而,我国产业优势集中在传统初级加工装配产业,长期以来处于价值链"低端锁定"的状态。对于产业机构调整与传导机制,我国学者提出以下见解。傅元海等(2014)认为,当前我国传统制造业产业面临着产能过剩、创新动力不足的局面,看似是市场失灵,其实是需要产业政策调整,构建集约、功能型产业政策。戴翔(2016)指出了市场规模扩张对价值链攀升影响,城镇化进程阻碍了产业升级,其原因在于城镇化进程在一定程度上扭曲了劳动力市场要素的流动,尤其是劳动力向第二产业流动加重了城镇化负面效果。从经济增长动力与国民经济运行来看,我国现阶段经济增长动力主要来源于工业部门,传统的工业部门需要通过战略转型升级和战略性新兴产业进一步地培育与持续扩张。目前,战略性新兴产业包括节能环保、新一代信息技术、高端装备制造等七大产业,以上产业具有资源消耗少、可持续性发展与成长潜力巨大等特点。在工业产业和战略性产业升级的背景下,工业部门才能够为第三产业提供依托和智力支持。从微观企业视角来看,技术创新直接与企业经营绩效水平相挂钩。企业对研发投入与专利保护能够在很大程度上激发企业员工的"自我实现"意识与"自我服务"精神,进一步提升自身创新与服务意识,即将企业转型与自我升级融为一体。(李世刚、李晓萍,2016)根据比较优势和要素禀赋理论,一国的安全性产业结构是尽可能不偏离比较优势的产业结构,国家经济的发展是根据要素禀赋的比较优势来确定经济发展方向,从而极大程度地发挥比较优势,打造国家竞争力。长期以来,我国相较于世界大多发达国家,产业禀赋集中在劳动与资金双密集型产业,战略型和高技术产业先发优势不足,而战略型和高技术往往代表着高收益、高质量的回报,朝着优质、低成本产业转型是我国和全球范围国家产业发展的必经之路。然而,结合产业安全理念与经济周期长期发展规律来看,产业结构转型的路径需要依赖传统优势产业的持续发展,通过巩固传统产业,夯实立身之本,从而为新兴产业下一步转型升级作为坚实的依托。(张军,2010;夏杰长、倪红福,2016)

二、制造业服务化理论概述

服务化(Servitization)通常指制造业产业服务化,指的是制造业产业由单纯地生产并提供最终商品,而向生产和提供最终品与服务的过程。服务化也分为生产者投入服务化与产出服务化。这一概念最早源于20世纪80年代末,Vandermerwe 和 Rada(1998)提出发达国家工业企业向服务业务逐步转移和过渡的过程,即从为市场购买者提供物品向提供物品与服务的全新消费体验过渡。这里的服务包含知识、技术、售后、咨询、人文关怀等不可量化的产品要素。在此概念的基础上,White 等(1999)提出服务化是厂商角色由单纯的实物提供者向服务或者实物加上服务生产者演变的动态过程。在此动态演变过程中,厂商经历了服务型制造(Service-based Manufacturing)、服务加强型制造(Service-enhanced Manufacturing)以及服务导向型制造(Service-oriented Manufacturing)的必经过程。(Mont,2004;周大鹏,2010)在服务导向型制造过程中,转型中的企业厂商生产的终端产品包涵产品、服务、信息、网络等要素,在差异化要素叠加的基础上组成了完备的知识型系统,使最终产品区别于以往市场中的同质商品(Homogenous Products),研发并培育差异化(Differential Products)产品,以持久性抢占并拓宽消费市场、攫取更多市场利润为终极目标。

(一)服务化产生的背景及原因

制造业服务化的产生背景最早是从发达国家提出的。从现有文献来看,制造业服务化产生的背景是在知识型经济社会的形成和全球生产模式分工深化的发展趋势中产生的。根据 OECD 在 1996 年发布的《以知识为基础的经济发展》报告中指出,各国经济持续发展的动力是由知识和技术驱动的。在长期经济发展下,当传统生产要素如土地、劳动力和原始资本积累的禀赋不再成为一国具有比较优势的生产投入时,新兴的生产要素禀赋将逐步替代传统的生产要素。也就是说,新的投入要素将成为塑造产业比较优势的关键性资源(Ohlin,1952;周大鹏,2010)。

在第二次科技革命的发展背景下,发达国家如美国、德国和日本均提出"科技振兴""技术优先"等战略与工业发展指南,强调知识和信息传播的重要性与可持续性,鼓励企业培养学习精神。尤其是德国和日本在"第二次世界大战"之后,自主学习性和"工匠精神"(Craftsman Spirit)深深浸入国内企业和手工艺人的骨髓之中。因此,发达国家掀起了以知识和信息学习的浪潮与深远性革命,知识经济在世界大部分国家中改变了产业结构和发展方式。大部分学者认为,在知识发展导向的宏观背景下,厂商与厂商之间、厂商与市场之间的边界被逐渐打破,并且发生了新的变化。从产业间关联性来分析,不同行业之间生产层级逐渐变少,上下游之间朝着网络化与扁平化方向发展;从厂商微观角度来分析,企业内部的沟通与协调成本逐渐降低,企业部门领导垂直一体化结构朝着更加透明、灵活的方向发展。以上变化总体上有利于企业内部、企业与市场之间的生产经营与沟通朝着高效、集约的方向发展,而知识经济的嵌入不仅激发了产业之间与企业个体的创新性与互联互通的可能性,还发挥了产业职位创造功能,诸如工业设计、精密仪器制造、国防系统维护、审美服务、质量计量标准等产业和职位应运而生。以上兴起的产业和职位均涉及三大产业共同辅助与嵌入,因此打破了三大产业的界限。

20 世纪 90 年代初,全球垂直专业化生产愈加打破了产业和企业的生产边界,承接知识经济所带来的生产变革,价值链的碎片化生产缩短了全球各个经济体的地理距离。由发达国家主导的全球价值链生产模式采用"蜘蛛状"(Spider Network)的网络状空间布局,更加减少了生产国之间的沟通协调成本,加快了全球利益共同体的形成(Baldwin and Venables,2013;夏杰长、倪红福,2016)。在此生产链条中,发达国家往往采取外包(Offsourcing),将传统的零散加工产业转移到技术劣势的发展中国家,集中优势深化跨产业、跨职业类别的知识型产业,制造业服务化、服务型制造业的综合优势得到更加强有力的支持与发展。由于发展中国家在知识经济发展的起步较晚,产业部门与社会职业类别较少，因此大多数承接了发达国家的外包产业，跨产业生产经营与发展脚步较慢，服务化与服务型生产的步伐的萌芽阶段较晚。从制造业服务化的原因来看，主要包括市场效用满足、利润驱动与产业优势重塑三大方面。

首先，市场效用满足是为了满足消费者对差异化、多元功能性产品的需求。传统的厂商与消费者之间的经济关系表现在：厂商生产并提供制成品，满足消费者的需求，即生产与消费链条的开始与结束。然而，随着知识对产品的嵌入，消费者得到厂商所提供的制成品时，开始寻求更多程度的后续辅助（如产品使用维护指南等）。如消费者在购买汽车时，需要后续的维修咨询与保养服务功能，而汽车厂商单纯地提供汽车制成品已无法满足消费者长久的诉求。因此，需求驱动打破了传统产业链的结点，促使生产、消费链条的延伸与厂商业务的扩展。顾客需求的变化，从产品导向逐渐转向产品与附加服务或效用满足为中心，从而对市场经营者具有更加全面性与综合性的要求。

其次，从厂商利润驱动视角来看，消费者对产品与附加服务的驱动，延长了整个生产服务的生命周期与价值链条。产品生命周期与价值链的延长拓展了厂商业务模块，激发了知识与创新要素的学习与培育，在一定程度上提升了企业的规模与产值。而知识要素具有集约性好、收益见效快等特点，相较于土地、机器设备固定资产等要素投入具有附加值高的特点。因此，从企业长远规划和战略实施上，厂商对于知识与附加服务的关注与投入能够提高自身产业附加值、利润与绩效（Neely，2008；周艳春，2010）。

最后，从企业与产业比较优势重塑的视角来看，企业附加值的提高不仅能够区别于市场其他竞争对手，还能有实力地去扩张辅助自身产业发展的其他附加业务，打造全新的"蓝海市场"。利润与差别化产业能够重塑企业的比较优势，帮助企业更加精准地识别自身优势，屹立在不败的市场上，实现"基业长青"（Build to Green）的终极目标（Kelle，2012；陈洁雄，2012）。

（二）制造业服务化理论基础

1. 产业价值链理论

价值链理论在 20 世纪 80 年代末由哈佛大学商学院教授 Porter 提出，他认为产品的生产与制造、内外部后勤、市场营销和服务以及技术的开发、基础设施、人员管理、采购等环节构成了整个价值链，前者属于基本活动，后者作为辅助活动。企业间的竞争依靠的就是价值链的差异。企业通过对价值链理论的运用可以更好地发挥优势与潜力，更加合理地制定发展战略，从而更好地赢得市场竞争。

Kaplinsky 在价值链的基础上,提出了产业价值链理论。所谓产业价值链,就是把价值链的思想和分析方法应用到产业层面上来,即企业内部价值链的外化。具体来说,是企业将原有的设计开发、生产制造、市场营销、商贸物流、售后服务等环节进行重新整合,把企业有限的资源集中到特定的环节,把重心放到企业的核心业务上,只保留关键环节,而将非核心业务外包给其他企业,这些企业通常具有更加专业的技术和能力。通过这种市场交易在企业外部形成了新的价值链,也就是产业价值链。

2.产业价值链的利润分布——"微笑曲线"

关于产业价值链的各个环节的附加价值和盈利的研究,有一个著名的"微笑曲线"。"微笑曲线"是施振荣为"再造宏碁"提出的理论。他将一个开口向上的抛物线来表示个人电脑制造流程中各个环节的附加值,由于曲线与微笑的嘴型相似,因此被形象地称为"微笑曲线"。"微笑曲线"又叫"附加值曲线",它客观地表示了产业链上各价值环节附加值的高低,因此,"微笑曲线"也可以看作是产业价值链,如图 3-1 所示。"微笑曲线"总共有八个环节:研究开发、产品设计、零部件生产三个环节处在"微笑曲线"的上游,组装加工处在"微笑曲线"的中游,产品销售、售后服务、渠道建立、品牌运作则处在"微笑曲线"的下游。在制造业产业价值链上,附加值较高的环节都处在"微笑曲线"的两端,即位于产品设计和售后服务环节的上方。产品附加值会随着企业对研发和售后服务投入的增加而逐渐增加,制造加工环节(处于曲线中间)附加值是最少的,而且这一环节的利润会受市场竞争的影响,市场竞争越激烈,其利润越少。因此,制造企业要想实现利润增长与持续经营,就需要努力向产业价值链上附加值高的环节移动,不断向"微笑曲线"两端拓展。企业沿"微笑曲线"进行服务化的不同路径,以产业价值链理论为研究基础,沿着"微笑曲线",将服务化过程中企业进行价值链延伸的过程作为着眼点。制造企业实现服务化的路径可大致分为以下四条。

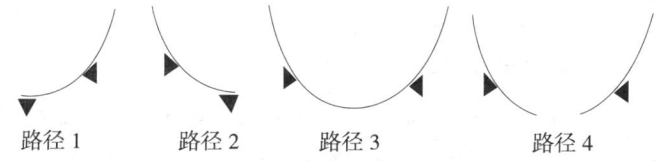

图 3-1 制造业实现服务化的四条路径[①]

---

① 资料来源:简兆权,伍卓深.制造业服务化的内涵与动力机制探讨[J].科技管理研究,2011(22):105-110.

（1）产业价值链下游服务化（路径1），也可称作制造业产出服务化，主要是以产品为基础进行升级的服务化路径。产品的制造商应该积极进行转型，提高产品的质量，形成品牌效应，注重营销手段和客户的体验，实现产品生产向系统解决方案服务的转变。在产品营销过程中，注重售后服务，注重对消费者进行附属物品等的服务。这种服务化路径的优点是实现性较高，所需资源要求不高，不需要较多的组织结构的变革，因此更容易被接受和应用。

（2）产业价值链上游服务化（路径2），属于制造业投入服务化范畴，主要是指制造企业通过增加其在产业价值链上游的研究开发、产品设计等环节的投入力度，提高企业的创新能力，大力支持企业的研发设计，增强产品的核心竞争力。路径2主要适合具备积累了丰富的生产技术和制造经验，并想进一步提高产品研发和创新能力的企业。

（3）产业价值链上下游一体服务化（路径3），是制造企业对服务化的产入和产出的共同投入，可以实现产业价值链在"微笑曲线"上前向、后向一体化的服务化融合。这种路径的优点是使得企业能够在激烈的竞争中立于不败之地，更好地进行制造企业的转型；缺点就是转型风险较大。

（4）去制造化（路径4），是制造企业将低附加值的相关制造环节完全分离出去，重点发挥企业在价值链上的运营优势，只从事附加值相对较高的服务环节。企业将价值链向微笑曲线两端转移，其服务模式不再以自身原有产品为基础，从基于产品服务转变为向基于客户需求服务。路径4要求制造企业对整条产业价值链有较强的掌控能力和议价能力，在产业链上企业处于核心地位，该路径服务化门槛最高，通常需要以路径3为基础。

三、服务化不同路径的具体案例

一、案例展示

（一）产业价值链下游服务化——华为技术有限公司

华为技术有限公司（以下简称华为）创设于1987年，总部设在深圳，是全球领先的ICT（信息与通信）基础设施和智能终端提供商，其产品主要涉及交换机、服务器、路由器、无线局域网等领域，同时为世界各地的通信运营商提供服务解决方案，如业务云化、建立云数据中心、构建企业物联网等服务。2018年2月26日，华为首次荣获"GSMA移动产业杰出贡献奖"，这是移动产业的最高荣誉,象征着华为已在同行业内获得相当高的认可。

创立初期,华为在产品开发战略上主要采取代理销售香港公司产品的跟随战略,随后逐渐演变为华为自行开发销售产品的集中化战略。华为在成立之初员工仅有6人,直到1991年也仅有20余人,服务化尚未得到高层重视,华为的关注点在严格意义上还没有落到服务化战略。这个阶段,华为主要关注产品的低成本制造和高效率生产,为客户提供基本的工程安装和维修无偿服务,将客户一视同仁提供无差别的服务。但随着客户规模的增加,服务化趋势越来越明显,无偿服务的提供已无法满足客户日益多样化的服务需求,企业急需建立完善的服务化战略来满足客户需求,华为开始从原有的提供无偿服务转变为提供有偿基础性

服务,包括向客户提供基于产品的附加性服务,如旧设备产品技术系统的更新换代、设备组装、设备运行前的调试、设备操作培训,以及设备的保养与运行故障的维修等服务。

2004年以来,随着大数据、云计算、移动互联网等新兴技术的发展,数据的急速增长、网络运营风险的提高和黑客入侵频率的增加对电信行业提出了更高的要求,传统的电信业务逐渐呈现饱和状态,以个性化定制为中心的服务模式逐渐受到更多企业的青睐。原有的"全面通信解决方案提供商"的服务定位已经无法满足客户的个性化需求,从2007年开始,华为逐渐向提供端到端通信解决方案和客户驱动型、市场驱动型的电信设施服务商转型,更加关注客户业务竞争力的提升,为客户提供包括基础设施网络服务、企业客户支持服务、培训与认证服务等服务业务。2018年,华为发布IMOC统一运维平台,具备"监、管、控、营、服"等多项功能,同时开放标准API接口给广大伙伴,以满足不同行业特点的运维需求。在此基础上,通过AI和EI等智能手段的引入,实现了机器学习,对汇聚的各类信息进行持续的分析。不仅提升了客户的感知,也提升了维护的效率,能够快速高效帮助客户解决问题。

华为通过运用下游产业链的路径对自己进行服务的转型,从而更好地促进企业自身的发展,这种路径的选择,能够更好地促进企业适应大环境,能够积极地做出服务化的转型,促进企业服务化经验的增加,企业的核心业务还是产品生产,并以此为基础,提高品牌的知名度,以优质的产品配合多样化的营销手段、再加上完善的售后服务系统,增大企业的利润空间。

(二)产业价值链上游服务化——长城汽车股份有限公司

长城汽车股份有限公司(以下简称长城汽车)是国内领先的汽车品牌公司,

也是第一家在香港 H 股上市的民营整车汽车公司。该公司的产品主要有哈弗 SUV、WEY、长城皮卡以及欧拉四大品牌，其中哈弗 SUV 连续 9 年在中国 SUV 中排名第一，皮卡车连续二十一年在中国皮卡车销量中排名第一。公司的主要业务是 SUV、轿车、皮卡三大品类的制造，以及汽车相关零部件相关的生产销售。

为了保持自身自主品牌在国内的龙头地位，进一步提升国际影响力，长城汽车在技术与研发上坚持"过度投入"的方针，即使企业经营状况不甚理想，始终坚持研发上的高投入。作为有代表性的汽车企业，长城汽车近年来通过服务化发展取得了一定成效。随着清洁化、智能化、网联化、共享化汽车时代的到来以及消费者需求的升级，长城汽车积极探索"新四化"创新改革，开始从传统制造商向综合性的制造服务商转型。

在清洁化方面，长城汽车掌握三电核心技术，积极布局新能源汽车领域。长城汽车在 2012 年就成立了长城汽车动力电池项目组，2016 年成立电池事业部，2018 年 2 月独立为蜂巢能源科技有限公司。蜂巢能源致力于新能源汽车电池、电芯、模组、电池系统、BMS 储能系统和太阳能技术研发制造及创新。

在智能网联方面，长城汽车加速研发自动驾驶系统，并联合互联网通信业巨头，共建智能网联生态圈。长城从 2009 年开始驾驶辅助系统的研究，2017 年 2 月长发正式发布开放式、软硬件一体化的自动驾驶平台 i-pilot。在智能网联的发展上，长城汽车围绕"汽车—出行—生活"的体验服务，联合互联网巨头公司以及三大运营商等战略伙伴共同搭建全域智慧生态，深入挖掘为用户创造价值的服务内容。

在共享化方面，长城汽车布局网约车服务运营。2018 年，长城汽车在正式发布"欧拉"品牌的同时推出了长城自己的共享平台"欧拉出行"。"欧拉出行"以新能源汽车为依托，积极布局网约车、分时租赁和传统租赁三大领域，一期总投资 10 亿元，以雄安、成都、海南和合肥为中心，覆盖华北、西南、华东和南方四大区域。

汽车金融方面，于 2014 年组建了天津长城滨银汽车金融有限公司，基于传统的个人汽车贷款及经销商库存融资服务，丰富业务产品，拓展渠道，最大限度满足不同客户的购车需求。

长城汽车主要采取向产业价值链上游延伸的路径来对企业进行服务化。长城汽车通过剥离零部件公司，集中精力发展主业并聚焦研发不断优化其人才结构，并且自 2012 年开始陆续和外部技术公司展开技术研发合作，其研发投入逐年增加将创新视为企业发展的生命。一般来说，这条路径需要制造业企业能够具备相关的科学技术人才和较为充足的科研资金，同时也要求企业能够具有承担研发和设计失败风险的能力，除此之外，企业还应该具备可以将研发设计的能力转化为向第三方提供服务的能力。

（三）产业价值链上下游一体服务化——IBM

IBM公司于1911年在美国创立，在成立之初西门子是一家信息工业跨国公司，到如今已经发展成为世界上最大的信息技术和业务方案解决公司，其业务范围非常广。公司在发展初期主要涉及的业务都是硬件产品，但随着社会的发展和科技的进步，单一的硬件业务已经不能满足时代的需要，因此IBM的发展也遇到了瓶颈。在这样的背景下，IBM公司的前总裁郭士纳临危受命，成立了全球服务部，率领企业从硬件制造商向软件和服务提供商转变。到1997年，IBM公司宣布企业转型成功，其公司的总营业收入超过一半是来自服务业务的收入。这种顺利的转型促进了IBM自身的发展，在信息技术服务行业取得了较为成功的发展，外包服务、咨询服务以及产品服务等模式的开创也促进了IBM公司在全球影响力的提高。进入新世纪以后，IBM公司发现IT服务领域比传统的PC产品具有更为广阔的市场，在满足客户个性化需求方面，IBM落后于其竞争对手。为了扭转落后的局面适应市场环境的变化，IBM公司以客户为中心，提出了"随需应变"（E-business on Demand）的转型战略，对一些非核心的业务进行外包，并且对相关的流程进行了一定的优化。除此之外，公司对各个部门进行了相应的调整，促进了全球范围内企业的服务质量。为了实现产品的差异化和可持续发展，IBM公司对其传统业务进行了重新的规划与整合。从2002年开始，IBM将许多日常性的业务剥离出来，对其传统的硬件业务进行出售。IBM公司的相关业务进行外包和转让，标志着其转型的开始。如在2002年，IBM对公司内部的硬盘业务进行外包；到了2004年，其PC业务也进行了出售。这些做法引起了业界人士的高度关注，很多人认为IBM放弃了硬盘业务，但是实际上，IBM公司只是对整体的战略方案进行了策略调整。在对传统业务进行取舍与更新的同时，IBM通过大量的收购来增强其软件和服务业务的竞争力。如2001年，IBM以10亿美元收购Informix的数据库业务；2005年以1.82亿美元的价格收购了应用软件托管服务商Corion。此外，IBM还对新计算模式进行了研究，推动各个服务环节的协作创新，使IBM的硬件和软件业务能够有机结合，从而更好地满足客户的需求。制造企业在发展的过程中，产业价值链上下游一体服务化是其进行服务化的高级阶段，IBM按照这一发展理论，积极进行产品的更新、研究技术的更新，给客户提供信息化战略咨询、信息化技术研发、信息化产品设计、信息化所需电子硬件生产、信息化系统安装、信息化系统后期维护与保养等多个方面的生产与服务，迎合了消费者需求，实现了由技术产品型公司向服务型公司的转变。

（四）去制造化——耐克

耐克公司在1964年成立于美国，最初的产品是从日本购买后再进行销售。进入20世纪70年代初后，耐克开始设计自己的运动鞋，考虑到建立生产线的成本较高，因此耐克将自己的生产制造完全外包出去，利用日本已有的生产线来生产自己设计的运动鞋。但是随着日元的不断升值，劳动力成本持续高涨，为了降低产品的生产成本，到了20世纪70年代中期，耐克公司将产品生产线进行了转移，以寻求更加廉价的劳动力。在这一过程中，耐克着重从三个方面下手来发展企业：建立最佳的海外生产运作模式；研发和更新产品的设计与款式；维护产品质量。耐克模式实际上就是一个品牌运营商模式，它没有自己的工厂，但控制了产业价值链的两端，即研发设计和产品营销两个附加价值最高的环节。耐克致力于研发设计新的产品、进行市场推广和产品营销，把生产制造等利润较少的环节外包给人力成本较低的国家和地区。耐克将设计出来的新产品交由外包企业进行生产，然后对产品进行验收和贴牌，最后以耐克作为品牌进行销售。在这种模式下，耐克公司只对价值链中利润空间最大的技术研发和产品销售两个环节进行了保留，而将其他的非核心功能进行了虚拟化，即利用外部资源来实现企业利益的最大化。它可以寻找市场上口碑较好的制鞋厂作为自己的生产商，使其按照耐克自己的设计和要求来进行生产。在市场环境和公司的发展战略发生变化时，企业也可以随之变更更加符合自己的生产厂商。这样通过对企业外部资源不断地进行整合，耐克用了不到十年的时间就使自己成为全球最大的运动鞋品牌，打败了阿迪达斯等老牌运动鞋企业。

二、案例总结

通过对以上四个不同公司的转型案例进行分析，能够发现不同的公司，根据实际情况的不同，制造企业进行服务化转型的途径也不同。但是纵观不同的转型路径人们能够发现，不同的转型路径各自均有优缺点，因此从制造企业实现服务化的四条不同路径来说，没有孰优孰劣之分；而对企业而言，却有适合与否之分。企业在进行转型的过程中，应该给自己进行正确的定位，根据自己的实际情况选择最适合自己的发展路径，从而更好地促进企业的发展。不同的转型路径，根据其特点的不同,其服务化水平也有明显的区分。一般而言,企业在进行转型的过程中,不能够盲目地追求较高程度的服务化,应该根据自己的实际情况进行合理的服务化转型,最大限度地降低风险。一般情况下,当企业还没有足够的服务化经验的时候,可以选择产业价值链的上游服务来为自己积累更多的经验;当企业希望获得一定的服务化转型的时候,可以采用下游服务来实现;当企业有足够的竞争能力的时候,可以进行产业化价值链的上游和下游的统一,促进企业综合能力的提高。企业如果加大了投入和产出的投资力度,可以对低附加值的环节进行外包以节省成本。所以,在企业拥有特定资源和能力的条件下,要走最适合的服务化路径,而不能不考虑企业自身实际条件而盲目地进行高级服务化,或者不遵守相关的规则,毫无章法地进行"服务化"。

企业在进行服务化转型的过程中,应该坚持一定的转型原则,即适应性、针对性和循序渐进原则。其一,合适性原则是指并非所有制造企业都必须进行服务化,能够服务化或须进行服务化的制造企业也并非要保持相同的服务比例。而且制造业种类繁多,各自的功能、属性相差甚远,不同类型的制造业所需的服务投入及其服务产出类型也不尽相同,因此应坚持"有所为,有所不为"的原则。其二,针对性原则。制造业企业在进行转型的过程中,不能盲目地进行转型,应该根据企业自身的特点来选择最为匹配的服务化模式。其三,循序渐进原则。企业在进行服务化转型的过程中,应该先给自己准确的定位,根据自己企业的实际情况,选择与自己企业相符合的路径,从实际出发,制定一系列的战略目标,并进行功能的逐渐升级。另一层含义是指企业应该进行投入与产出的比较,根据自己的情况进行产品的深化,提升相关的服务水平,加强产出服务的效果。随着经济的发展、信息技术的普及及企业自身实力的增强,企业在制造业服务化的进程中亦可跳过其中的某一阶段直接进行更高阶段的服务化。

第二节 服务外包对制造业升级的影响机理

一、服务外包的概述

(一)含义

一般认为,服务外包即企业将生产链中原本由自身进行的共性的、具有基础性的、非核心的IT和基础的业务流程外包出去,由专门的服务企业或外包公司代其完成的经济活动。20世纪中期一些学者开始关注外包这一现象,当时发展中国家在国际贸易中主要进行工业制成品的出口,而且是劳动密集型工业制成品,这充分反映出发达国家和欠发达地区之间垂直分工的格局。美国著名管理学教授普哈拉认为:"外包就是把企业的一些非核心业务转移给专业化的承包商,从而可以集中人力物力财力于核心业务,提高产品附加值。"海曼则将外包定义为生产过程,这个过程包括购买原材料、中间产品、寻找合作伙伴等。在这之后,外包的定义不断向服务业拓展,服务外包逐渐成为国际分工的重要方式。

全球化进程的不断加快及服务行业的发展,使服务外包受到了更多的关注。约翰逊用管理学的理念对服务外包展开了研究并得出结论,即服务外包改变了企业的组织管理方式,将原来由企业自己负责的部分管理职责外包出去,极大提高了企业的运行效率。世界闻名的服务外包提供商——毕博管理咨询公司认为,服务外包是以信息技术为基础,由专业的服务提供企业完成全部生产利润最大化。随着信息时代的来临,服务外包受到了更多企业的青睐。在现代国际商务词典中,服务外包被定义为根据合同双方建立的合约内容,将企业员工的服务性工作移交给其他组织进行。

综上所述,服务外包即企业通过合同的方式将本企业的非核心业务外包给外部的服务提供者,以提高生产效率、实现资源的优化配置,提高企业竞争力的活动。

(二)分类

服务外包按照业务类型可分为信息技术外包(ITO)、商务流程外包(BPO)和知识流程外包(KPO)。信息技术外包是由受托方向企业提供信息的服务过程,即企业通过签订合同的方式将IT系统的全部或部分外包给专业的信息技术服务公司,减少运营环节,提高运营效率。这一时期的外包主要是发达国家将生产出的零部件外包给发展中国家进行组装,这种跨国组装就是国际外包的早期形式。商务流程外包是指企业将整个商务活动中的非核心部分转移给服务提供商,从而进一步节省资源、提高企业商务运作的效率。知识流程外包即广泛搜集全球的信息资源经过分析加工后,将结果销售给咨询公司或客户的行为。ITO和BPO都很重视信息技术的作用,其中ITO主要应用于电子科技行业,它更加强调技术,对服务提供商的软件及知识技术要求很高;BPO的应用范围更广,它强调企业自身的运营过程以及客户的业务能力;而KPO是集知识、资本、技术于一体的服务外包模式,可帮助企业获取更丰厚的利润。服务外包按照地域划分,分为国内外包和离岸外包。国内外包是指发包方和承接方来自同一个国家或地区,外包工作在国内完成,由国内的公司承接外包业务。离岸外包是指跨越国界进行的外包,发包方和承接方均来自不同国家或地区。

(三)成因

服务外包是国际分工发展及细化的结果。从长期来看,企业进行服务外包是因为服务外包有以下好处:第一,集约资源。企业的日常生产经营活动除了核心业务还要处理其他的一般性业务,将次要业务外包出去便可把释放出的资源集中用于核心业务的价值增值。第二,降低风险。市场经济活动具有不确定性,经营者抓住各种机遇和化解风险需要一定的时间,各种解决问题的手段、方法发挥效用也有一定的滞后性和时限性,企业的经营活动具有不确定性,会遭遇技术风险、财务风险、销售风险、竞争风险等,通过发展服务外包可与其他厂商分担风险,使企业能够更加灵活地应对外部环境。从短期来看,第一,一般性业务繁多复杂,企业很难花费过多精力去进行管理,因而可将运行效率不高的业务外包出去。第二,当企业缺乏资金、技术等生产资源时,将非核心业务外包出去可有效节约资源发展核心业务。第三,降低和控制成本。目前有很多服务提供商拥有比企业更加丰富的技术、知识和经验,发展服务外包可以获得规模经济效益。

对于服务外包产生的原因,众多国内外的经济学者已经从比较优势、绝对优势、规模经济等角度进行了分析,本书对此进行了简要介绍。谢尔曼认为是国际信息科技的发展和互联网技术的普及加速服务外包的发展;万卡特拉曼则从不同角度进行分析,认为服务外包可以帮助企业获得竞争优势,提高整个行业的发展水平,有利于促进经济发展。此外,一些美国经济学家也从技术、生产要素等方面分析了发展服务外包的原因。国内学者陈菲认为服务外包的动因是企业竞争力、生产能力、外部环境等综合作用的结果;卢锋则将其归结为产业内贸易的发展。

总而言之,大多数学者都从企业内部和外部的市场因素分析了服务外包的原因,认为企业的最终目的是提高核心竞争力。

二、服务外包对制造业升级的影响机理研究

(一)技术进步效应

众所周知,技术进步是制造业发展的核心因素,可以推动制造业企业产业结

构的升级。提高制造业企业的技术水平，将增强企业的核心竞争力、提高生产效率。传统的实现技术进步的条件主要是加速资本积累，企业不断扩大研发所需的人力、物力及专利技术、知识产权、智力资产，随着时间的推移，国际服务外包的发展正逐步成为制造业实现技术进步的全新方式。

发展国际服务外包可帮助企业合理配置生产资源，从而促进技术进步。当制造业企业将物流、产业咨询、售后等非核心业务外包给其他公司后，企业原有的专利、知识、劳动力等生产资源就可集中用于发展核心业务，要想不断提升自身的比较优势，制造业企业必将重视技术改造，通过生产技术的垄断使其产品做到难以被复制和超越。以惠普打印机为例，公司将销售和软件等业务外包出去，集聚专业人才用于打印机的技术升级与新产品开发，据统计，公司70%左右的利润都来自新产品的增收。不难看出，科技创新对制造业具有不可替代的作用。企业在承接服务外包业务的过程中，可吸收国内外先进科技，即产生所谓的技术外溢效应。承接方要想获得更广阔的知名度和市场份额，就要提升承接能力，不断根据企业需求进行人才培训，同时发包方也会给予企业一定的技术支持。目前，我国许多高新技术企业的管理层都有海外留学以及在国外领军企业中的工作经历，为国内企业加强管理提供了宝贵经验。

发展服务外包有利于全球生产资源的优化配置，进而实现技术升级。格鲁伯在《服务业的增长——原因与影响》中提出，"国际服务外包的实质是把全球专业化的人力资本、技术资本和知识资本投入到制造业产品生产的整个过程中"。制造业企业在选择接包方时，通常会选择那些在行业内具有高质量的服务和科技水平的一流企业。在日常的业务合作中加强交流，可以为制造业企业提升科技水平提供素材、提高产量、减少成本。全球信息产业品牌企业IBM公司曾经承接了尼桑公司的信息外包业务，尼桑公司享受到了全球质量最好的信息技术咨询和硬件、软件服务，公司整体运营水平显著提高，组织管理越趋灵活。贸易增长效应服务与有形产品不同，没有特定物体对其进行储存，这加大了在全球范围内进行服务贸易的难度。而科学技术和服务外包行业的发展解决了这一问题。首先，当发包企业与提供专业化服务的承接国签订了外包协议，国际服务贸易就此形成，服务外包也成为国际服务贸易的形式之一。其次，发包方可通过服务外包降低成本，提高产量，从而扩大国内产品出口量，提高其国际市场竞争力。最后，接包方也能借此机会扩大本国的服务产品出口，扭转贸易逆差，增加国际收入，实现出口创汇。这些优势可扩大制造业国际贸易总量，加强制造业产品的国际流动，促进中国国际贸易额的增长。

服务外包能推动服务贸易额迅速增长。中国商务部的统计数据显示,2014年,中国服务贸易的进出口总额为6 043亿美元,年增长率近13%;中国外贸总额为43 030.4亿美元,服务贸易约占14%。而印度在这一方面也不逊色于中国。作为全球最大的服务外包承接国,印度同样会将大量非核心服务业务外包给其他国家,国际服务外包的发展对其总贸易额的贡献率不断提升。2002年到2008年六年间,印度服务外包为150亿美元,增长127亿美元,年增长率92%,2008年的对外贸易总额为3 914.23亿美元,服务贸易约占4%。

(二)就业效应

近些年,中国就业压力不断增强,很大的原因是中国人口众多,对劳动力的需求小于供给。但中国庞大的制造业体系吸纳了大多数劳动人口,尤其是一些国际跨国公司的制造业服务外包,更进一步刺激了我国加工贸易的发展,使中国制造业一直被誉为"世界生产车间"。当前,制造业承接国际服务外包的形式主要有:一是为国际公司生产产品零部件,获得了接触国际生产网络的机会,借以扩大产业规模;二是通过委托加工,主要形式是代工生产。这种发展模式带动了各地劳动力人口的转移,许多农民工进入城市参与到这种加工生产的模式中,转变了农村传统的就业形式。当前在中国中东部地区的许多乡村中,年轻一代外出务工到城市寻求就业机会,正是受到了东部地区制造业企业承接国际外包的影响。

发展国际服务外包可创造大量的就业机会。当国外发包方与我国制造业企业签订外包合同后,企业在为其提供中间服务的过程中会扩大服务流程从而增加对劳动力的需求,为相关行业提供就业机会。例如,IT服务企业为提供高质量的服务不仅需要专业的软件人员,还需要辅助专业人员的基本劳动力,除此之外,还有负责企业运输、清洁的后勤人员等,而对所有这些人员的素质培训或提供员工福利又会间接地创造更多就业机会,就业效应显而易见。然而任何事物都具有两面性,发展服务外包在促进制造行业就业的同时也会带来一些消极作用。正如著名经济学家罗德里克所说,"承接委托营销间接增加了国外产品进口,这会对本国的劳动要素产生替代效应,使行业整体的劳动力需求弹性上升,加剧就业压力"。

(三)工资效应

由以上分析可知,制造业的蓬勃发展增加了对劳动力的有效需求,这种需求会为制造业本身及其相关行业提供就业机会。当然这一需求是对高水平劳动力的需求，由此会增加行业内高层次人才的工资水平；而对于技能相对较低的劳动者来说，虽然目前中国制造业产出量大急需相应的各种人员，但同时就业形式的严峻也加剧了劳动力之间的竞争，因此，对于低技能劳动者来说，如他们不能提高自身的行业素质，他们的工资水平并不会得到很大提升。有关数据显示，目前大多数制造业从业人员的月工资维持在三千至四千左右。此外，中国统计年鉴的统计结果显示，自从 2000 年以来中国就业人员平均工资水平一直呈上升趋势，并且上升的幅度较大。名义工资率与通货膨胀率的差额在不断扩大，这充分体现了用工成本的提高。从不同产业区分发现，三大产业的用工成本差异显著，其中第三产业的劳动力工资水平最高。从 2012 年开始，服务业的工资已超过全国水平的近 2 倍。服务业的蓬勃发展也加深了人们对它的认可度，在此基础上，以服务业发展为根基的服务外包也在不断拓展自己的领域。在各制造业部门，作为中间产品的服务投入所占比例不断增多。以家具制造业为例，其生产过程中的服务投入包括装卸、搬运、商务、推广、家具产品宣传、厂房租赁等，如此繁多细化的环节会影响企业集中生产家具产品的精力。当企业将这些服务性环节外包出去以后，企业各部门的组织管理更加明晰直接，工作效率大大提升，产量连年增多，收益颇丰，员工的工资福利也会不断增加。据 2002 年至 2012 年的投入产出表计算，中国家具制造业的服务外包率从 2002 年到 2012 年上升了 54.42%，而这一阶段家具制造业就业人员工资增速大约为 20%。可见，服务外包可促进制造业从业人员工资水平的提升。

（四）结构优化效应

1."微笑曲线"理论

发展服务外包对全球产业结构升级的意义非同小可，可以促进全世界形成新的国际经济贸易格局。制造业企业发展服务外包可引进先进技术和优秀人才，提升国际竞争力，优化出口商品结构并加快经济的转型升级。1992 年，由宏碁集团创始人施振荣先生提出的"微笑曲线"理论认为，"在产业链中附加值更多地体现在价值链的两端"。在中国经济发展水平较差的地区，科技水平低、劳动力素质不高，制造业企业在价值链中的研发设计和产品销售等环节没有竞争力，导致价值链中游的附加值较高，这与"微笑曲线"所反映的形态完全相反。在制造业发展的起步阶段，价值链中各个环节的附加值几乎没有差别，但随着经济全球化的发展和制造业的国际竞争加剧，初级产品附加值逐渐降低。研发、设计、销售等环节需要较高的人才、知识等的投入，发达国家经过长期资本、科技的积累形成了垄断地位,造成价值链两端的附加值持续提升,"微笑曲线"得以形成。据此可判断,发展中国家若要挣脱价值链的低端,不断走向高端,就要发挥知识、资金等国际优势,不然产业链会违背"微笑曲线"理论,呈现出相反的状态。

2. 服务外包推动制造业走向价值链高端

在产品价值链中,研发阶段(基础研究、应用研究)、产品设计、销售及售后部分的价值增值较高,而增加值最好的是技术创新、产品升级、市场拓展等环节,但产品的生产活动增加值最少。在当前的国际分工中,新产品的开发、应用研究、市场拓展、售后等增加值高的部分由发达国家垄断,他们掌握着核心技术和重要零件生产,因此处于价值链顶端。而像中国这样的发展中国家,在国际分工中主要从事初级产品加工,增加值少,因此位于价值链低端。从整个产业链来看,产品研发、设计属于世界性竞争,而销售和售后等环节则是国内竞争。国际分工的日益细化使生产环节更加精湛,发达国家将附加值较低的生产环节转移到发展中国家进行,并不断压低组装等环节的附加值,借此抬高价值链两端增加值。

从以上分析可以看出,产品的行业优势不在于整个生产过程,而是源于价值链两端的设计、销售等环节。因此,一些在产品创新、应用研究、品牌构建、售后服务等环节上具有竞争力的制造业企业会将产品的生产和组装转移到劳动力价格低的发展中国家和地区,而使其有限的资源能够投入到核心环节中,从而增强竞争力,产业间分工和产业内分工逐步向产品内分工发展,但发展中国家仍然处于被剥削的状况。以中国鞋制造业为例,中国制造的运动鞋出口价不到22美元,但如果制造企业贴牌生产,那么价格会大幅度提升。据调查,中国贴牌生产的耐克运动鞋出口价格高达120美元。国际服务外包为中国制造业摆脱价值链低端的地位提供了机遇,在承接国际服务外包时,发达国家带来的技术外溢效应有助于提升制造业企业的技术实力,调整产业结构,并将新技术迅速运用到其他产业部门,促进整个行业的科技创新。同时,发展中国家不仅是服务外包的承接国,还可以作为发包方参与到外包行业中,将企业内部的非核心生产和服务环节外包出去,使制造业向价值链两端发展。

(五)产业结构效应

制造业产业结构的升级主要包括技术进步、资本积累及高素质劳动力的积累。通过以上分析可知,制造业在发展服务外包的过程中集约了生产资源,这些资源包括各种生产资料、劳动力和资金,同时更为企业腾出了众多的时间开发新科技、整合企业资源、优化资源配置、淘汰落后产能、组织员工进行岗位培训，并利用节省的成本引进新的生产设备和国内外有经验的高素质人才。当制造业企业的技术实力得到提升时，不但能够生产出高附加值的产品，而且其组织管理水平也会得到提高，企业的产业结构将会更加优化。

第三节 生产性服务业集聚对制造产业升级的影响研究

一、生产性服务业集聚的相关研究

（一）生产性服务业集聚的形成机制和影响因素

生产性服务业集聚就是生产性服务业在一定地理空间上的集合。早在20世纪初，国外的一些学者就开始研究产业集聚的形成机制与影响因素，Marshall（1920）、Weber（1909）、Hoover（1948）都普遍认为获得外部经济与降低交易成本是集聚的根本原因。一些学者基于经济学的基本理论研究了生产性服务业集聚的形成机制和影响因素。Senn（1993）认为生产性服务业之所以集聚发展，主要是为了应对经济环境的快速变化所带来的不确定性，尽可能地降低风险。李文秀和谭力文（2008）从聚集动力机制的角度出发，以美国为例分析了服务业集聚的动力不同于制造业以追求成本剩余为主，而是以追求收益剩余为主。美国的生产性服务业由于对知识与信息技术依赖程度较高，因而生产性服务业的集聚程度一般较高。但斌等（2008）分析了知识密集型生产性服务业三种典型的集聚模式，并且阐释了这三种集聚模式形成的动力机制。即依附于现代制造业周边的综合化集聚模式的形成源于分工以及交易费用的动力机制，主要是围绕制造业提供相应服务；以中央商务区（CBD）为中心的圈层式专业化集聚模式的形成主要源自外部规模经济和范围经济，具体来说，也就是同类企业的集聚使得单个企业获得了规模扩大后的收益递增效应；特定产业集群中配套的体系化集聚模式的形成主要源于关键要素的创新，包括促进创新的政策支持、良好的交互式创新氛围，以及合理的激励机制等。吴福象和曹璐（2014）从价值链互动关系的视角出发，分析了生产性服务业集聚的内在机制，认为外商直接投资需求、信息技术、城市等级都会对生产性服务业的集聚产生驱动作用。刘军跃等（2014）归纳了生产性服务业集聚的形成机制，认为主要是为了获得成本优势、收益剩余、中心辐射效应，以及促进产业融合。周静（2015）以东京、伦敦、纽约、中国长三角地区为例，阐释了生产性服务业形成的机制与发展的四种模式：东京生产性服务业集聚源自政府推动与主导；伦敦生产性服务业集聚是历史沉淀与积累的结果；纽约生产性服务业集聚主要源自产业分化；中国长三角地区的生产性服务业集聚则是各种因素综合形成的，比如，比较完善的市场机制与制造业基础、大量的廉价劳动力、良好的基础设施建设等。

（二）生产性服务业集聚与自身产业发展研究

生产性服务业集聚能够促进生产性服务业本身的发展。目前，大部分的学者主要以整个服务业为研究对象，实证分析服务业各部门的集聚对服务业或者是服务业各部门自身的发展产生的影响。重点在分析服务业各部门分别对服务业或服务业各部门发展影响的研究不多。程大中和陈福炯（2005）以我国服务业为研究对象，也涉及交通运输、仓储及邮电通信业、金融保险业、地质勘查业、水利管理业、科学研究和综合技术服务业等生产性服务业的分析，重点研究了各服务部门的相对密集度、相对密集度与 GDP 的相关系数，以及相对密集度对劳动生产率的影响。结果发现，交通运输、仓储及邮电通信业、金融保险业等生产性服务业的集聚与 GDP 之间关系紧密。另外，生产性服务业各部门的集聚也促进了自身劳动生产率的提高。胡霞和魏作磊（2009）研究了我国城市服务业集聚对自身发展的影响，结果发现，信息传输、计算机服务和软件业，水利、环境和公共设施管理业的集聚对服务业的发展产生抑制作用，而交通运输、仓储和邮政业、批发和零售业、金融业、租赁和商务服务业、科学研究、技术服务和地质勘查业的集聚则对服务业的发展产生促进作用。原毅军和宋洋（2011）的研究发现，服务业的专业化集聚对其劳动生产率具有促进作用，而多样化集聚则对其劳动生产率产生抑制作用。周文博等（2013）分析了服务业 14 个细分部门的集聚对自身全要素生产率的影响，结果发现，我国服务业集聚主要是通过促进自身的技术进步，从而进一步促进自身全要素生产率的提高，并且还发现服务业集聚对自身全要素生产率的影响存在门限效应。金春雨等（2016）以我国八大经济区为研究对象，研究发现，服务业集聚水平正向影响了当地的服务业发展，然而地理位置相邻的区域服务业集聚水平却会负向影响当地服务业的发展。还有个别学者的研究专注于生产性服务业，研究生产性服务业集聚对其自身发展的影响。洪功翔等（2014）从全国与区域两个角度，使用动态面板模型实证分析了金融业集聚对其本身全要素生产率的影响，结果发现，保险业集聚对全要素生产率有抑制作用，尤其是中部与西部地区；银行业与证券业集聚促进了全要素生产率的提高，其中，银行业集聚对全要素生产率的影响要大于证券业。袁丹和雷宏振（2015）构建了生产性服务业集聚对其自身效率影响的数理模型，并进一步进行了实证检验。结果发现，生产性服务业的集聚带有显著的集聚经济效应。其中，生产性服务业的专业化集聚促进了其纯技术效率的提高；生产性服务业的多样化集聚则对其全要素生产率、纯技术效率与技术进步效率都存在显著的积极影响。之后，他们又更进一步地分析了东、中、西部地区的具体情况，结果发现，西部地区生产性服务业的多样化与专业化集聚共同促进了其全要素生产性的提高；而东部与中部地区则是多样化集加值增加；生产性服务业外包促进制造业形成核心竞争力与提高效率；知识密集型生产性服务业通过投入高级别要素促进制造业提高创新能力。杜宇玮（2017）分别从结构高度、经济效益与创新能力论述了生产性服务业对制造业升级的影响机理，并进一步使用 DEA 的方法，从效率的视角验证了生产性服务业对制造业升级的积极影响，不过这种影响存在一定的区域差异和省际差异。江小涓和李辉（2004），徐从才和丁宁（2008）基于价值链和产业链的视角证明了生产性服务业集聚可以提高制造业的竞争力。江茜和王耀中（2016）探究了长江中游城市生产性服务业集聚对制造业竞争力的影响，认为生产性服务业集聚分别促进了制造业的创新、升级、集聚，从而最终提高了制造业竞争力。实证分析的结果表明，生产性服务业集聚提高了本地制造业的竞争力水平，并且对周边地区的制造业竞争力起到了外溢作用。Banga（2005）认为，生产性服务业集聚除了能够提高制造业的生产效率，还能够通过产业关联效应对制造业增长产生乘数效应。韩惠民和杨上广（2015）分析了安徽省生产性服务业集聚对制造业生产率的影响主要是通过技术外溢、竞争以及产业关联效应提升专业化水平、降低交易成本、促进制造业集聚，从而最终提高了制造业生产率。余泳泽等（2016）使用以经济地理距离作为空间权重矩阵的空间计量模型分析了生产性服务业集聚对周边地区制造业生产效率的空间外溢效应，结果发现，生产性服务业集聚显著提升了周边地区制造业的生产效率，不过存在一定的空间衰减特征。具体而言，200 公里以内外溢效应极为显著，超过 500 公里外溢效应减半，外溢效应受到省界的负面影响。于斌斌（2017）采用空间计量的方法，将城市之间的地理距离加入生产性服务业与制造业生产率的分析框架之中。研究发现，地区差异、城市规模以及行业结构会在生产性服务业集聚对制造业生产率的影响过程中起到约束的作用。具体来说，即中部地区、特大城市和小城市，以及高端的生产性服务业集聚对制造业生产率有显著正向影响，而西部地区与低端的生产性服务业集聚对制造业生产率有显著的负向抑制作用。宣烨和余泳泽（2017）基于230个城市微观企业数据，考察了生产性服务业集聚对微观制造业企业生产效率的积极影响。分析结果显示，相比于生产性服务业的专业化集聚，多样化集聚对制造业企业全要素生产率的积极影响更明显；集聚对中小城市企业全要素生产率的积极影响不显著；相比于非国有企业，集聚对国有企业生产率的积极影响更显著。詹浩勇（2013）将生产性服务业划分为功能型生产性服务业与知识密集型生产性服务业，并分别分析了两者对制造业升级的影响机制。功能型生产性服务业集通过竞争与合作带来的外溢效应，从而对制造业升级产生积极作用；知识密集型生产性服务业集聚通过知识溢出及空间结构协同演进，从而对制造业升级产生促进作用。詹浩勇和冯金丽（2014）分析了生产性服务业集聚对制造业升级的影响机制，认为前者通过贸易成本与创新收益的中介效应，积极影响制造业升级。之后，实证分析的结果显示，区位环境与城市经济基础是生产性服务业集聚对制造业升级影响效应的支撑因素，不过，这种影响效应受到外溢跨地区传递的制约。盛丰（2014）探究了生产性服务业集聚对制造业升级的影响机制，他认为生产性服务业集聚的竞争效应、专业化效应、学习效应以及规模经济效应对制造业升级起促进作用。之后，他实证分析了2003—2011年230个地级及以上城市的面板数据，结果显示，生产性服务业集聚明显促进了制造业升级，这种促进不仅作用在本地制造业，还作用在周边地区。张琴等（2015）阐述了科技服务业集聚影响制造业升级的内在机理，并进行了实证检验。他们认为，科技服务业集聚通过竞争效应、知识外溢效应，以及协同效应促进了制造业升级。实证检验的结果也的确发现江苏、上海、北京和广东的科技服务业集聚对制造业升级具有促进作用。孟凡峰（2015）的实证分析表明，生产性服务业集聚对制造业升级的影响路径是通过集聚产生的规模经济效益降低了制造业的交易成本与生产成本，知识溢出和创新效应提供了人力和知识资本，从而最终推动了制造业升级。詹浩勇和冯金丽（2016）重点分析了西部地区生产性服务业集聚对制造业升级的影响，结果显示，商贸流通业集聚对本地制造业升级具有促进作用，而知识密集型服务业则没有显著积极影响，相比于东部地区，效应都较低。之后，还发现西部地区知识密集型服务业与商贸流通业集聚对周边地区制造业升级的空间溢出效应并不明显。卢飞和刘明辉（2016）使用2002—2013年我国31个省级单位的面板数据，分析了生产性服务业集聚对制造业升级的三重效应，将生产性服务业集聚设定为门槛变量进行面板门限回归分析。结果发现,中部地区生产性服务业集聚的弹性效力最大,其次是东部与西部地区。刘奕等(2017)基于产业空间协同的视角,对成本剩余和收益剩余进行了分析,构造了一个外部因素通过生产性服务业集聚作用于制造业升级的理论模型。实证分析的结果显示,生产性服务业集聚尤其是支持性服务业集聚与制造业升级的关联程度较高;政策环境和要素禀赋直接正向作用于制造业升级,而需求规模、综合交易成本、社会创新体系通过生产性服务业集聚间接作用于制造业升级。韩同银和李宁(2017)基于京津冀协同发展的视角,实证检验了河北省11个地级市生产性服务业集聚对制造业升级的促进作用。伏虎(2015)分析了位于长江经济带的11个省域生产性服务业集聚与区际市场依存度对制造业升级相对效率的影响,结果发现,相比于在较低的区际市场依存度下,在较高的区际市场依存度下生产性服务业集聚对制造业升级的驱动力更强。

以上的研究基本都验证了生产性服务业集聚对制造业升级或多或少会存在一定积极或消极的影响。然而,也有一些研究认为生产性服务业集聚与制造业发展之间没有显著的关联。Anderson(2004)分析了生产性服务业集聚与制造业之间的关联效应,并未发现两者有显著的正向关系。魏峰和曹中(2007)通过对我国东、中、西部地区的面板分析,也没有发现生产性服务业集聚对制造业的促进作用。

二、生产性服务业集聚对制造业升级影响的机制研究

本章的研究内容侧重于生产性服务业集聚对制造业升级影响的机制分析。首先,分别以生产性服务业专业化、多样化集聚与制造业升级为研究对象,分析各自的发展现状,从总体发展水平、省域及地区发展水平的角度展开。其次,分别从多样化和专业化集聚的角度出发,探讨生产性服务业集聚对制造业升级的影响机制,构建本书的理论分析框架。最后,使用数理模型,分别从知识溢出与规模经济的角度构建了反映生产性服务业集聚与制造业升级关系的数理模型,验证了两者之间的确存在函数关系。

(一)生产性服务业专业化集聚的测量方法

专业化集聚是指很多相同或相似的企业在地理空间上的集中。关于生产性服务业专业化集聚的指标选择,主要借鉴了 Henderson(1995)、Glaeser(2002)、Greunz(2004)、吴三忙和李善同(2011)、李斌和刘子琳(2014)等的研究方法。他们普遍认为区位商指数能够反映产业的专业化水平,所以,选定区位商作为衡

量生产性服务业专业化集聚的指标。因此，在本书中，生产性服务业专业化集聚指数可以表示为：

$$S_{ij} = \frac{Y_{ij}/Y_i}{Y_j/Y} \tag{3-1}$$

在公式（3-1）中，i 表示区域，j 表示行业，S_{ij} 表示 i 区域 j 行业的专业化集聚指数，Y_j 表示全国 j 行业的就业人数，Y 为全国的就业人数，Y_{ij} 为 i 区域 j 行业的就业人数，Y_i 表示 i 区域的就业人数。S_{ij} 值的大小代表着区域专业化程度的高低。

就已有研究而言，城市与省级单位都可以看作是产业集聚的基本单元和主要空间载体。因为本部分更侧重于宏观角度的现状分析，分别分析我国生产性服务业专业化、多样化集聚与制造业升级在全国、省域、地区的发展现状，所以使用的是省级数据，即除了西藏之外的我国 30 个省级单位。本部分的省级数据主要来源于《中国统计年鉴》与《中国工业统计年鉴》（2007—2016）。2006—2015年各省生产性服务行业专业化集聚指数如表 3-1 所示。为便于分析，笔者拟将生产性服务行业专业化集聚指数分为五个层级。第一层级，生产性服务业的专业化集聚指数在 2006—2015 年间均大于 1，满足该条件的省域有北京、上海、青海、辽宁。其中，北京的生产性服务业专业化集聚指数一直大于 2，每年都处于第一位，具有明显的比较优势。其次是上海，其生产性服务业的专业化集聚指数在 1.4～2.0 之间，不过仍与北京有些差距。第二层级，生产性服务业的专业化集聚指数在 2006—2015 年间的平均值大于 1，满足该条件的省域有天津、陕西、内蒙古、宁夏、吉林、广西、重庆。这些省域的生产性服务业在当地具有一定的专业化优势。第三层级，生产性服务业的专业化集聚指数从小于 1 逐渐增长到大于 1，满足该条件的省域有海南、黑龙江、河北、四川、湖北。其中，海南与黑龙江生产性服务业的专业化集聚水平在 2011 年从小于 1 增长到大于 1，河北的专业化集聚水平在 2015 年从小于 1 增长到 1，四川的专业化集聚水平在 2014 年从小于 1 增长到 1，生产性服务业从不具有比较优势转变为具有一定的比较优势；湖北的专业化集聚水平在 2007 年达到 1，然而之后又下降为小于 1。第四层级，生产性服务业的专业化集聚指数从大于 1 逐渐降低到小于 1，满足该条件的省域有广东、山西。广东的专业化集聚水平在 2009 年是小于 1 的，之后又大于 1，然后在 2013 年之后，一直处于小于 1 的状态；而山西是从 2008 年之后降到 1 以下，生产性服务业从具有一定的比较优势转变为不具有比较优势。第五层级，生产性服务业的专业化集聚指数始终小于 1，满足该条件的省域有甘肃、湖南、新疆、云南、安徽、浙江、江西、江苏、贵州、河南、山东、福建，说明这些省域生产性服务业的专业化集聚水平不高。

表 3-1 2006—2015 年各省生产性服务行业专业化集聚指数

地区	2006	2007	2008	2009	2010	2011	2012	2013	2014	2015	平均值
北京	2.39	2.50	2.55	2.55	2.60	2.66	2.74	2.73	2.72	2.71	2.61
上海	1.88	1.80	1.80	1.84	1.91	1.59	1.42	1.90	1.94	1.95	1.80
青海	1.38	1.31	1.18	1.22	1.21	1.19	1.23	1.23	1.14	1.10	1.22
辽宁	1.15	1.16	1.14	1.07	1.09	1.14	1.13	1.08	1.10	1.12	1.12
天津	1.17	1.18	1.22	1.19	1.18	0.90	1.00	1.01	1.05	1.16	1.11
陕西	1.07	1.04	0.99	1.06	1.07	1.12	1.08	1.07	1.10	1.12	1.07
内蒙古	1.00	1.03	1.03	1.04	1.04	1.07	1.11	1.16	1.12	1.08	1.07
宁夏	0.99	1.00	1.00	1.03	1.03	1.12	1.12	1.13	1.10	1.08	1.06
吉林	1.08	1.06	1.03	1.06	1.06	1.10	1.15	1.03	1.00	0.98	1.06
广西	1.06	1.07	1.02	1.03	1.03	1.09	1.10	1.02	1.01	0.97	1.04
重庆	0.98	1.01	1.02	0.98	1.00	0.90	0.94	1.10	1.09	1.05	1.01
海南	0.94	0.99	0.93	0.91	0.93	1.03	0.99	0.99	1.04	1.10	0.99
广东	1.02	1.00	1.00	0.99	1.01	1.05	1.07	0.90	0.90	0.91	0.98
黑龙江	0.85	0.85	0.87	0.89	0.94	1.00	1.02	1.05	1.08	1.10	0.97
山西	1.00	1.00	0.99	0.93	0.89	0.96	0.94	0.92	0.94	0.96	0.95
河北	0.93	0.91	0.93	0.94	0.92	0.91	0.88	0.96	0.99	1.00	0.94
甘肃	0.98	0.94	0.92	0.93	0.92	0.95	0.95	0.91	0.86	0.84	0.92
四川	0.87	0.85	0.83	0.85	0.85	0.85	0.86	0.94	1.00	1.01	0.89
湖南	0.89	0.91	0.90	0.87	0.84	0.85	0.90	0.92	0.89	0.90	0.89
湖北	0.88	1.00	0.98	0.96	0.84	0.79	0.82	0.86	0.86	0.85	0.88
新疆	0.85	0.83	0.82	0.81	0.80	0.87	0.90	0.96	0.95	0.92	0.87

续 表

地区	2006	2007	2008	2009	2010	2011	2012	2013	2014	2015	平均值
云南	0.86	0.93	0.84	0.86	0.87	0.84	0.85	0.79	0.87	0.86	0.83
安徽	0.87	0.88	0.86	0.83	0.83	0.88	0.85	0.84	0.83	0.84	0.85
浙江	0.87	0.83	0.82	0.82	0.83	0.85	0.88	0.86	0.83	0.84	0.84
江西	0.93	0.90	0.91	0.88	0.86	0.79	0.70	0.81	0.75	0.72	0.83
江苏	0.87	0.84	0.84	0.82	0.81	0.84	0.86	0.77	0.72	0.72	0.81
贵州	0.74	0.77	0.80	0.83	0.81	0.83	0.76	0.82	0.80	0.78	0.79
河南	0.82	0.81	0.78	0.74	0.73	0.73	0.72	0.70	0.69	0.67	0.74
山东	0.80	0.72	0.64	0.66	0.67	0.70	0.70	0.70	0.69	0.78	0.80
福建	0.67	0.64	0.71	0.69	0.71	0.60	0.60	0.73	0.72	0.73	0.68

数据来源：根据《中国统计年鉴》(2007—2016) 的数据使用区位商指数计算公式计算得来。

（二）生产性服务业专业化集聚对我国制造业升级的影响效应分析

发展中国家在追赶发达国家的经济发展进程中，通常倾向于采用产业空间集聚带来的群体竞争优势来应对全球市场冲击与经济波动带来的负面影响。生产性服务业集聚能够产生规模经济效应、学习效应、专业化效应、学习效应等。而这些集聚效应除了能够促进生产性服务业自身的发展，还能够促进制造业升级。生产性服务业的专业化集聚通过规模经济、竞争、专业化与知识溢出带来了外溢效应，从而促进制造业升级，具体内容如下所述。

1.规模经济带来的外溢效应

规模经济效应，也就是指产业规模的扩大使得产业生产与经营的成本下降的效应。生产性服务业整体来看，普遍在技术、信息、知识等方面要求较高，尤其是信息技术服务业、软件业、金融业、商务服务业等，因此，生产性服务业在运行初期需要投入大量资金。然而，生产性服务业因其为非实物形式的服务产品，相关成本较低，尤其是与信息技术相关的产品与服务一旦研发成功，其复制与使用的成本几乎可以忽略不计。换句话说，也就是生产性服务业具有较强的边际成本递减效应，所以，当生产性服务业某一细分行业的企业不断集聚，规模越来越大时，其平均成本会明显下降。具体来说，因为各个企业相同或相似，对知识、技术、信息、劳动力设备等要素的需求也相同或相似。所以，生产性服务业的专业化集聚，往往会导致知识、技术、信息、劳动力、设备等要素的大量汇集，而且集聚的生产性服务业企业可以共享这些要素资源、市场资源、信息资源，以及公共基础设施等。

生产性服务业的专业化集聚能够通过规模经济效应促进制造业升级。一方面，规模经济效应间接作用于制造业。作为为制造业提供中间性服务与产品的产业，生产性服务业的专业化集聚能够通过规模经济效应，将自身的成本大大降低，而这对制造业意味着中间服务的投入成本降低。另一方面，规模经济效应则是直接作用于制造业企业。生产性服务业的专业化集聚为制造业企业的生产经营活动提供了多种便利，比如，减少制造业企业的信息搜索成本、谈判成本等，从而降低制造业的交易费用。此外，生产性服务业的专业化集聚还有利于形成专业化的劳动力市场，更加便于制造业企业获得专业化的劳动力，从而减少制造业关于劳动力的搜寻成本与培训成本。

2.竞争带来的外溢效应

基于在地理空间上的集聚所带来的适度市场竞争，生产性服务业专业化集聚有利于生产性服务业自身的成本降低、服务效率提高、服务质量优化、业务流程完善、创新能力提升。大量相同或相似的企业在某一地理空间上集聚，虽然带来了各种资源要素的汇集，但是，也不可避免地产生竞争，具体来说，也就是各个企业互相争夺资金、技术、信息、劳动力、设备等资源。而且，随着专业化集聚水平的不断加深、集聚规模不断扩大、企业数量越来越多，企业的竞争也越来越激烈，稍有不慎，企业极有可能处于劣势，甚至逐渐被淘汰。面对无形的竞争压力，企业会更加积极自主地降低自身成本、提高服务效率、优化服务质量、改善业务流程、提升创新能力、提升自身的竞争力。

生产性服务业的专业化集聚能够通过竞争效应促进制造业升级，具体可以分为以下几个方面。第一，基于服务成本与价格的角度，生产性服务业企业为了获得更多的要素资源与占有更大份额的市场，一方面会通过多种途径不断降低服务成本，另一方面也会倾向于打价格战，从而使得制造业企业从中受益，中间投入的成本降低，最终的利润也会随之增加。第二，基于服务质量或业务流程的角度，仅仅是降低服务成本与价格对于生产性服务业企业来说是远远不够的，面对当今制造业企业需求的不断细化以及对质量的要求提高，服务或产品的质量高低，甚至服务流程是否顺畅等都是生产性服务业企业竞争力的体现。因此，为了提高企业自身的竞争力，除了降低成本与价格之外，还需要改善业务流程、提高服务质量，制造业企业也会随之获得高质量的、流畅的生产性服务。第三，基于创新与差异化的角度，从提高服务质量与完善业务流程方面考虑，创新与差异化才是生产性服务业企业获得持续稳定竞争力的关键因素。同样是面临着越来越激烈的竞争环境，生产性服务业企业必然会积极投身于知识、技术、设备与管理模式等方面的创新。只有不断地创新，才能够为制造业企业提供更加具有差异化的生产性服务，更好地满足制造业企业不断变化与日益增长的多样化需求。

3. 专业化带来的外溢效应

随着社会分工与精细化发展，产业的专业化集聚成为一种必然趋势，专业化集聚有助于企业的专业化水平进一步加深。生产性服务业的专业化集聚使得各生产性服务业企业的功能从多样化功能（如集营销、咨询、广告等服务为一体的综合性服务）向单一功能转化，从而使得企业提供更加细致与专业的生产性服务。现代制造业升级已经逐渐从追求制造业整体的价值链升级，逐渐转变为价值链的某一部分或链条的局部升级。专业化集聚使得生产性服务业企业更加追求专业化，同时在专业化能力提升方面更加便利。因此，企业提供的生产性服务能够更加专业化、细致化，也更加具有竞争力，从而通过专业化效应促进制造业升级。具体来说，专业化效应促进制造业升级可以从两个方面体现，一方面，生产性服务业企业将业务核心集中于单一化的服务，更有利于专注差异化服务，以及提高企业的创新能力，这种创新可以外溢到制造业企业的生产经营环节，提高制造业企业的技术创新，从而促进制造业升级；另一方面，可以为制造业企业提供更加专业化与细致化的中间服务，使制造业企业的某一具体生产经营环节的附加值得到提升，最终使制造业得到升级。

4. 知识溢出带来的外溢效应

生产性服务业企业在一定地理空间上的专业化集聚，能够促进相同或相似企业之间互相学习与交流，也就是知识溢出的过程。具体来说，知识溢出是知识、技术与信息等的动态传播过程。生产性服务业的专业化集聚具有典型的技术外部性，与技术交流以及知识传递相关联。而这种技术外部性，不仅仅发生在相同或相似的生产性服务业企业，还会在制造业企业间发生，从而促进制造业升级。

生产性服务业专业化集聚通过知识溢出效应促进制造业升级的途径主要包括以下两种：第一种是交流与合作，交流与合作又可以分为两个方面。一方面是生产性服务业企业与制造业企业的业务往来，在生产性服务业企业为制造业企业提供中间服务时，双方之间形成了知识、技术与信息的共享，知识、技术与信息就会自然而然地传递到制造业企业的生产经营环节之中；另一方面是单纯地面对面交流，主要包括生产性服务业企业与制造业企业共同参与会议讨论、实地考察等，也包括一些产学研结合地区，如一些高校与研究机构等生产性服务业部门与周边的制造业企业，采用面对面的形式进行交流，从而将一些知识与技术传递到制造业企业之中。第二种是人力资源在企业间的流动。生产性服务业专业化集聚区汇聚了大量专业化的人力资源，当生产性服务业企业与制造业企业之间存在人力资源的流动时，流动的不仅仅是简单的劳动力，还包括人所承载的知识、技术与信息，知识也就处于溢出的过程之中。而通常生产性服务业与制造业之间联系紧密，人员流动也十分频繁，比如，会计师事务所的会计、咨询公司的咨询师等向制造业企业流动。知识、技术与信息的传播与扩散，不仅有助于提高制造业企业产品的知识技术含量，还提高了产品的附加值。

（三）生产性服务业集聚多样化对制造业升级影响的机制分析

多样化集聚是指很多不同行业的企业在地理空间上的集中，在某一区域形成多元化的产业环境。不同于生产性服务业专业化集聚对制造业升级的外溢效应，多样化集聚也有其区别于专业化集聚的外溢效应。生产性服务业的多样化集聚通过规模经济、合作与知识溢出带来了外溢效应，从而促进制造业升级，具体内容如下所述。

1. 规模经济带来的外溢效应

不论专业化集聚还是多样化集聚，只要是产业集聚，必然会带来一定程度上的规模经济效应。然而，从带来的规模经济效应来说，生产性服务业多样化集聚与专业化集聚存在一些差异。首先，生产性服务业的多样化集聚是信息技术服务业、软件业、金融业、商务服务业等的一定地理空间的集聚，初期仍然需要投入大量的资金与资本，而且因为是多个行业的集聚，所以比专业化集聚的投入更多。其次，生产性服务业多样化集聚产生的规模效应小于专业化集聚，因为行业不具有唯一性，所以每个行业的规模并不是特别大。最后，生产性服务业的多样化集聚，也会导致知识、技术、信息、劳动力、设备等要素的大量汇集，而且集聚的生产性服务业企业可以共享这些要素资源、市场资源、信息资源，以及公共基础设施等。生产性服务业的多样化集聚能够通过规模经济效应促进制造业升级。一方面，生产性服务业的多样化集聚能够通过规模经济效应，使得每个细分行业自身的成本在一定程度上降低，而这对制造业来说意味着中间服务的投入成本降低；另一方面，还能够为制造业企业的生产经营活动提供多种便利，如减少制造业企业的信息搜索成本、谈判成本等，从而降低制造业的交易费用。

2. 合作带来的外溢效应

生产性服务业中不同细分行业的企业在地理空间上的集聚促进了彼此间的协同合作，能够更好地共同应对区域产业发展的挑战与机遇。不同细分行业企业的空间集聚，能够降低彼此间合作产生的技术信息成本，其中一个行业的技术进步将更容易带动其他行业的互补性技术创新，从而形成互惠互利的产业链条。

生产性服务业的多样化集聚能够通过合作带来的外溢效应促进制造业升级。首先，多样化集聚区更有助于生产性服务业企业为制造业企业提供在整个价值链环节上从始至终的一体化服务，促进制造业企业与上下游之间企业的相互连接，从而能够提高制造业的资源配置效率。比如，金融业为制造业企业提供投融资的服务、商务咨询业为制造业企业的发展制定科学合理的计划、交通运输业为制造业企业生产的产品提供运输服务等，这种多样合作能够明显提升各企业之间的交换效率，从而促进制造业效率的提高。其次，不同细分行业间的适当整合，除了能够使得制造业企业的贸易成本大大减少，还有可能与制造业企业形成崭新的价值链条，甚至优化或改变制造业企业现有的运营模式，使得发展模式更加科学合理。

3. 知识溢出带来的外溢效应

Jacobs 认为不同行业间企业的集聚，相比于相同企业的集聚能够产生更大程度的知识溢出。因此，知识溢出不仅仅发生在生产性服务业企业的专业化集聚区，不同行业的人力资源流动与知识、信息交流都会使得不同行业的企业获得具有互补性质的知识、技术与信息，之后，还会在制造业企业之间传递与扩散，从而促进制造业升级。

生产性服务业多样化集聚能够通过知识溢出效应促进制造业升级。首先，知识溢出体现在人力资源在不同企业间的流动。生产性服务业多样化集聚区汇聚了大量的人力资源，这些人力资源具备各种各样的专业信息、知识与技术。当生产性服务业企业与制造业企业之间存在人力资源的流动时，流动的不仅仅是简单的劳动力，还包括人所承载的知识、技术与信息，多种跨行业的互补知识、技术与信息也就处于溢出的过程之中。其次，知识溢出也体现在双方的沟通与交流之中。比如，生产性服务业各细分行业的企业与制造业企业共同参与会议讨论、实地考察等。

第四章 生产性服务业各发展阶段对制造业升级的影响差异

中国生产性服务业演化发展的各个阶段都对制造业升级发挥着重要的作用，但各个发展阶段也并非完全独立，它们之间也相互影响、相互作用，在演化发展过程中逐步形成合力，共同服务于制造业，推动制造业升级。本节以福特模式、日立建机 Global-Service 系统、青岛海尔制造业服务化转型、中国珠三角地区四个案例来剖析各个演化阶段对制造业升级的合力作用，进一步探寻各自作用的差异性。

一、案例一：福特模式的终结

生产性服务业的形成和发展依托于制造业。外包是生产性服务脱离制造业的重要途径，同时外包活动也给生产性服务企业与制造企业提供面对面的交流机会。生产性服务企业要深入了解制造企业的需求，制造企业也要充分利用生产性服务企业的知识成果，这有利于实现生产性服务业与制造业的深度融合。19世纪末20世纪初垄断资本主义形成，随着企业的不断兼并、收购和扩张，垄断组织形成，企业也不断地呈现纵向一体化和横向一体化趋势。当时美国制造业出现了许多垂直一体化的企业，福特汽车公司就是典型代表。

19世纪30年代，福特公司大量引进原本不属于自身经营范畴的汽车零件生产线，其中就包含钢铁和橡胶的生产。通过参观当时位于密歇根州胭脂河工厂（River Rouge Plant）可以清晰地看到汽车制造的全部流程，从铁矿石、橡胶、玻璃原材料逐渐加工成一辆完整的汽车。福特公司之所以选择垂直一体化管理模式，一方面是出于对汽车质量的考虑，为了能够保障汽车的质量，降低生产成本和交易成本，福特公司选择统一集中式的管理，能有效协调资源的配置。通过这一管理模式，福特公司也向客户传递出其对于质量的严格要求，在一定程度上提升了福特品牌在消费者心目中的地位。另一方面是出于控制产品生产时间的考虑，一旦将零部件生产外包，有可能因为零部件生产商自身的问题导致零部件供应不及时，由此一来便会影响福特汽车的生产进度。鉴于此，福特公司在权衡利弊之后最终选择了垂直一体化管理，避免出现供货不稳定的现象。福特公司垂直一体化的管理模式也为其树立了良好的品牌形象，但是到了20世纪90年代，福特公司开始亏损，市场占有率直线下降，而通用、克莱斯勒等其他汽车生产商一直保持着稳定的盈利。2005年福特公司创造了103年以来的亏损纪录，全球业务亏损高达127亿美元，平均每销售一辆汽车亏损1925美元。为了弥补亏损，福特公司一方面关停了部分绩效差的工厂，降低甚至将销量差的车型停产；另一方面也在北美地区大量裁员，降低成本，专注于原有热销车型的研发与生产，巩固原有福特—林肯—水星三大生产线。同年，福特公司以56亿美元出售了旗下盈利能力超强的赫兹公司。2007年，福特公司又以4.79亿英镑（约合人民币71.63亿元）的高价出售阿斯顿马丁，利用这笔资金来加快新产品的研发。这一系列的举动意味着福特公司垂直一体化经营体系的瓦解。

　　福特公司实行垂直一体化经营模式以来，需要兼顾汽车生产的每个环节，因此无法专注于研发核心技术和进行严格的内部管理。同时，垂直一体化的经营模式也带来了一定的成本负担和压力，不利于用户个性化需求的满足。福特公司于20世纪末意识到变革已经刻不容缓，传统的垂直一体化经营模式不但成本高，而且效率低。于是，福特公司选择将部分零部件加工业务外包给其他的零件生产厂商。首先，相较于公司自己承接这部分生产业务，外包能够极大地降低公司的成本。据相关数据显示，2000年随着福特公司正式剥离伟世通汽车系统，实现了约8.5亿美元的成本节约。而随着物流运输、信息技术的飞速发展，客户的个性化需求也在不断提升，在汽车行业中外包逐渐兴起，并越来越受欢迎，于是福特公司将车轮和车身及发动机的生产外包，最终实现了巨大的盈利。同时福特公司通过外包也能更快速地获取新创意、新技术，并加以综合运用，这也是后来福特美国的供应商决定在福特欧洲的新工厂附近建厂的原因。由此可见，外包模式是打破企业"大而全"局面的有效途径。制造企业通过外部购买生产性服务以降低生产成本，形成核心竞争力；服务企业通过承接制造企业的生产性服务外包业务来达到业务服务水平的提升、专业化队伍的构建以及生产性服务业壮大的目的。

二、案例二：日立建机的 Global-Service 系统

　　伴随着第三次工业革命的到来，产业的融合也逐渐由单一行业的内部融合转

向了不同行业的跨界融合,其中第二和第三产业的融合发展尤为明显。对于制造业而言,其传统的价值链环节正在一步步地瓦解,原本的设计、人力资源、物流、营销等都已经剥离并成为独立的运作个体,但是独立的运作个体不仅没有脱离制造业,反而还能够为制造业的发展带来更多的优势,如专业化的技术、更高的分工效率等。这样,制造企业与生产性服务企业的价值链活动单元自由组合,从而形成产业融合。日立建机公司基于云计算的信息服务研制了 Global-Service(即全球电子化服务)系统将产品和服务结合起来为客户创造价值就是产业融合的成功范例。

日立建机公司是日立公司的子公司,成立于 1970 年 10 月,总部位于日本,是世界领先的建筑设备生产商之一,主要提供建筑机械、运输机械及其他机械设备的制造、销售和服务,其主要产品线是液压挖掘机。该公司生产基地遍布欧洲、美国和亚洲,生产多种车型,包括从中型、小型挖掘机到 780t 的超大型挖掘机,同时还销售轮式装载机、越野自卸车及其他日立建机集团旗下公司或合作伙伴生产的产品。对设备生产商而言,除了生产设备外,为设备所有者和公司提供维护服务也是非常重要的。服务不仅提供了报警功能,能帮助设备所有者正确识别故障,从而为企业培育忠诚的客户,还能为企业带来丰厚的利润。事实上,设备一经销售,大部分利润都是通过零部件更换和维修服务来实现的。因此,服务已然成为支持日立建机生存的核心业务。而日立建机的客户和经销商遍布全球,当用户想检查设备状况或更换零部件时,传统的做法是就近寻找经销商,让经销商提供适当的保养服务。随着半导体技术的进步,传感器的性能得以提高,其成本也一直在下降,日立建机公司应用新的 IT 技术——M2M,通过在世界各地的设备上安装传感设备,并利用互联网发送信息,建立了 Global-Service 系统,从而使其维修服务更加有效。同时,它通过使用 M2M 技术,使设备与另一台设备快速沟通,可靠地收集必要的数据,为客户提供稳定的监测服务,继而提供在线预防性维护管理服务。此外,Global-Service 系统还可以访问连接到互联网的任何设备用户,提供各种有关产品的重要信息,如 GPS 和 google 地图确定的设备位置、设备运行小时数、设备运行历史、机器报警及故障和维护历史。这些数据会自动更新,所有部门以及大多数供应链成员都可以使用该系统进行信息共享,并始终可获取。

Global-Service 系统提供全年 365 天、全天 24 小时的服务,支持 20 多种语言,为遍布 185 个国家的 45 000 个公司用户提供服务,大约有 73 000 人在使用

M2M 技术所收集的数据，这些数据通过 Global-Service 系统网站发送。Global-Service 系统可以为三类用户提供信息服务如下所述。

（1）车主及操作人员（客户）。此服务通过向客户提供相关信息，帮助他们监督和管理车队的日常运行。客户可以从私人站点方便地获取数据，包括设备的位置、设备运行时数、剩余的燃油量以及二氧化碳排放量等，从而辅助他们的业务活动，实现对设备维护进行优化管理和控制。如果缺少此项服务，客户将耗费大量的时间和人力资源。

（2）经销商。经销商可以访问涵盖 70 多万台不同设备的数据库。Global-Service 系统提供超过 20 万条评论的相关知识，这些知识也在不断地积累。服务网络已遍及全球 1 000 个站点，所有经销商都可以在全年、全天的任何时间获取客户设备的运行状态信息。一旦检测到报警或故障，经销商可以通过远程管理系统立即采取行动，提高了所有相关利益方的满意程度。

（3）日立建机和集团公司。日立建机部门（如销售/服务、市场营销和制造等）可以通过 Global-Service 系统获取有用的信息，使客户受益。例如，市场营销部门可以获取索赔相关的信息，服务部门可以获取历史服务信息。当前最主要的问题在于 Global-Service 系统与企业现有的信息系统的对接问题。

三、案例三：青岛海尔制造业服务化转型

青岛海尔集团（以下简称"海尔"）下设 240 多家法人单位，设计、制造、经销中心遍及世界 30 多个国家，涉及众多产业链上几乎所有的节点，拥有员工超过 5 万人，全世界超过 100 个国家和地区的人都是海尔的用户，而让海尔家喻户晓的白色家电业务仅是海尔商业帝国众多业务的冰山一角。跟随时代变迁，海尔一共实施过五个战略：名牌、多元化、国际化、全球化以及网络化。

2007 年，海尔首次提出向服务化转型。因此，海尔需要完成三个转变：顾客和用户思维方式的转变，员工与用户关系的转变，互联工厂与用户关系的转变。首先，改变消费者对海尔产品制造提供商的定位，让其意识到接下来海尔将会提供他们所需要的服务，并且过程中需要他们的参与和支持；其次，为适应企业全新的战略模式，海尔员工要改变在企业中按章做事的思维模式，发挥创新灵动意识，根据客户需求及时变更工作内容和目标；最后，互联工厂将是把客户需求及员工业务变为服务产出的最终平台。针对这三个目标，海尔提出了三个方向的具体行动。第一，企业平台化。让企业从产品的制造者变成满足消费者需

求的终端,同时整合企业内外资源,让客户体验一站式服务,并实现与用户交互。第二,员工创客化。海尔将每一位有创新与执行能力的员工及社会人员视为创客,为他们提供建立小型创业公司的场所、资金、服务,乃至全方位的解决方案。2015年年底,海尔平台吸引了30亿创投基金,1 000多家风投机构,孵化了1 160个项目,其中100多家创业公司年营业额过亿。第三,用户个性化。利用互联网打破时空局限,让海尔平台上的创客们与用户无障碍沟通,有效提取并分析数据,在明确客户需求后投入生产或服务,并且在后期准备过程中邀请客户全方位监督以取得及时的反馈。到目前为止,海尔服务化转型已经成功度过初始阶段,进入发展阶段。第四,海尔服务化转型途径。为实现转型,企业需要根据自己的现状与最终转型目标选择适合的转型战略。依据内外因素,海尔对集团内不同的业务进行了差异化的战略部署。

(1)互联网平台化。互联网的普及与发展是促成传统制造业服务化转型的推力,也是帮助企业完成转型的助力。因此,在制造业服务化转型过程中,向互联网行业进军是众多转型选择中的优选。平台化使企业不再是一个封闭的个体,而是一个所有资源可自由有序移动的场所。在企业内部,各部门之间划分界限不再明显,而是根据不同项目流动组合,各司其职;同时,外部服务提供商在平台上可搜索适合自己的项目,主动竞标;用户可在平台上挑出更符合自己需求的服务提供商。平台资源时刻保持流通,优胜劣汰。

(2)战略联盟。为实现向服务行业进军,企业可选择与服务行业企业达成战略合作关系,但由于两者间可能存在竞争,此类合作关系一般较难达成;企业还可以选择与上、下游利益相关者达成战略合作,利用他们已经有的经验与资源,将他们发展成为自己的客户,打开进入服务业的大门。

综上,海尔通过积极与产业上下游的相关企业建立战略合作关系,在服务化转型过程中迅速获得了稳定的客户源和业务,加上海尔集团固有的制造业务支持,在物流及金融行业都取得了立足之地。

基于案例分析,实施服务化转型战略,企业应根据外部市场环境,培育相关的组织能力。

(1)综合需求管理能力。所有的企业行为都应该是对市场需求的反应,只有跟随市场及时调整与变化,企业才能做出符合时宜的战略决策,从而提供市场所需的产品与服务。目前消费需求正从产品向服务转移,海尔此时提出顾客至上的服务理念,向服务化转型是符合市场发展趋势的。

（2）差异化的生产运作管理能力。服务业并不像制造行业那样生产具体有形的商品，其对企业、员工与服务的评价依据是用户体验，因此如何准确获得反馈从而对员工绩效进行考核，对服务做出改进是转型企业需要注意的事情。这不仅要求企业建立全面的数字化监控系统，还需要通过多渠道与不同类别的用户无障碍交互。

（3）良好的品牌生态管理能力。凭借在制造业市场上已经建立的品牌效应与商誉，企业从购买自有产品的客户入手，为他们提供服务，从而打开服务业的市场缺口，这是转型初始获得用户的一种方式。但是，该方法是一把双刃剑。一旦由于没有经验或者监督不力，让客户获得不满意的体验，企业在制造业和服务业的双重声誉将同时受损。此外，既然企业选择制造、服务双管齐下，就应该让两者互相支持，共同促进企业利益的增长。也就是说，企业应该有效地整合两者资源，让手下的制造业成为发展服务业的后盾，也让服务业为制造产品增加价值。

海尔搭建的众多平台涉及家用电器、金融服务、物流、创业孵化器等多生态领域，看似不相关，实际上都是以其最具竞争力的家电制造为基础，一边为创业者提供资源研发更多的产品，一边搭建电商平台用于销售产品并负责商品的运输、安装服务，同时为供应链上的供货商与销售商提供融资服务以提高流通速度，整个过程与用户保持无间断交互，为他们提供各种服务。客户出于对海尔家电品牌的信任，自然愿意在购买产品的同时获得服务，于是海尔整个产业链就运作起来了。随着用户对海尔这一品牌的信心不断增强以及海尔业务重心的转移，海尔一步步实现了向服务化企业的转型。海尔的转型并非完全脱离制造业的转型，而是围绕其擅长的制造业，逐渐将产业链延伸至服务业，为上游的供应商、下游的销售商及消费者提供他们所需要的服务。

四、案例四：珠三角地区生产性服务业集聚

生产性服务脱离制造业以后，随着劳动分工程度的深化，独立的生产性服务业作为中间投入要素已经越来越多地融入制造业中，并全面渗透到制造业生产链的各个环节。在渗透融合的过程中，生产性服务企业为了获得外部经济或依靠政策规划吸引FDI而给予相应的税费优惠待遇而逐渐形成集聚态势。借助集聚这种空间组织形式，生产性服务企业不仅能实现中间投入品生产的规模经济、共享熟练劳动力，而且可以更好地吸收来自产业内部、供给方和需求方的正向知识溢出，进而通过推进专业化分工、降低交易成本、推动区域创新等实现制造业的升

级。就目前而言，生产性服务业集聚模式主要有马歇尔新产业区集聚模式、轮轴式集聚模式、卫星平台式聚集模式政府主导型集聚模式等（高运胜，2013）。

1. 马歇尔新产业区集聚模式

其主要特征是由大量的中小型企业组成。在产业集聚内部，各个企业各司其职、通力协作。但是与集聚外的企业的联系并不紧密，技术外溢、信息交流也不频繁。随着产业集聚的不断壮大，大量的消费者被吸引，而企业也能够通过消费者的反馈得知最新的市场动向。典型代表有坐落于东京附近的中小型生产性服务业集聚和同济赤峰路"现代设计一条街"（杨亚琴，2005）。

2. 轮轴式集聚模式

这一模式的特点在于其产业的集聚主要围绕一个或者多个核心的企业展开，并且按照核心企业的价值链进行上下游的协作，并且能够形成长期的合作。由于大企业更加容易形成规模经济以及范围经济效应，因此能够帮助集聚在周围的小企业获得更好的发展空间和机遇，典型的代表便是纽约的曼哈顿中心。

3. 卫星平台式集聚模式

这种集群模式是在政府政策的影响下产生的，往往体现在大型企业的分支或者跨国公司之中。在这一产业集群内部，企业的关联性不高，彼此能形成的具有持续性和增长性的产业集群效应有限，政府的优惠政策结束往往意味着集群的结束，典型的代表便是伦敦的金融中心。

4. 政府主导型集聚模式

这一集聚模式以由政府控制的大型企业为中心，生产性服务业集聚可以促进区域创新能力的提高，生产性服务业涉及农业、工业等产业的多个环节，具有专业性强、创新活跃、产业融合度高、带动作用显著等特点，是全球产业竞争的战略制高点。

从总体上看，广东省生产性服务业集聚水平依然较低，各行业与地区之间差异较大；生产性服务业各细分行业在城市集聚程度不同：金融业在广东省出现了普遍的专业化集聚，租赁和商务服务业并未在专业化方面出现集聚效应。广州和深圳的生产性服务业各细分行业均出现集聚现象。此外，金融业、房地产业也表现出地区多样化集聚。近些年，广州、河源、江门、阳江和湛江的生产性服务业也出现了明显的多样化趋势；无论从广东省整体来说，还是从珠三角地区和粤东西北地区局部看，区域创新能力具有空间效应并且空间溢出效应为正向的，即相互邻近的地区之间可以对创新能力产生正向相互影响，因此可以先加强"广佛肇

+清远、云浮、韶关""深莞惠+汕尾、河源""珠中江+阳江"三个都市圈创新活动的联系，以三大都市圈中创新能力强的珠三角城市带动创新能力低的粤东西北地区的城市来实现三大市圈创新能力的共同发展，然后利用地理相邻城市的正空间外溢效应，逐步从这三个都市圈扩散到粤东西北偏远地区，实现"以强带弱"，最终实现"强强联合"。

  2015 年，广东省服务业实现增加值 3.7 万亿元，占 GDP 的 50.8%，其中生产性服务业的贡献度明显提升，另外在广东省发布的《关于加快发展生产性服务业的若干意见》中也提到了要把加快生产性服务业的发展作为当前和今后一个时期产业结构调整的重中之重。因此，加快地区的生产性服务业发展不仅有利于该地区创新的发展，也有利于该地区产业结构升级，为该地区经济发展提供保障。通过实证发现，生产性服务业在珠三角地区和粤东西北地区的集聚程度不同，并且其对创新能力的影响在珠三角地区要强于粤东西北地区，所以政府应该出台一些扶持粤东西北地区发展的政策措施，实现粤东西北地区生产性服务业的快速发展，以缩小其与珠三角地区之间的差距，实现区域协调发展。同时，落后地区可以借鉴珠三角地区的发展模式以找到适合本地发展的特色路径。

  人力资本对于创新至关重要，广东省人才集聚在广州、深圳等珠三角发展水平高的城市，这是由于广州、深圳高校云集，科技发达，就业机会多，城市发展空间大，拥有华为、中兴等公司，同时邻近港澳，对人才的吸引力强，因此创新能力不断增强，拉大了与粤东西北地区的差距。为了实现广东珠三角地区和粤东西北地区的协调发展，粤东西北地区应该出台相应的吸引人才，留住人才的优惠政策，同时通过与珠三角地区的合作，学习珠三角的先进技术，实现创新能力的发展。另外，生产性服务业集聚与人力资本的交叉项对区域创新能力的影响不显著，说明生产性服务业、人力资本只能各自独立的作用于区域创新，还未形成完整的链条结构。因此，为了促进区域创新，实现经济增长，应该实现产业与人才的匹配，特别是生产性服务业，形成生产性服务业—人力资本—区域创新的平台。

第五章 广东省金融服务业对制造业升级的支持作用研究

第一节 产业升级中金融产业对制造业支持的国内外研究现状

一、金融发展与经济增长作用机制研究

(一)金融发展促进经济增长的研究文献

国外学者对金融发展和经济增长之间关系的研究相对较早。熊彼特(1912)认为金融和经济的发展相互关联。他在著作《经济发展理论》中强调从长期看金融发展对经济增长具有促进作用,尤其是银行机构在经济发展中的作用更大。因此,他提出新经济增长理论:产业资本与金融相结合。麦金农和肖(1973)通过对发展中国家经济与金融的研究,提出"金融抑制""金融分化"理论和"M-S模型"。他们研究发现以下两点:第一,发展中国家金融发展过程中存在金融抑制现象,要实现金融发展需要取消政府干预使金融自由化;第二,金融自由化促使实际利率达到均衡状态,实现资金的优化配置从而实现经济的快速增长。博迪和莫顿(1990)认为金融体系具有多种功能,只要其功能得到充分发挥就可以促进经济增长。他们系统划分了金融体系的六大职能:清算和支付、融资和股权细化、资源转移、风险管理、信息披露、解决机理问题。Levine(1997)认为"资本的持续积累"和"技术的突破创新"是金融体系影响制造业转型升级的基本路径。

国内学者研究金融发展和经济增长间关系的时间相对较晚,王志强、孙刚(2003)运用格兰杰因果关系检验和误差修正模型实证研究了我国金融发展与经济增长之间的相互关系,表明我国金融发展和经济增长互为因果。卫平、李江(2015)认为金融创新是工业增长的重要条件,且实证表明金融创新对工业增长

具有正向作用，其中重工业部门对金融创新的冲击要强于轻工业部门。修国义、许童童（2016）在研究装备制造业发展过程中把金融支持分为政策性金融支持、商业性金融支持、资本市场金融支持和风险投资金融支持，而得出的结论是政策性金融支持的产出弹性最高，其次是商业性金融支持，弹性最低的是风险投资市场的金融支持，较低的是资本市场的金融支持。因此，装备制造业发展过程中要取得更好的金融支持应从风险投资市场和资本市场切入。

（二）金融发展对经济增长的其他影响研究文献

美国经济学家戈德史密斯（1966）研究得出大多数国家近十年经济发展与金融发展之间存在大致平行的关系，但是他并没有明确提出两者之间的因果关系。戈德史密斯在其著作《金融结构与金融发展》中创立了金融相关率（FIR）等一系列经济金融指标，用来衡量一国和地区金融发展与金融结构的存量和流量。Carlin 和 Mayer（2003）研究了经济合作与发展组织各成员国经济发展与银行集中度之间的关系，他们认为在不同时期银行集中度对经济发展有不同的作用和影响。经济发展初期高的银行集中度可以促进经济发展，经济进入技术创新期之后却转为抑制经济发展，即银行集中度越高，高新技术产业发展越慢。苏建军、徐璋勇（2015）认为金融发展对经济增长的影响不显著，金融发展水平的提高有助于产业分工水平的提升进而对促进经济增长有积极作用。

二、金融发展影响产业结构变化的研究文献

（一）金融规模影响产业结构的相关研究

Patrick（1966）提出"需求遵从"（demand-following）和"供给主导"（supply-leading）理论。"需求遵从"理论表明经济规模的扩大要求金融业提供更大规模的金融服务，产业结构的提升和经济结构的转变以及与此相伴随的企业制度创新、市场规模的扩大、产业结构复杂化，要求金融业提供更为复杂的金融服务，如对衍生金融产品需求的扩大、风险的规避等。同时，依据"供给主导"理论，金融结构的转变提供了更多的融资渠道或降低风险的金融服务，为产业结构的提升和经济结构的转变创造了有利的环境和条件。Fisman 和 Love（2003）通过对金融发展和产业发展进行实证研究，认为产业发展与金融市场发展程度成正比关系。

马智利、周翔宇（2008）根据我国 1978—2006 年数据对金融发展与产业结构升级之间的关系进行了实证研究，得出两者之间存在长期均衡关系。李碧漪

(2014)运用我国各省市面板数据对产业转型升级和金融支持的关系进行了研究,研究结果表明金融总量和直接融资的扩张有利于产业转型升级,存贷比与产业转型升级存在负相关。胡金焱、张博(2013)认为民间金融的发展对中国经济增长具有显著的推动作用,且主要通过第二产业影响经济增长,而对第一和第三产业的发展并无显著影响。王健、刘霞(2016)认为金融包容对产业结构转型具有显著的正向关系,且随着产业结构向高级化发展,金融包容在产业结构转型升级中的作用逐步凸显。此外,经济增长、教育发展、财政支出规模和城市化水平对产业结构转型具有促进作用,而过多的物质资本投入不利于产业结构转型。

(二)金融结构影响产业结构的相关研究

Gerchenkon(1962)在研究金融发展与产业结构的过程中发现,在发展中国家受政策影响银行资金流向公共基础设施建设和战略性产业领域,继而支持技术创新活动,促进企业创新和产业升级。杨琳、李建伟(2002)运用美国、日本、韩国、马来西亚四国数据对金融结构与实体经济结构做了实证研究,研究结论表明金融结构的转变能够促进经济结构优化升级;经济只有在金融结构和经济结构相适应的情况下才可能实现最快增长;金融结构应适当调整以满足产业结构升级和经济增长的要求。张旭、伍海华(2002)指出金融通过资金形成、资金导向、信用扩张、产业结合、风险防范和补偿等机制,从产业的产出结构、组织结构和技术结构三个方面作用于产业结构。因此,要通过加大技术融资力度支持产业结构现代化,调整企业治理结构和控制模式加速企业规模扩张集团化,推动产业组织结构合理化。陈锋(2006)认为资金支持是产业结构转型升级的保障和动力。金融通过储蓄和投资改变资金流向引导资金配置,从而促进产业转型升级。要推动产业转型升级,需要大力发展金融业和深化金融体制改革。徐炳胜(2006)根据1991—2004年我国资本市场和产业结构的数据,运用协整方法对两者关系进行了实证分析,结果表明资本市场规模扩大有助于产业结构升级。从资本市场结构来看,对产业结构升级贡献从大到小依次为股票市场、债券市场和中长期贷款市场。林毅夫(2009)提出了最优金融结构理论,他指出在经济发展的特定阶段,禀赋结构决定了经济的最优产业结构,也决定了代表企业生存能力的规模特征和风险特征,进而对特定的金融服务提出了诉求。不同的经济阶段需要有能够匹配实体经济金融需求的最优金融结构,才能有效实现金融对实体经济的基本支撑。章睿、王越、孙武军(2012)在研究金融影响产业结构问题时,较为全面地梳理了金融发展支持产业转型升级理论,并且将金融划分为市场主导型和政府主导型两类。孟先彤（2014）认为资本市场发展和产业结构优化之间存在着长期稳定的均衡关系，并且资本市场不断发展与完善对产业结构优化的影响越来越大；短期的不稳定关系会随着时间的推移而回到稳定状态。刘飞（2015）在研究省域金融结构调整与制造业结构升级时发现中国省域金融体系中银行业仍然发挥着主要融资功能，尤其对于重工业行业和低能耗行业，但银行业对制造业结构升级的支持度还不够，因此在新常态下，要支持制造业结构升级，银行业需要调整业务结构，同时要充分发挥直接融资的作用。张桢（2016）研究发现我国高技术产业的发展并没有带动直接金融的发展，而是促进了银行信贷的扩张，强化了以间接金融为主导的金融结构；同时，高技术产业的发展没能发挥促进我国整个产业结构升级的作用。

（三）金融结构对产业结构的其他影响

Wenger 和 Kaserer（1998）在研究产业结构升级过程中，认为受到政策影响银行资金投向于劳动密集型产业而偏离高新技术产业，所以银行对资金的导向抑制了产业结构转型升级。Boot 和 Thankor（1997）在研究金融与产业转型升级的问题时指出，经济发展初期，银行业对产业支持作用显著；经济发展进入一定阶段，资本市场对产业支持作用更显著。Binh、Park 和 Shin（2005）对 26 个经济合作与发展组织成员国制造业进行实证分析。他们认为不同的金融结构对制造业转型升级有不同作用，政策导向型金融结构有助于传统产业发展，却抑制高新技术产业发展；市场导向型金融结构有助于高新技术产业发展，从而优化产业结构。

段一群、李东和李廉水（2009）认为金融体系对企业资金支持主要表现在三方面：第一是资本市场的股权融资，第二是银行贷款的债权融资，第三是发行企业债的债权融资。而国内金融体系的现状不能满足装备制造业发展的资金需要，金融支持效应欠佳。殷琦（2014）在研究金融市场对产业结构的影响中指出，股票市场和中长期贷款市场都促进着高新技术产业发展，股票市场作用更明显；而债券市场对高新技术产业并无显著促进作用。毛定祥（2006）运用误差修正模型，对我国金融结构与产业结构、经济结构之间的相互关系进行了实证研究。从长期来看，金融结构受到产业结构变化的影响，金融结构与经济结构互为因果关系；从短期来看，金融结构与产业结构之间相互影响，金融结构与经济结构之间不存在因果联系。马强、孙佃亮（2016）认为金融结构调整对产业结构调整的影响存在一定合理范围，在该范围内金融结构的变化能促进经济的增长，当金融结构的调整超过合理范围，金融对经济的负作用会逐渐增强，当负作用累积到一定程度后，金融结构会对经济发展起到阻碍作用。因此，各省份应根据自己实际情况和要素禀赋选择合适的金融结构。

三、金融效率影响产业结构的相关研究

Allen（1993）认为市场化程度较高的金融模式有利于产业结构转型升级，可以将资金引导投向更有效率的创新型发展潜力好的产业。Wurgler（2000）对65个国家制造业1965—1995年的数据进行研究，发现金融发展与制造业资本规模效应、资本生产率效应和资本配置效应之间存在长期稳定关系。

四、金融发展影响技术创新的研究文献

（一）金融发展影响技术创新的研究

Zilibotti、Acemoglu（1997）认为金融合约安排能筹集到大量闲散资金，可通过多元化投资将资本投入回报率较高的项目中。Maskus（1997）等通过对多个国家的面板数据进行分析，认为国际和国内的金融市场发展对制造业都有显著的影响，金融业可以筹集大量资金，并通过发行债券、提供贷款等方式用于不同行业企业的技术创新。Michalopoulosetal（2008）提供了一个体现技术创新与金融发展相互关系的模型，他认为金融市场能筛选出有创新力的企业，对这些具有创新力的企业进行投资，这些企业反过来又可增加金融创新活动的回报率，从而构成一个良性循环，促进经济的快速发展。钱水土、周永涛（2010）认为金融发展对产业结构优化和技术进步都有正向促进作用。钟娟、魏彦杰和沙文兵（2012）认为金融自由化对企业的知识创新具有显著促进作用。谢家智、王文涛和江源（2014）认为制造业过度金融化抑制了技术创新能力，而政府控制进一步放大了金融化对创新的消极影响。韩剑（2014）认为金融与制造业结构的良性互动可以有效促进金融资源向新兴产业有效集聚；韩剑、崔雪晨（2015）认为金融发展水平的提高对行业产出增长起到了促进作用，同时提高了各行业的劳动生产率。陈创练、庄泽海和林玉婷（2016）认为在国内金融市场发展程度较低的情况下，国际资本的流动有益于提升中国工业行业的资本配置效率，但国内资本增长却降低了工业资本配置的效率；而在国内金融市场相对完善的情况下，国内资本增长有助于工业行业资本配置效率的提升。李林汉、胡尹燕（2017）认为金融发展效率达到一定程度后才会促进技术创新，所以要通过金融发展效率促进技术创新必须

进一步促进金融发展，要进行相应的金融市场体制改革，重点包括银行市场和证券市场。

（二）金融结构影响技术创新的研究

胡杰、刘思靖（2015）认为资本市场对制造业创新能力有显著正向影响，所以在深化金融体制改革的过程中应利用资本市场促进制造业技术创新。林志帆、龙晓旋（2015）认为在国家工业技术初级阶段，银行主导的金融结构有助于技术进步；随着工业技术发展，市场主导的金融结构起着巨大作用。陶爱萍、盛蔚（2015）认为产业升级过程中金融发展、技术创新起到重要作用，产业升级可依靠金融撬动和创新驱动；此外，金融发展和技术创新之间存在的交互作用能增强银行业发展和技术创新对产业升级的作用。王超恩、张瑞君和谢露（2016）认为产融结合能缓解制造业企业创新活动的融资约束，从而促进制造业创新产出；制造业企业持股非上市金融机构能有效缓解融资约束，促进企业创新，但持股上市金融机构则不存在这种效应；产融结合对企业创新的促进作用在金融欠发达地区作用更加显著。

第二节 金融发展对产业转型升级的影响机制分析

一、相关概念界定

（一）产业转型升级概念

Porter（1990）认为产业转型升级是一个动态过程，主要是随着经济发展驱动力的转换，生产要素由低生产率水平向高生产率水平流动的过程，在此过程中实现产业结构的高度化和合理化。向晓梅（2015）认为产业转型升级过程主要包括转型和升级两部分，转型侧重于体制和方式的转变，升级主要包括产业间、需求、要素、产业链等多方面升级。张米尔（2001）、舒元和王曦（2002）、康继军（2007）、刘志彪和陈柳（2014）等认为产业转型中体制转型是在创新制度下市场资源的配置方式由政府决定转向市场决定，经济增长方式由粗放发展方式向科学集约式转变。Chenery（1960）、Kuznets（1961）、Gereffi（1999）、Pender（2002）、Poon（2004）、Kruge（2008）、朱卫平和陈林（2011）等人与Porter的观点类似，认为产业升级表现在产业间升级、需求升级、要素升级、功能升级和产业链升级几个方面,在产业升级过程中生产要素由低生产率增长部门向高生产率增长部门流动。李耀新(1995)、杜传忠(2001)、张耀辉(2002)、刘志彪(2005)等认为产业升级具体表现为劳动密集型产业的衰退和技术密集型产业的兴起、技术密集型产业和高新技术产业占比的不断提升。

(二)产业转型升级内涵

本研究认为产业转型升级过程中转型和升级联系密切,在产业转型升级过程中驱动要素由资源要素向创新要素转移,具体表现为劳动、资本密集型产业转向技术密集型产业。在这个动态的变化过程中,由于技术创新产品附加值不断提升,产业链和价值链的分工地位得到不断提升,产出规模实现增长,同时产业结构得到优化。因此,本研究认为产业转型升级的含义包括三方面:一是整体规模持续增长,二是产业结构深入优化,三是技术不断进步。

1. 产业规模增长

产业转型升级含义包括多个维度,国外学者从价值链分工体系的角度侧重行业内部转型升级,而国内学者更注重产业结构的高级化发展。Gary Gereffi(1999)在对东南亚服装产业转型升级进行研究后发现,东南亚服装行业普遍从代工生产向自主设计生产转型,服装行业在全球价值链的分工从制造生产向设计和售后服务两端提升,伴随着价值链分工地位提升,产品附加值从低到高不断提升,同时服装行业产出规模不断提升。国内学者朱卫平、陈林(2011)从动态角度对广东省产业转型升级模式进行分析,提出产业结构存在结构优化、加工程度深化和价值链提升等不同模式,在不同模式下产业产出规模均有所增长。所以,伴随着产业转型升级过程中内部结构调整、价值链分工地位提升,要素投入从低技术低附加值的资源密集型产业转向高技术高附加值的技术创新驱动型产业,产业规模增加值是结构调整后的必然现象。

2. 产业结构优化

产业结构优化是指推动产业结构合理化和高级化发展的过程,是实现产业结构与资源供给结构、技术结构、需求结构相适应状态的过程。产业与产业之间协调能力的加强和关联水平的提高,主要依据产业、技术、经济关联的客观比例关系,遵循再生产过程比例性需求,以促进各产业间的协调发展,使各产业发展与经济发展相适应。产业结构优化存在演化规律,即在技术的推动下,产业结构整体素质和效率向更高层次不断演进,同时在政府相关产业政策的影响下,供给结构和需求结构不断优化,实现资源优化配置,推进产业结构合理化和高级化发展。在社会再生产过程中，产业结构协调化使技术有条件不断更新，促进产业结构不断更新并形成新的组合，增强传统产业向现代产业转换的能力，长线产业向短线产业转换的能力，技术含量较低的产业向技术含量较高的产业转换的能力，引起社会生产力发生质的飞跃，实现产业结构优化升级。产业结构实质上可以看作资源转换器。产业结构优化升级是这一资源转换器运转实现效率提升和质量提高的基础。

本研究依据国家关于高技术产业的分类标准，将产业结构分为高技术产业、中技术产业和低技术产业，将高技术产业增加值占比作为衡量产业结构优化效果的指标。高技术制造业包括医药制造业、专用设备制造业、电气机械及器材制造业、通信设备制造业、计算机和其他电子设备制造业、交通运输设备制造业。制造业结构的优化体现在高技术、高附加值占比提升上。

3. 技术进步率（TFP）

全要素生产率是指一个经济体系的产出与投入比，即产量与全部生产要素投入量之比，全要素生产率增长率被称为技术进步率。在制造业转型升级过程中，从产出规模看，技术进步体现在技术进步带来的产出规模要大于劳动要素和资本要素投入所带来的产出规模。20 世纪 60 年代，Solow 等一批经济学家在研究未来经济发展增长核算中，首次提出全要素生产率增长率概念，并将其作为长期经济增长来源的一个组成部分。全要素生产率增长率的计算方法主要包括增长核算法、指数法、生产前沿面法。增长核算法通过函数形式表示经济体的投入产出关系，依据要素投入和生产率增长与产出增长之间的数量关系推算出全要素生产率增长率 TFP，其思路是通过样本数据回归估算生产函数的具体参数，从产出增长率中扣除各种要素增长率后的残差作为 TFP 的增长。该方法是在索洛余值法的基础上形成和发展的，索洛余值法在计算技术进步率时实际包括了市场环境的改变以及劳动质量的提升等技术以外的因素，这正是索洛余值法的缺陷所在。在以后的发展过程中，Denison 基于 Solow 的新古典增长模型以及 Shultz 和 Becker 的人力资本理论，通过改进投入要素分类和计算方法形成增长核算方法。Jorgenson 则对生产函数进行深化分析，从部门和总量两个方面对 TFP 进行测量。增长核算法可以借助计量分析软件 SAS、STATA、SPSS 等进行计算。指数法是指构建 TFP 指数，用其反映 TFP 增长率的方法。TFP 指数是指通过构建综合的产出投入比指数来反映经济体系或生产单元在一定时期内生产的总产出与总投入之比。指数法必须使用综合指数来反映系统内的复杂变化，主要包括 Laspeyres 指数、

Passsche 指数、Fisher 指数以及 Tornqvist 指数。在 TFP 指数计算过程中多数采用 Tornqvist 指数，该指数引入投入要素权重比例使投入产出结构更加合理。指数法是一种确定性方法，但在历史数据不丰富的情况下计算可能会失真。

生产前沿面法是指通过最优投入产出函数构建生产前沿面，比较生产过程中的实际值和最优值得出 TFP 的计算方法。根据构造生产前沿面的不同方法，其可分为随机前沿生产函数法和确定性生产前沿模型法。随机前沿生产函数法通过构建随机函数计算 TFP，确定性生产前沿模型法的代表方法是数据包络分析法，简称 DEA 法，该方法是以相对效率概念为基础的效率评价方法，适用于多投入、多产出的边界生产函数研究。DEA 法的思路是把每一个待评价的经济体作为一个决策单元（DMU），对决策单元投入产生指标进行全面综合分析，确定有效生产前沿面，并根据各决策单元与有效生产前沿面的距离，确定每个决策单元的效率值。

本研究在计算各行业全要素生产率增长率的过程中采用 DEA 法，该方法相对其他方法最大的优点在于通过线性规划的方法进行效率评测，并不需要借助生产函数的形式，可以避免函数形式的不合理带来的效率估计偏差。

（三）金融发展概念

1. 金融发展

金融发展是指金融交易规模的扩大和金融产业的高度化过程带来的金融效率的持续提高。具体体现为金融压制的消除、金融结构的改善，即金融工具的创新和金融机构适应经济发展的多样化。戈德史密斯（1969）在其著作《金融结构与金融发展》中提出金融结构概念，他认为不同国家的金融发展趋势是相同的，但在金融发展过程中金融结构的演化路径并不相同。麦金农和肖（1973）提出"金融抑制"和"金融深化"理论。他们认为发展中国家政府干预金融行为导致金融的作用被抑制，要实现金融发展对经济的促进作用必须放松管制深化金融。金融深化表现在金融行业规模增加、金融结构不断优化和金融效率持续提升几个方面上。所以，本研究认为金融发展概念包含金融行业规模增长、金融结构优化和金融效率提升等方面内容。

2. 金融发展相关概念

（1）金融规模。金融发展水平可以代表金融规模。戈德史密斯（1969）提出用金融相关率 FIR 来反映某一地区的金融发展水平，他提出 FIR 为金融资产与 GDP 的比值。Mckinion（1973）认为用货币存量与 GDP 的比值作为金融相关率更能体现出金融深化程度。金融相关率可以反映经济货币化程度，但仅以金融相关率反映金融规模存在偏差，金融规模的增长不仅体现在金融资产的变化上，还体现在金融机构数量的增长、金融结构的深层发展上。因此，金融规模可从行业增加值和金融相关率两方面来体现。

（2）金融效率。对于金融效率，国内学者有不同定义。王广谦（1997）认为金融运作能力就是金融效率。杨德勇（1999）认为金融效率是指金融要素投入与经济产出结果的比值，反应金融在经济中的效率。白钦先（2000）认为金融效率是金融资源与经济发展的协调程度。王振山（2000）、李木祥、钟子明、冯宗茂（2004）认为金融效率是金融融通资源的效率。郑旭（2005）认为金融效率是指金融资源配置达到最优状态。总体来讲，金融效率是指金融部门的投入与产出，也就是金融部门对经济增长的贡献之间的关系。金融效率的本质是将金融资产转化为资本的效率，更高的金融效率可以给产业转型和升级提供更多的融资规模和更快的融资速度，可以加速产业转型升级。国内大部分学者将金融机构存贷比作为衡量金融效率的指标，用金融机构的贷款余额除以存款余额表示金融机构转化资源和配置资源的效率，故本研究也采用银行存贷比来反应金融效率。

（3）金融结构。林毅夫（2012）在其著作《新结构经济学》中指出最优经济结构理论。他认为在特定阶段经济结构由要素结构决定，即比较优势决定产业结构，由于不同要素对金融资源的需求各不相同，因此金融结构需要进行调整，只有与经济结构相匹配的金融结构对经济增长才能起到促进作用。金融结构按照金融机构分类可以分为银行市场、证券市场和保险市场。按融资体系可以分为银行市场的间接融资体系和证券市场的直接融资体系。直接投资承受的风险较高，倾向于初创期、高技术、成长快的企业，间接投资追求稳定收益，侧重于投向成熟稳定性企业。保险市场可以分散风险，降低风险成本。为更准确衡量金融结构，本研究分别构建直接融资占比、直接融资额与GDP比值、企业财产险保费收入与GDP比值来衡量金融结构。

二、金融传导机制影响产业转型升级的理论分析

金融资源通过信贷市场和资本市场形成资金流量，资金流量在金融体系的配置下促进产业转型升级。其影响机制为资本积累推动企业扩大再生产，信用催化机制进一步提升资本积累规模；金融导向机制通过政策性导向和市场性导向调整产业结构；金融信息揭示机制可以发现创新和技术发展方向，风险防范机制可以

降低创新风险，同时形成创新体系。金融发展影响产业转型升级的机制如图5-1所示。

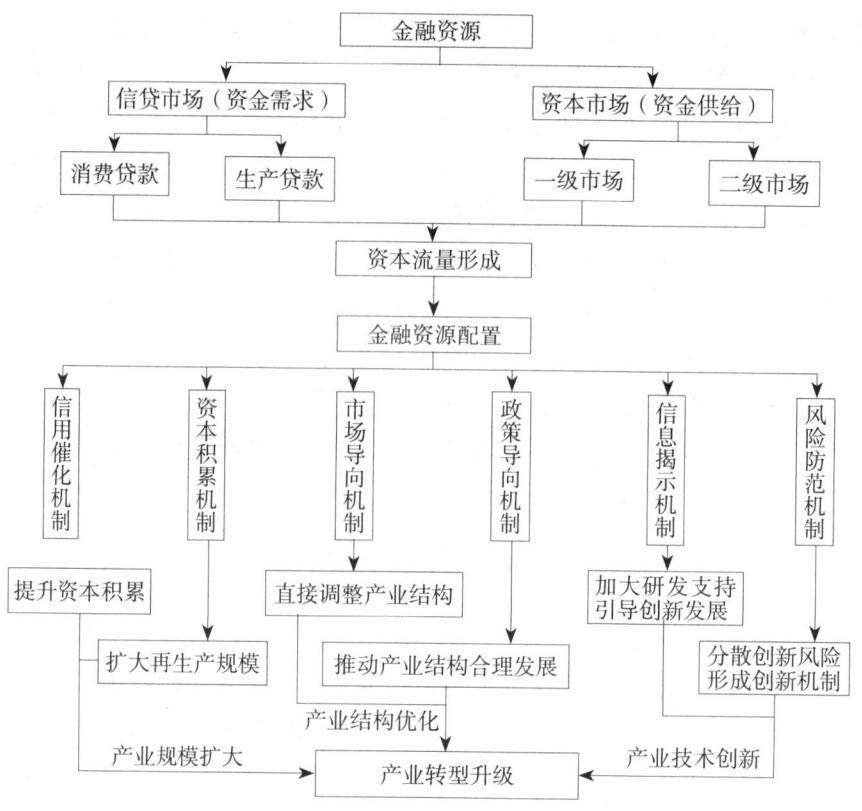

图 5-1 金融发展影响产业转型升级机制图

（一）金融发展对产业总体规模扩大的影响

新古典经济学派认为经济增长来源于资本、劳动力和技术的投入，金融资源作为资本要素起着重要作用，资本投入的增加一定会带来经济规模的增加。所以，增加资本积累是金融发展促进产业发展的基本传导机制。金融发展主要通过两个途径影响产业规模的扩大。

1. 资本积累机制推动企业扩大再生产

资本积累在产业转型升级期间起着重要作用。资本积累是企业扩大再生产的手段。在规模效益不变的情况下，资本积累转化为资本要素的投入，从而实现产业规模扩张。资本积累规模和速度在一定程度上决定了产业规模扩张速度。金融市场的中介机构在把储蓄转化为投资的过程中提升了资本配置效率并降低交易成本，实现社会闲散资金的大规模集聚，形成资本积累。在此过程中，资本积累则取决于资本的形成机制。资本形成机制又称为资本流量支持机制，是指产业在转型升级过程之中所需资本的来源渠道，产业转型升级微观表现为企业业务结构的调整，企业的融资途径分为三种，第一种是企业自身的资金存量和流量，第二种是来自金融市场的借款融资，主要包括银行业借款融资和企业之间的民间借贷融资，第三种是在资本市场通过发放股权和债权等凭证直接进行融资。产业转型升级所需资本的来源途径包括两种，分别是流量资本和存量资本。存量资本规模相对较小，因此产业转型升级过程中规模扩张所需资本积累则取决于资本形成机制。

2. 信用催化机制进一步提升资本积累规模

金融的信用催化机制是指通过货币流动性扩大货币流量，加速资本的形成，促进资本效率的提升，把潜在的资本资源充分利用达到最大化，形成资本积累，从而推动和加速产业结构调整的货币信用创造过程。信用催化机制通过信用创造提高资本在区域和产业之间的配置效率，积累形成产业资本并配置到产业最具生产效率的环节和部门，把潜在资源转化为生产力，从而实现规模扩张和结构调整。适当的信用催化机制可以加速和催化产业结构的调整，使资本形成机制得以突破存量资金的限制，资本资源不再稀缺。信用催化机制可以促进相关产业结构的合理调整，在资本存量一定情况下，通过信用创造加大资本流量来实现产业规模的扩张和结构的转型。

（二）金融发展对产业结构优化的影响

产业结构的变化取决于供给和需求两方面因素，但这些因素是通过合理配置资金来影响产业结构的。发达国家和新兴经济体集中资源支持主导产业优先发展的原因正是希望通过对金融资源的配置实现产业结构调整的战略目标。金融导向机制是指在金融市场对资本的优化配置下，资本流向产业中具有潜力的、前景可观、高新科技、高附加值等有前景的新兴产业，淘汰落后产业，从而实现产业结构调整的过程。资本导向机制主要体现在资本的流动和配置上，资本导向机制主要分为两方面，第一是政策导向机制，第二是市场导向机制。依据配置主导方式和融资方式对金融市场的分类如图 5-2 所示。

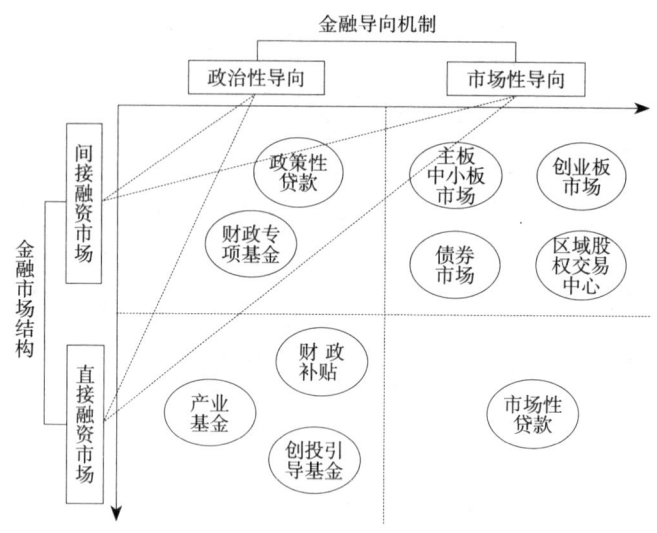

图 5-2 金融导向机制与金融市场结构坐标

1. 政策导向机制直接调整产业结构

政策导向机制体现在两方面，区域经济结构导向和产业经济结构导向。

区域经济结构导向机制往往体现在各级政府需求因地而异上，政府主要通过财政政策和货币政策对资金加以引导。货币政策主要体现在政策性银行、商业银行等银行的信贷业务上，通过优惠借贷利率、简化审批手续以及政府授信背书等手段激励地区产业的发展。财政政策则是通过税收优惠、财政补贴等手段引导资金流向，从而促进区域的产业发展，最终实现产业的转型变化。例如，广东省三大自贸区在发展过程中各自制定了相应的产业政策以吸引不同的产业集群，深圳在货币政策和财政政策上更侧重于金融科技企业，珠海则侧重于生态休闲娱乐、金融、科技产业，而广州则侧重于高科技、先进装备制造业企业等。

产业经济结构导向机制体现在产业转型升级的发展和集聚上。在产业转型升级的初期阶段，由于资金需求量大、短期回报率低、风险高，商业资本很少涉足，企业面临着融资问题，政府利用行政手段强行干预，直接使用政策性金融手段，使金融机构向转型企业提供引导资金，给予企业动力和支持。同时，政府也可采取优惠的政策鼓励、促进产业结构进一步转型升级。具体措施有政府采用倾斜性的贷款政策，指导银行的贷款方向，支持企业引进人才和研发生产或购买先进设备、技术；通过消费信贷影响消费结构；通过出口补贴与鼓励加大企业出口力度等；政府也可通过降低市场利率以降低企业资金成本，加强区域股权中心等直接融资市场建设，促进转型企业的融资进程等。产业结构调整的进程在中后期会随着商业资本的加入而加速。

2. 市场导向机制推动产业结构优化

市场导向机制主要包括借贷市场资金导向的配置和资本市场资金导向的配置。企业的转型升级过程是一个残酷的竞争过程，要在市场上分别要面对银行和市场参与者的考验。金融部门通过分析投资回报率、风险程度和回收期等因素寻求具有投资价值的行业，之后通过利益引导加大对价值行业的资本支持力度，同时对夕阳产业采取歧视性待遇从而引导其转型升级。借贷市场中的主体银行和资本市场主要参与者对利润回报和风险控制的要求不同，其资金流动的方向也不同。商业银行会根据企业的经营状况、市场地位、信用程度等因素予以贷款判断。银行中介、借贷中介等倾向为传统的大型企业提供服务，而传统行业钢铁、制造、纺织、冶炼等逐步进入衰退期，银行则收缩对其贷款服务促使其转型升级。资本市场的参与者会根据自身投资的预期进行选择，资本市场因为追求高额利润回报则更倾向于帮助高新技术、先进装备制造、新兴战略等企业。

（三）金融发展对技术进步的影响

在产业转型升级过程中，金融发展对技术进步的影响主要表现在两个方面，一是金融发展通过信息揭示机制支持研发投入，从而起到引领技术创新的作用；二是金融通过分散风险机制降低创新风险，并形成一定的创新激励机制。

1. 金融发展引导、推动技术创新

信息揭示机制对技术进步的影响体现在两方面：一是筛选和引导有价值的技术创新方向；二是通过金融市场资源配置给予技术研发资金支持。金融资本在信息揭示机制下选择能满足社会需求的生产力创新技术。在信息揭示机制下，银行、非银行金融机构利用庞大的市场从业人员和规模效应对产业转型升级中的企业以及项目进行评估和判断，从而引导现有存量资本流向有技术创新的企业中。此过程的重要前提是金融机构能对企业或者项目进行有效的评估和甄选，并发现具有投资价值的行业、企业和项目。Diamond（1984）和 John Boyd（1986）通过研究表明，金融机构在收集、处理信息的过程中具有规模效应、专业性和高效性等特征。相对于个人投资者，金融机构有更多的时间和精力，更为系统的方法对多行业市场状况和公司经营情况进行专门信息搜集、整理和处理。尤其是在行业研究方面，金融机构具备大量专业及复合型人才，其所出具的信息甄别和处理结果较个人投资者更专业，同时规模效应也降低操作成本。

2. 金融发展分散创新风险促成创新机制

金融发展分散创新风险的途径是合理配置风险与收益，金融体系在提供资本的过程中将各种金融资源进行组合，由于金融工具的多样性和流动性，金融体系将技术创新的不确定性和收益分割化处理，从而降低创新风险的成本。在成熟的金融体系中，资本市场能长期、稳定和持续地促进技术创新。

第三节　广东省制造业转型升级中金融支持实证分析

一、广东省投融资结构现状分析

（一）社会总体融资结构

资金支持在产业转型升级过程中起着重要作用。从产业结构内部看，新技术的研发和引进，新领域的开发和拓展都需要大量资金的投入。从产业结构外部看，提升附加值的途径须向产业链两端延伸，该过程更加注重对研发设计的投入，对人才、生产设备服务的引进，对管理体系的创新、完善和维护。从企业周期来看，培养高新技术中、小微企业需要创业园区、孵化器、产业园等宏观环境，而这些环境中基础设施的建设以及服务运营都需要大量资金支持。

依据上文分析，在金融对产业转型升级的影响机制中，本研究主要选取市场性融资规模指标作为分析目标。考虑到广东省作为改革开放的前沿地，外资、合资企业规模相对较多，故银行贷款余额包括外币，证券市场融资规模采取的是股票市场 IPO、增发规模和发债规模总和。据统计，2005 年到 2016 年，银行业贷款余额增长规模较大，从 23 261.21 亿元增长到 110 928.40 亿元，平均增速 13.90%。同时期证券市场融资规模从 199.13 亿元增长到 33 614.95 亿元，平均增速高达 53.32%。得益于证券市场融资规模的迅速发展，直接融资比例也增长至 30.30%。民间借贷数据选取广东省互联网金融企业的贷款成交额，互联网金融从 2014 年初具规模，2014 年整年成交额为 846 亿元，2017 年成交额为 6 690.79 亿元，平均增速为 67.68%。因为经营模式、运营风险、法律风险等多因素，互联网金融企业大量倒闭，但总体的社会融资规模持续上升，这对于中小型企业的转型和发展具有重要作用。

此外，陆续成立的政府产业基金对于产业转型升级起到进一步助推作用。政府产业基金的投向是创新型中小型企业、转型升级的企业。其在促进高新技术企业发展、培育战略性新兴产业的同时，可以引导社会资本的跟投机制。政府产业基金的形式有多种，其对科技进步和技术创新有重要助推作用。例如，广东省产业发展基金由省经济和信息化委牵头组建、广东粤财投资控股有限公司受托管理，基金总规模为500亿元，着力支持产业发展的政策性风险投资。其在推动全省产业转型升级、优化经济结构、培育新的经济增长点上做出重大贡献，且首批合作项目已经完成签约。又如，广东省产业基金与TCL集团合作打造全球最大的半导体显示产业园，这对提升广东省半导体显示产业在全国乃至全球的竞争力具有重要意义。

（二）固定资产投资结构

近年来在广东省固定资产投资结构比例中制造业投资规模和结构比例不断增加。2010年投资规模为3 788.01亿元，占比23.51%；2016年规模达到9 594.0亿元，占比为29.06%。制造业规模平均增速达到14.20%，高于同期经济增长速度。投资占比结构的提升说明制造业在转型升级过程中得到大量支持。

（三）制造业行业融资结构

从制造业融资结构看，根据表5-1和5-2可知，在制造业发展过程中，贷款总额占比下降，由2010年的21.47%下降到2016年的8.31%，企业更多融资来源取决于自筹资金，自筹资金占比从2010年的74.76%上升到2016年的88.93%。从高技术制造业发展来看，其对自身筹资的依赖性进一步提升，2010年其自筹资金占比低于制造业自筹资金占比，2016年其自筹资金占比超过制造业自筹资金占比，进一步说明自筹资金是制造业融资重要来源。技术制造业融资结构也说明了这一点。

表5-1 2010年制造业资金来源结构

	来源合计	贷款总额	占比	自筹资金	占比	国家及其他	占比
制造业	2 631.67	565.02	21.47%	1 967.56	74.76%	99.09	3.77%
高技术	1 257.61	303.74	24.15%	913.47	72.64%	40.40	3.21%
中技术	251.35	48.21	19.18%	193.93	77.16%	9.17	3.65%
低技术	999.76	200.92	20.10%	756.50	75.67%	42.35	4.24%

数据来源：根据《广东省统计年鉴》、Wind数据库和广东统计信息网整理。

表 5-2　2016 年制造业资金来源结构

	来源合计	贷款总额	占　比	自筹资金	占　比	国家及其他	占　比
制造业	9 279.02	771.03	8.31%	8 251.95	88.93%	256.04	2.76%
高技术	3 268.35	230.23	7.04%	2 938.14	89.90%	99.98	3.06%
中技术	1 704.97	50.16	2.94%	1 613.08	94.61%	41.73	2.45%
低技术	4 167.09	454.45	10.19%	3 604.61	86.50%	108.02	2.59%

数据来源：根据《广东省统计年鉴》、Wind 数据库和广东统计信息网整理。

二、广东省制造业转型升级与金融发展耦合协调性评价

耦合协调性评价是对两个相关系统互相影响程度的分析，分析制造业转型升级体系和金融发展体系的意义在于通过系统来判断金融发展与制造业转型升级的相互作用情况，以此判断金融发展对制造业转型升级是过度推进还是存在滞后现象。在对制造业体系进行分析的过程中选取制造业行业规模和结构作为衡量指标，在规模上选取各子行业的增加值，在结构上将制造业结构分为高技术制造业、中技术制造业和低技术制造业。金融体系分为规模、效率和结构三方面，规模包括行业增加值、金融深化程度两个指标，效率指标为银行存贷比，结构指标包括直接融资规模与 GDP 比值、保费收入与 GDP 比值。

（一）耦合协调模型介绍

1. 优化的熵权赋值法

熵值法是一种客观赋权法，是依据信息工程学中"熵"概念来衡量各指标所提供的信息量和关联程度，并据此确定客观权重。一般来讲，"熵"值越大，表示指标提供的信息越多，变异程度越大，因此其权重越大。传统的熵值法在进行评价时，无法避免负值和极端值的出现，因此结果存在误差。改进的熵值法通过标准化变换方法对原始数据进行处理，形成更合理的熵值。耦合协调模型具体步骤如下：

设 Y_{ik} 表示样本 i 的第 k 个指标数值（ $i=1, 2, \cdots, n$; $k=1, 2, \cdots, m$ ），其中 n 为样本数量，m 表示系统指标个数。运用极差公式对原始指标进行标准化处理：

$$x_{ik} = \frac{Y_{ik} - \min Y_{ik}}{\max Y_{ik} - \min Y_{ik}} * 100 \qquad (5.1)$$

计算指标 x_{ik} 的比重：$R_{ik} = \dfrac{x_{ik}}{\sum_{i=1}^{n} x_{ik}}$ （5.2）

测度各指标熵值：$e_k = -\dfrac{\sum_{i=1}^{n} R_{ik} \ln R_{ik}}{\ln n}$ （5.3）

计算各指标差异性系数：$g_k = 1 - e_k$ （5.4）

2. 耦合关联度模型和耦合协调模型介绍

耦合协调模型在经济学领域用来表示两个或两个以上变量系统的相互影响程度，其最初在物理上的含义是两个及以上的物理器件之间的紧密配合度与相互影响关系，主要反应无序逐渐转变为有序的动态变化过程。本节通过对广东省制造业的转型升级和金融体系的发展进行耦合分析，通过量化数据分析制造业的转型升级和金融体系发展的协调程度。耦合度越大，说明两个体系关系越稳定且发展有序。耦合度函数为：

$$C = \left\{ \dfrac{f(x) * g(x)}{[f(x) + g(x)]^2} \right\}^{1/2}$$ （5.5）

耦合协调模型反应系统内或要素间良性互动发展过程，衡量协调状况好坏程度的定量指标为协调度。协调度测算模型如下：

$$T = \alpha f(x) + \beta g(x)$$ （5.6）
$$D = (C * T)^{1/2}$$ （5.7）

式中 $f(x)$ 和 $g(x)$ 分别表示制造业系统和金融发展系统综合的分值，C 为系统耦合度，T 为综合评价指数，D 为耦合协调度。α、β 为待定系数，取决于制造业和金融体系的重要性。本书选取 α 为 2/3，β 为 1/3，原因在于制造业增加值为金融业增加值的 4～5 倍，制造业转型升级重点在于制造业自身规模和结构的变化。C 的取值为 0～1，取值不同耦合阶段也不同，如表 5-3 所示。

表 5-3 耦合模型 C 值含义

C 值	[0, 0.3]	(0.3, 0.5]	(0.5, 0.8]	(0.8, 1]
耦合阶段	无序状态	拮抗状态	良好性耦合	高度耦合

D 为耦合协调度，取值也为 0～1，不同取值所对应的协调程度如表 5-4 所示。

表5-4 耦合模型 D 值含义

D 值	0~0.30	0.31~00.50	0.51~00.65	0.65~00.80	0.81~1
协调程度	不协调	勉强协调	初级协调	中高级协调	优质协调
$f(x)$、$g(x)$ 对比及含义	$f(x)$、$g(x)$ 两者之差为（0, 0.1），两者为同步发展；$f(x)>g(x)$ 且两者之差不为（0, 0.1），金融发展滞后；$f(x)<g(x)$ 且两者之差不为（0, 0.1），制造业转型速度慢				

（二）制造业转型升级和金融发展耦合测算分析

1.制造业体系熵值权重及综合得分

根据以上公式，本书将广东省制造业分为规模和结构两个维度，规模为制造业各子行业的增加值，结构分为高技术制造业、中技术制造业和低技术制造业。根据公式5.1～公式5.4计算制造业体系熵值权重及综合得分如下表5-5所示。

表5-5 制造业系统熵值权重及综合得分

时间	熵值 e_k	差异性系数 g_k	权重 w_k	综合值 Z
2016	0.766 13	0.233 87	0.212 403	0.689 672
2015	0.769 503	0.230 497	0.209 34	0.693 679
2014	0.778 198	0.221 802	0.201 443	0.684 665
2013	0.789 029	0.210 971	0.191 606	0.669 188
2012	0.796 075	0.203 925	0.185 207	0.66 568

2.金融体系熵值权重及综合得分

金融体系的测度指标包括三个方面，第一是规模指标，主要包括金融行业的增加值；第二是效率指标存贷比和金融深化指标 FIR；第三是金融结构指标，包括直接融资占比、直接融资规模与 GDP 比值、企业财产险保费收入与 GDP 比值。按照公式 5.1～5.4 对金融业发展进行赋值计算综合值，具体测度结果如 5-6 所示。

表 5-6　金融系统熵值权重及综合得分

时　间	熵值 e_k	差异性系数 g_k	权重 w_k	综合值 Z
2016	0.676 284	0.323 716	0.203 967	0.492 774
2015	0.671 488	0.328 512	0.206 989	0.506 01
2014	0.717 709	0.282 291	0.177 866	0.419 651
2013	0.668 045	0.331 955	0.209 158	0.443 892
2012	0.679 375	0.320 625	0.202 019	0.438 734

3. 耦合协调度模型结果分析

根据两个系统综合得分及耦合关联度和协调性计算公式 5.5～5.7，计算耦合性协调度，结果如表 5-7 所示。

表 5-7　制造业系统和金融系统耦合模型结果

时间	$f(x)$	$g(x)$	$f(x)-g(x)$	C	T	D	耦合类型
2016	0.689 7	0.492 8	0.196 9	0.493 0	0.624 0	0.554 7	耦合系数、协调度整体波动不大；耦合效果一般；协调程度整体处于初级阶段；金融发展相对滞后
2015	0.693 7	0.506 0	0.187 7	0.493 8	0.631 1	0.558 3	
2014	0.684 7	0.419 7	0.265 0	0.485 4	0.596 3	0.538 0	
2013	0.669 2	0.443 9	0.225 3	0.489 7	0.594 1	0.539 3	
2012	0.665 7	0.438 7	0.226 9	0.489 3	0.590 0	0.537 3	

从表 5-7 可知，广东省制造业发展和金融发展的耦合性一般。从具体数值上看，耦合值五年内有小幅微升，耦合效果不够理想，金融发展和制造业发展之间的内生联系不够紧密。从协调度上看，其数值从 0.54 上升至 0.55，但仍处于初级协调阶段。颜洪平（2016）研究中部六省份金融集聚和经济发展耦合协调过程中，通过测算表明河南、湖北耦合协调程度好，属于同步发展；山西属于中级协调，经济发展相对滞后于金融集聚；江西耦合程度最低，其金融集聚相对滞后。与颜洪平的

结论不同，本研究出现金融发展相对滞后于制造业发展的最大原因是广东省金融结构不平衡。从金融机构规模上看，银行、证券、保险和其他金融机构之间的规模相差较大；从社会融资结构上看，直接融资占比仍然较小；从区域发展上看，珠三角地区占据多数金融资源，而深圳则占据珠三角中大多数金融资源。

三、金融产业发展支持制造业产业升级研究结论

本节研究首先梳理了金融发展对产业转型升级的作用机制，金融发展推动产业规模扩大、结构优化和技术进步，以促进产业转型升级。接着，对广东省产业转型升级和金融发展现状进行分析。最后，在实证分析部分，以广东省制造业为例验证理论影响机制。在实证分析部分通过耦合协调模型对制造业转型升级和金融行业发展进行测度和评价。通过以上研究，得出如下结论。

第一，金融发展在产业转型升级过程起着重要推动作用。通过理论分析可知，金融发展通过"资本持续积累"和"技术进步"的路径影响产业转型升级。实证分析验证了金融规模扩张可促进产业规模扩张，金融结构优化和金融效率的提升可以促进产业结构优化和技术进步。因此，扩大金融规模和完善金融体系对产业转型升级具有重要作用。

第二，金融发展可以有效促进产业规模扩大。金融发展通过资本积累机制实现产业扩大再生产，信用催化机制可进一步扩大资本积累和提升资本效率。在金融体系发展过程中要注重金融结构和金融效率的影响，不能一味追求金融规模的增长，否则就会出现金融结构和产业结构的失衡，从而影响产业转型升级的进程。对于金融体系不完善的新兴经济体，在发展金融规模的同时要注重结构的优化和效率的提升。金融发展通过促进产业规模增长而得到的经济增长是粗犷型的，从生产函数来看，金融规模增长促进制造业规模增长只是资本的产出而已。金融体系的资源配置优化功能和价值发现功能未得到完全体现。

第三，金融结构优化和效率提升可以促进产业结构优化和技术进步。金融体系通过提升资本存量和流量的配置效率促进产业结构优化和技术进步，金融发展不能发挥金融体系导向机制和分散风险机制的作用，只追求金融规模增长对于产业结构的优化和技术进步毫无意义。从生产函数来看，资本进入产业体系并未转化成技术进步的驱动力，仅体现出其要素资源的价值。金融体系优化可以发挥金融体系价值发现和引导机制功能，因此通过金融效率提升和金融结构优化带来的产业结构优化和技术进步才是产业转型升级所要求和需要的转变。

第四节　金融发展支持广东省制造业——商业银行信贷视角

商业银行要大力发展制造业、金融业务，必须主动研究制造业的发展方向和客户金融需求特点，才能更好地以客户为中心，通过提升自身服务实体经济的能力，从而推进自身经营转型和可持续发展。2017年，广东第二产业比重为43%，其中先进制造业增加值占规模以上工业企业增加值的53.2%；制造业企业中主营业务收入超百亿元的企业共有260家、超过千亿元的企业共有25家；进入世界500强企业增加7家，总共达到11家。近年来，广东制造业经济总量不断扩大，2018年广东实现GDP 9.73万亿元，占全国的10.81%，比上年增长6.8%。全省规模以上工业企业持续快速增加，目前企业数量为全国第一，总企业数已超5万家（2018年增加8 439家）；特别是广东已拥有超过4万家的国家级高新技术企业，目前企业的总数量、总收入及净利润均达到全国第一，由此可见，广东已成为我国的制造业大省，制造业是广东的核心产业和支柱产业，同时呈现出主体多、集聚度高、转型创新快等特点。

制造业是银行经营的重要领域，在近年政策的支持下，广东制造业信贷实现持续增长，制造业客户的拓展还有很大的市场空间，并能够保持较好的资产质量。比如，广东某银行其制造业客户7 414户，已是该行法人信贷客户最重要的组成部分，但与广东全部制造业客户相比，仅占全省制造业客户的1.51%，占全省规模以上制造业客户数的16%，且该行近年来制造业贷款质量总体保持稳定，不良率保持在1.7%至2.8%之间，可见制造业客户的拓展有市场空间且能保持资产质量。同时，该行在实践中支持发展某些制造业企业，其采取的措施和方法对其他银行具有一定的借鉴意义。为此，本次选择银行支持机器人产业跨国并购、先进制造业项目、传统制造业的升级改造项目、制造业供应链不同的业务情况，并针对大、中、小不同类型的企业有选择性地挑选案例进行分析，通过总结银行支持个别制造业的经验及方法措施，为后续银行业支持制造业提供示范样本。

一、境内外联动，利用银行自身资源优势，协同配合完成跨国制造业并购项目

大型商业银行均在境外有分支机构，存在较大的跨境发展优势以及境内外

资源能够有效打通利用的特点。比如，广东某银行在国内家电行业的领军企业 MD 集团跨国收购德国库卡集团（库卡集团是德国上市公司，是全球机器人应用和系统解决方案领域技术创新的领导者）中，须遵守德国要约收购的要求：企业所持有的库卡股票以及归因于要约收购购买的，至少合计超过库卡发行股份总数的 30%；若未达 30%，则要约失败。考虑到后续市场形势可能发生变化，MD 集团有可能提高要约收购价款以达到收购预期；加上要约收购信息发布以来，库卡集团股价已快速爬升至 121 欧元/股，若 MD 集团将要约价格提高至 145 欧元/股，届时整体交易金额可能达 50 亿欧元，约折合人民币 367.5 亿元。虽然 MD 集团在境内流动性较强，且银行授信及债券筹资能力强，但是由于国内对资金出境限制、汇率管理等因素，MD 集团资金调动出境存在较大障碍。

针对以上情况以及并购需要取得境外低成本融资的要求，某银行联合其境外分行通过境外低成本资金，以 MD 集团境外子公司 MECCA 作为融资主体为其办理最高不超过 50 亿欧元并购融资，用于支付其二级市场增持库卡股票及要约收购。同时，根据德国要约收购的要求，以该银行在欧洲注册的合法金融机构为 MECCA 出具要约收购资金支持函，从而为 MD 集团并购解决资金渠道和支持函问题。通过并购业务，该银行在境内融资方面进一步强化了授信及债券承销业务；在境外融资方面作为牵头方/参与方之一进行海外银团筹组或发债支付并购价款，之后通过发债形式进行置换前期融资，从而加深与企业合作，进一步巩固银与企业的关系，为后续合作其他业务提供了渠道。

该收购方案较为复杂，同时该方案的成功需要境内外银行联动协同配合，并且要取得低成本资金、能够满足境外大额的资金要求以及提供相应的可信任的支持函。总体上，对于此类并购业务，大型商业银行更具有优势，资金来源和渠道来源丰富，对复杂程度高的业务能够提供全方位的需求解决方案。

二、围绕核心企业，通过大型集团的电子供应链融资业务，支持其配套制造业企业

银行可打造以大型核心企业为首的产业链条融资业务，延伸核心企业以外的服务企业，解决链条上企业的融资需求，从而扩大客户范围。比如，GL 电器就是国内空调行业的龙头企业，产品在国内外市场十分畅销，在市场上处于强势地位，其经销商采购一律先款后货，并且采用银行承兑汇票进行支付。因此，GL 电器经销商有大量的资金需求。

GL 电器授予其一级经销商区域独家代理权，银行能够从一级经销商手中获得经销商年度销售计划、销售价格等数据，可与其形成紧密联盟关系。某银行从 GL 电器供应链条的实际出发，提供了采购资金整体解决方案，在 GL 电器提供经销商年度销售计划以及 GL 电器提供信用增级的前提下，采取"两方协议""三方协议"两种形式为经销商开立银行承兑汇票。在"两方协议"开票模式下，银行根据其年度销售计划，将经销商授信纳入 GL 电器集团授信，并根据其信用敞口等额同步调减 GL 电器在该行授信。在"三方协议"模式下，GL 电器对一级经销商的银行承兑汇票开票业务承担到期代偿兜底责任，并统一要求银行承兑汇票开立期限 6 个月，金额根据购货量及流动资金需求测算确定。"两方协议"银承票的保证金比例为 30%，敞口部分为信用方式，"三方协议"银承票无须缴存保证金。同时，要求 GL 电器明确一级经销商区域独家代理权的资质，取得其年度销售计划、销售价格等相关信息。将经销商纳入 GL 电器集团授信管理范围，为经销商提供信用方式的综合授信额度时同步调减 GL 电器授信，以从产业链的角度上进行总量控制。同时，在授信释放上，一是以经销商应付票据余额与库存数进行比较，若库存数大于应付票据余额，经办行应核实原因，如出现滞销等影响经销商偿债能力的事项，立即停止办理融资业务，并要求经销商补充开票保证金；争取三方协议业务份额。二是为保证经销商的库存与融资相匹配，不定期核实经销商的存货情况，定期要求经销商提供其存货的情况，以确保落实经销商的不赊销原则；并对下游经销商融资进行额度限制，经销商总体信贷额度不超过 67 亿元。

在为 GL 电器经销商业务开办供应链业务 4 年时间里，该银行已累计开票 112 亿元，最大单年为 58.52 亿元。目前华润银行、平安银行、民生银行等银行也给予 GL 电器经销商充足的授信额度。从总体上看，供应链条融资取决于核心企业的综合实力和担保能力，银行的授信认可程度、授信金额是否足够、银行融资方案设计的合理性以及可操作性。案例中 GL 电器在供应链中处于核心地位，供销渠道稳定，与交易对手合作关系和履约记录良好，具有较强的上下游辐射能力，财务管理规范，现金流量充足，支付能力可靠，也是该方案实施成功与否的先决条件。

三、引入第三方专家咨询，有效支持某上市企业的电声器件及音射频模组扩建项目

正如上文所说，银行对制造业细分行业的了解不够深入，对制造业项目容易

出现缩手缩脚的情况,为此有必要引入具有相关资质的专业咨询公司或专家,对相关项目的技术和销售市场进行充分评估,为项目贷款决策提供参考。LX 公司是国内连接器行业龙头企业,其项目供应苹果无线耳机 AirPods,由于现有生产能力已无法满足客户新增订单的需求,因此需要建设电声器件及音射频模组扩建项目(主要运用于智能手机、电脑、语音通信、可穿戴设备等消费电子领域,产品较原产品大幅升级),升级产品,进一步提高其在声学领域的产能以满足客户订单增长需求。银行考虑到该项目技术新,对设备要求高,总投资大,后续追加投资的可能性较大,且产品市场及技术存在较大的不确定性,声学行业处于快速发展及创新阶段,尚不存在通用的解决方案可以满足所有下游产品需求,其行业技术始终处于快速发展阶段,新技术不断涌现的技术格局中。一旦出现性能更强、成本更低、生产过程更加环保的声学技术解决方案,企业现有技术方案就将面临被替代的风险。为此,大多数银行对该项目存在不认同的看法,在金融服务以及项目贷款支持上停滞不前。后来某银行经过反复论证分析,引入第三方专家进行项目技术、建设和销售市场评估咨询,认为 LX 公司当前拥有部分声学技术,后续通过加强创新研发,能够提高技术水平;加上近年随着信号传输技术的发展、耳机技术、设计革新及消费观念的改变,未来无线蓝牙耳机销量将会高速增长,市场较有保障。同时,企业将积极参与知名品牌产品的前期设计及技术研发,引进、消化、吸收和充分利用同行业先进的技术成果,不断掌握和储备智能语音交互、VR/AR 等领域的新型技术;并进一步加大新技术、新工艺和新材料的研发投入,提高科研人员各项待遇,吸引并留住高素质专业技术人才,增强研发能力,在技术开发过程中实施有效管理、把握开发周期、降低开发成本,从而为项目运营和市场销售提供一定的保障。

  由于考虑到本项目后续建设及机器设备投入有可能进一步增加,预计项目总投资可能增加至 147 026 万元,因此银行设计了灵活的项目贷款方案:若本项目总投资为 138 026 万元,则项目贷款不超过 55 000 万元;若本项目总投资增加至 147 026 万元,则项目贷款不超过 64 000 万元。同时,由于产品更新换代快,因此银行将贷款年限缩短到 6 年,要求在项目资金不低于 83 026 万元并与银行贷款同比例先期投入、以及项目全部存款、资金结算、服务须统一在该银行中进行的情况下,可以信用方式发放项目贷款(项目建成后,资产后续追加抵押),以综合方案控制达到风险整体有效控制的目的。由此可见,在不熟悉的行业,银行通过引入第三方机构,进行专业咨询,为项目贷款决策提供参考,在一定程度上减少了信息的不对称问题，并进一步了解行业的市场前景，为更好地设计融资方案提供依据。同时，对于预期变化较大的项目投资，不是死板简单套用，银行能够根据实际项目情况灵活设计弹性融资金额和贷款年限，并敢于采用信用方式发放项目贷款，从而确保业务的审批落地，在促进业务发展的同时，提高银行的市场地位。

四、多渠道调查了解，满足某小企业的新建厂房项目需求

小企业财务制度不规范，且存在较大的信息不对称问题，往往融资比较困难。目前政府的产业园区对入园企业均有一定的标准要求并对其进行了情况摸查，这些信息对银行贷款调查具有较好的参考价值。例如，YH公司为新成立的企业，为从广州搬迁到清远的产业转移企业，清远当地银行对该企业不了解，也未能摸清企业实力情况。该企业从事香精香料、食品添加剂生产及销售，有一定的食品安全和环保隐患风险，且项目尚在建设中。生产所需原材料价格波动较大，容易对企业销售利润产生一定影响。考虑到企业对项目投入较大，且项目短期内难以实现产能全部利用，项目的经营效益和盈利短时间内不多，若能够通过拉长期限，资金对应投入到项目建设中，采取在项目投产后分期收贷的方式，将能满足企业的需求，并能确保项目生产配套资金的使用。在此情况下，某银行先走访工业园区的管委会了解YH公司的实际情况，根据园区对入园企业的高筛选标准，对企业实力有了一定的了解，之后前往广州实地调查企业在广州的经营情况，并通过合作的机构、企业下游客户进一步了解到企业的生产经营情况以及资金实力情况良好，具有较好的技术水平。同时，银行以审计报表反映的现金净流量490万元测算，在10年内企业现金流回笼能够覆盖3 000万元的贷款本息。为此，银行为YH公司办理了10年期3 000万元小企业固定资产购建贷款业务。结合上述案例，对于小企业特别是新建的小企业客户，银行应该从源头（如园区管委会等）及合作方、上下游客户各个方面全面了解客户的情况，同时应该以客户为中心，以满足客户需求为出发点，方能更好地介入客户，提高业务黏性。

五、支持制造业信贷发展策略

2019年全国"两会"期间提出了推动制造业高质量发展，并将制造业等行业现行16%的税率降至13%，同时鼓励银行增加制造业中长期贷款和信用贷款，

这对银行以及制造业企业大有利好，税率负担的下降将使更多的制造业企业实现盈利，增加信贷资源有利于银行更好地支持制造业。

（一）树立科学发展观念

制造业的产品门类繁多、子行业情况复杂、不同企业经营情况参差不齐，导致目前银行不愿做、不敢做、不会做制造业信贷业务，存在较大的主观畏难、惯性从紧、机械套用政策条件办理业务等情况。这就要求银行转变观念，树立以"客户为中心"的科学发展理念，以满足客户需求为出发点，探索制造业信贷市场的支持路径，同时强化学习、主动作为，顺应当前制造业的金融需求特点和变化趋势，及时调整自身经营策略，灵活运用产品服务客户，加速推进对优质制造业客户的金融支持。

（二）加强创新配套支持制造业信贷发展

1. 加速产品创新配套

银行可充分利用金融科技技术，根据制造业客户的融资需求特点，搭建制造业转型升级融资产品体系。比如，大型商业银行规模大，资金优势明显，且具有境内外联动的优势特点，可创新产品以满足大型企业的跨国并购以及资金安排、金融服务需求，可围绕大型核心企业有效地设计不同的产业链条融资产品，提供全面的金融服务，解决产业链条上企业的融资需求。另外，针对制造业小额贷款需求和企业经营的新特点，银行可利用工商、税务、海关等第三方机构的系统平台数据，积极开发配套的税务贷款、退税贷款、政府补贴贷款等融资产品。别针随着国家环境治理力度的加大，企业普遍存在环保改造需求，银行可以根据制造业的普遍特征，设计适合环保改造升级的短流程、小金额的信贷产品，匹配当前制造业客户的小型环保改造需求。根据小微企业设备购置普遍出现的小金额贷款需求，银行可以设计以机器设备辅助担保作为保障措施或与设备供应商合作拓展的融资产品。

2. 担保方式创新配套

有效进行担保创新配套，加大产业供应链金融的发展力度，由实力良好的供应链核心企业提供担保或回购作为增信措施，提升制造链条的信贷可获得性。根据非上市企业股权、专利、知识产权质押的不同特点和管理办法，有效地创新设计以非上市企业股权、专利、知识产权为质押担保的管理办法。可引入政策性融资担保基金对完全无法提供担保的企业进行信用增级，或者对于能够将存款、结算、金融资产等全产品统一归集到银行的客户，在银行能动态监测企业各项运营数据的前提下，可以信用方式发放融资，解决制造业客户的融资难题。同时，对于先进制造业中的小微企业贷款风险损失，可争取由财政信贷补偿专项资金在一定的比例范围进行补贴补偿，提高制造业的发展动力。

3. 加强与外部专家、机构咨询合作

银行无法熟知制造业中不同细分领域的生产经营情况，可积极与业内专家学者、行业协会、专业咨询机构、科研院校等外部机构互动交流，了解细分行业的工艺技术、经营特征及行业发展动态。在具体项目贷款上，可以引入第三方具有一定资质的外部机构或专家参与项目咨询评估，分析项目的市场和效益情况、项目的经营偿债能力情况，出具相关的项目评估意见，为项目贷款决策提供参考。目前专业园区对新进入的企业或项目均有一定的准入要求，银行可与专业园区管理方合作，一方面可以从侧面了解企业信息，降低信息不对称的风险；另一方面增加了业务发展源头。银行也可与当地的发改局、商务局等政府经济发展牵头机构联动合作，从源头了解市场和挖掘市场。

4. 业务流程改革创新

要构建制造业客户贷款的评审绿色通道，在营销上，大客户要提级营销直接发起业务，缩短业务流程。在业务调查评审上，要针对制造业不同行业的特点，优化融资业务调查标准，着重经营真实性、市场持续性、融资还款可靠性分析，允许优质制造业客户一定金额内的项目贷款，无须提供项目可研且并可免于评估，在把控好关键风险点的前提下简化评审流程，全面提升业务评审效率。依靠目前银行的金融科技技术，加快场景化、体验化、数字化建设，通过数据挖掘分析技术自动评级、授信，实现标准化批量业务操作，最终形成智能化风险监测机制有效管理风险，从而提升金融服务能力。

（三）多渠道加快推动制造业信贷发展

制造业具有企业沿产业链分布以及产业集聚的特点，为此商业银行发展制造业信贷业务，可以结合区域制造业及经济发展战略，从产业链的上下游客户、产业集聚区空间分布、政策带动效应入手，从而加快制造业信贷业务发展。

1. 围绕产业发展方向及链条延伸，确定目标市场

《中国制造2025》等相关政策规划，已明确总体的制造业发展方向，同时各地政府也因地制宜，出台了地方发展战略，银行须结合国家和地方的相关政策规划情况，主动与政府相关职能部门对接，详细调查分析当地市场，制定业务发展规划，可将行业龙头、政府推介客户以及普惠技改客户确定为目标客户，提前布

局好制造业信贷业务，确保有序拓展目标市场和优质企业。同时，制造业普遍存在着上下游企业围绕核心企业所形成的合作紧密的生态圈，银行可以沿产业链的分工与合作关系，延伸挖掘产业链上有价值的客户，对供应链上游客户的融资需求择优介入。

2.围绕区域经济特点，锁定营销方向

当前我国区域经济的发展存在较大的差异性，在产业布局上也形成梯度发展的态势。银行根据各地产业发展的重点，自上而下地实施差异化指导，根据区域协调发展的战略布局，综合制造业发展规划、区域资源禀赋、融资业务发展现状，因地制宜地开展精准营销。可将区域发展要求划分为适度增长和稳健增长两类。其中，适度增长类要求其制造业贷款和技改贷款增速高于全行平均水平，资产质量优于全行平均水平。稳健增长类须在推动存量制造业信贷资产质量不断优化的基础上，结合区域内龙头企业和特色产业集群做出亮点，加大信贷结构调整，使制造业融资业务发展与区域经济特色相匹配（李成青、刘静远、梁少丽、谢洁华、陈泽鹏，2019）。

3.围绕降税减负等政策方向，深度挖掘市场

当前因经济下行，制造业客户经营情况困难。银行因为大部分制造业企业利润低，盈利情况难以覆盖贷款利息，无法有效保障银行贷款，而在制造业信贷投放上设置了障碍。但是，随着国家进一步降低制造业税率、降低社保费率、加速固定资产折旧的优惠政策出台，给实体经济制造业让利，客户的利润空间增加，经营活力增加，企业的融资偿付能力增强。为此，银行可以深度挖掘存量客户，重新评审原来偿债能力不足的企业或项目，重新按新的降税减负政策测算企业或项目的整体偿债能力，向存量客户要业务、要市场，提升金融服务能力。加上随着降税减负政策的实施，制造业投资动能将有所加强，在此情况下，银行更应该紧跟行业的发展动态，寻找和挖掘市场空间，拓宽金融业务深度。

（四）推行专业支行治贷模式

根据各地区不同的制造业特点，构建制造业细分行业的特色支行经营模式，即某一支行专门就某一行业进行研究，能集中力量把某行业的特征和趋势分析透彻，并形成自身的经营优势，区域内该行业的业务均由该支行牵头发起和管理，推行专营机构治贷，达到整体防控风险的目标。要打造一支具备精深专业能力的信贷专家队伍，加强对区域内特色行业、产业的研究，在制造业客户营销、服务

方案设计、风险防控等方面提供专业的意见，并根据区域经济及制造业行业、客户的特点，探索建立自上而下细分行业限额管理的风控体系。

（五）加强人员培训指导

积极组织员工参加制造业各行业前沿会议，增加银行各层面对行业最新的行情的了解，并定期加强与科研机构、行业协会合作沟通，建立定期培训机制，帮助信贷人员掌握好服务制造业客户必要的政策、产品和技能，指导分行选择优质客户，正确识别风险。

第五节　金融发展支持广东省制造业转型升级的政策建议

根据前文的分析与结论，基于金融规模、结构和效率等提出四条相对应的政策建议，希望通过优化金融结构和提升金融效率来加强金融对产业转型升级的支持，并促进经济增长由要素驱动转向技术创新驱动，加速产业转型升级，推动经济进入高质量增速阶段。

一、扩大金融规模，保证金融对再生产的支持

金融规模是保证产业转型升级的基本要求，金融规模增长表现在金融行业的增加值上。金融是经济增长的核心，其作用表现在对资本的优化和配置上。金融规模增长增加资本存量，资本流量和资本存量在金融市场作用下成为企业扩大再生产的资本积累。因此，进一步扩大金融规模保证了产业转型升级过程中需要的资本资源。除金融行业增加值外，也需要注重金融机构规模的发展，具体表现为银行、证券、保险、信托等发展，尤其是保险规模的发展，我国经济发展过程中银行市场和证券市场都有较长时间和较大规模的发展，但保险市场发展时间相对较短，近年来保险业规模快速增长，但相比发达经济体系中保险业占比仍存在差距。

二、提升金融效率，加快金融对技术进步的促进

理论和实证分析表明，金融效率对产业技术进步率有正向影响，因此提升金融效率是促进产业转型升级的有效途径之一。金融效率是指金融产出与投入比。根据发达国家发展经验，美国在产业升级过程中充分发挥资本市场效率和货币市

场效率，给予企业转型升级资金支持，促进企业技术进步，获取高附加值，从而实现产业结构优化和技术进步。美国在生物工程、高端制造、互联网等高科技领域的大型企业便是高效的资本市场催生的。日本、韩国在经济转型过程中充分发挥银行作用，加大银行对大型企业转型升级的支持力度，将银行对资本的转化效率发挥至最大，从而促进产业转型升级和经济高质量增长。日本、韩国在电子信息产业、汽车产业等高技术领域的大型企业正是在发达高效的银行体系下产生的。因此，充分发挥银行作为金融中介的融资功能，加强资本市场对产业的支持，提升货币市场和资本市场效率对资本的流通和配置效率，对促进产业转型升级有重要意义。

三、完善金融结构，加速金融对产业结构的优化

均衡的金融结构对产业结构具有促进优化作用，并且能够进一步加速经济增长。目前，我国证券市场对科技独角兽企业"开绿灯"，对"生物科技、云计算、人工智能、高端制造"四大行业独角兽企业给予"即报即审，不用排队"的专属通道，充分说明直接融资市场对企业发展的重要性。因此，加强多层次金融市场建设，充分发挥区域股权交易中心的职能（例如，广东金融高新区股权交易中心、广州股权交易中心、深圳股权交易中心等区域股权交易中心在资本市场都发挥着重要的融资功能），扩大产业基金规模，加大产业基金对企业的支持力度，完善市场建设，对优异中小型企业给予优惠融资待遇等都具有重要意义。银行市场、保险市场也要加强对产业转型升级的支持。对于民间金融市场的发展，在发挥互联网金融等民间金融平台的作用的同时也要加强监管，防止不良金融资本对实体企业的侵蚀，避免出现"蛮人"入侵实体企业的金融乱象。

四、加强产业政策对产业转型升级的引导

产业转型升级离不开产业政策的引导和支持，市场机制存在盲目性，依靠市场力量淘汰落后产能及优化不合理产业结构需要大量时间。根据发达国家产业结构调整过程，产业政策无疑发挥了巨大作用。20 世纪 90 年代，美国的技术创新、产业升级在产业政策支持下实现快速发展，美国商务部确定的 10 类高技术产业：生物技术、生命科学、光电技术、计算机及通信技术、电子技术、计算机集成制造技术、材料设计技术等。因为产业政策支持，这些产业在发展过程中，行业投资增长率超过 10%，其中软件及信息技术设备总投资的增长率超过 12%。

日本在经济发展过程中，无论是战后经济复兴时期"倾斜生产型"产业政策、经济高速增长时期"出口导向型"产业政策还是经济腾飞后极具竞争力的高精尖产业，都离不开产业政策的支持。韩国在跨越"中等收入陷阱"过程中，通过产业政策的引导，大力推动大型企业技术创新，使韩国的汽车产业、电子信息技术产业成为世界一流产业。明晰产业政策的宏观指导和微观支持，是促进产业转型升级的重要措施。加强金融对产业的支持，完善产融结合机制，把金融支持产业政策落实到具体企业、具体地方，要因时而异，因势而异，充分发挥金融的资源配置功能。

第六章 广东省物流产业发展对广东省制造业升级的影响作用研究

第一节 广东省物流业推动制造业升级的必要性分析

物流业与制造业的联动发展是提升物流服务能力和制造业核心竞争力的必经之路,也是促进我国经济转型升级的必由之路。制造业发展需要物流业的支撑,物流业的发展也推动着制造业不断升级。另外,广东有着优越的地理位置,被誉为世界制造业基地,给世界各地输送了大量的产品。统计资料显示,1978年广东省地区生产总值(GDP)仅占全国GDP的5.1%,而2016年广东省实现地区生产总值79 512.05亿元,占全国GDP的10.69%,稳居全国之首。制造业的蓬勃发展推动了广东经济飞速发展,给广东带来了财富。然而,近年来广东制造业面临着重重挑战,制造业产业弊端日益呈现:高投入、高污染、低效益制约着产业的可持续发展。随着劳动力成本上升、出口贸易环境恶化,制造业发展进入转型期。2010年前后,广东制造业整体增长速度逐渐放缓,落后产能的制造企业逐渐被改造或淘汰。制造业景气度的下滑已成为压制广东经济增长和投资增速的重要阻碍。2015年5月18日发布的《中国制造2025》将中国制造业升级明确为重要使命。《中国制造2025》指出:服务型制造是现代制造业升级的重要方向,促进制造业升级发展,需要推动制造业商业模式创新,重视为制造业提供中间投入的生产性服务业,引导制造企业向服务型制造企业转变,加强服务型平台建设,并在制造业发展过程中嵌入服务型平台。物流业属于生产性服务业,是第三产业的重要组成部分,且波及产业广,与制造业联系紧密,物流业的发展对制造业升级也会有一定的积极影响。

近年来,社会物流需求增长速度趋缓,2016年,全国社会物流总额达229.7万亿元,比上年增长6.1%,增速比上年提高0.3个百分点。2014年《物流业发展中长期规划（2014—2020年）》发布以来，中国物流业以降本增效为核心，在战略发展层面上整合资源，逐渐发展核心竞争优势，并进入一个新的发展阶段。2010年，全国现代物流工作部际联席会议办公室提出了推动两业联动的指导意见。2011年，国务院办公厅出台"物流国九条"，鼓励整合物流设施资源，支持物流企业加强与制造企业合作。2012年，国务院颁布《服务业发展"十二五"规划》，提高物流业与制造业联动发展一体化运作水平和规模化程度。2014年，国务院印发《物流业中长期规划（2014—2020年）》指出，要降低物流成本，提升物流企业集约化水平，加强物流基础设施网络建设，提出实现新型工业化需要加快建设现代化的制造业物流服务体系。可见，推动两产业联动发展已经成为国家经济发展的主要任务。2017年7月10日，国家发改委同有关部门研究起草了《国务院办公厅关于进一步推进物流降本增效促进实体经济发展的意见》，明确提出："制定两业融合发展的政策措施，提供专业化、高技术的物流服务。推广智能物流装备，鼓励制造企业将物流外包给更专业的第三方物流企业，使制造业企业专注于自身核心产品的技术提升，促进制造业升级。"以上都明确了物流业发展的重要性。

以广东省为例，广东制造企业实行专业化运作，优化供应链资源配置，有利于降低运作成本。从制造业发展现状来看，广东省制造业规模不断扩大，在工业经济中占主体地位，发展结构有所调整，但仍存在区域发展不平衡的现象。目前，广东省制造业正处于升级的关键时期，而物流业涉及领域广，带动作用强，对制造业的升级有着积极的影响作用。本书从物流业发展角度，分析广东省制造业升级情况，具有一定的现实意义。

一、物流业支持制造业升级的国内外研究

（一）物流业与制造业的联动发展综述

学者对制造业与物流业的联动发展有很多见解，从制造业与物流业联动发展模式的角度分析，两产业联动发展是一种互惠互利的行为。Y. W. Chen和M. Larbani通过构造供应链价格联盟模型来研究物流企业和制造企业的合作问题。Quinn是融合论的推崇者，他认为随着信息化的推进，制造业和生产性服务业相互融合，两者的界限趋于模糊，两者相互渗透，关系更加密切。Juleff认为，生产性服务业是为制造业提供服务的产业，是依靠制造业部门而存在的。Cohen和Zysman提出了生产性服务业的发展依赖制造业的发展，处于需求遵从地位。Kakaomerlioglu和Carlsson认为，生产性服务业对制造业的发展起着重要的支撑

作用，其发展处于主导地位。Bathla 认为，制造业的不断发展会对服务业产生大量的需求，进而提高制造业的生产效率。吴群认为，物流业与制造业之间的关系包括依托共生型模式、平等共生型模式、互补共生型模式等五种共生模式。王见喜指出，资源是否整合的物流外包模式、3PL-HUB 的物流外包模式以及战略联盟模式是物流业与制造业联动发展的三种模式。郭淑娟等认为，物流业与制造业联动发展的合作模式有短期合同合作模式、基于实物运作的合作模式、基于管理活动的合作模式等。李肖钢等以宁波市为研究对象，提出了协同采购平台模式和商贸物流一体化模式。彭本红建立了共生模型，指出现代物流业与先进制造业之间的合作是互惠互利的。苏秦利用 C-D 生产函数分析了我国制造业和物流业的联动现状，指出制造业对物流业的中间需求依赖度较低。王珍珍、陈功玉指出，物流业与制造业联动发展的内涵是构建产业生态系统，具体包括三个方面：两产业之间的完善协作、两产业之间发展的层次性和两产业之间发展的竞合性。葛金田等利用了格兰杰因果关系检验验证中国物流业与制造业联动发展是长期稳定的。李松庆利用灰色关联理论分析出广东制造业与物流业尚未实现联动发展。朱琳运用序参量协同度模型对物流业和制造业协同发展现状进行分析。甘卫娟认为，江西省现代物流业的发展有利于制造业竞争力的提升，并且两者基本符合 logistic 模型。

（二）物流业促进制造业升级的理论综述

Park 和 Chan 指出，制造业发展与生产性服务业发展是相互推动关系，两者存在正向关系。袁平红认为，物流服务是我国沿海地区制造业升级的新驱动力，同理，制造业的升级也会促进物流服务的升级。沈江等指出，物流业发展同时推动第一、第二产业的内部结构优化，从而促进整个产业结构的优化。刘圣香验证了市场化的进一步加深对制造业升级有着正向影响。刘川指出，影响制造业升级的主要因素包括市场、技术、资源和制度因素，制造业产业升级的方向是由劳动密集型向资本密集型转变。孙德升等将传统微笑曲线和新微笑曲线相结合，并认为制造业升级是直接在生产制造环节进行转型升级，而非沿着产业链向两端攀升。贾莹等认为生产性服务业通过培育核心竞争力、利用知识和技术外溢来推动制造业的发展。胡晶总结了生产性服务业促进制造业升级的机理，提出两业互动升级的途径及政策启示。刘明宇指出，在制造业升级过程中，生产性服务业和制造业的协同发展使制造业更有效率。孙家庆等分析了生产性物流业促进装备制造业升级过程中存在的问题，提出了发展生产性物流业促进装备制造业升级的对策建议。包宁芳从产业集群的角度阐述了浙江省物流业集聚与制造业转型升级的互动效应。朱艳新等以钢铁企业为研究对象，提出以集成化供应链、物流金融、流通加工、运输配送等物流业务为导向的差异化竞争有利于实现传统钢铁行业和物流行业的转型升级。詹浩勇等研究了制造业转型升级的机理，认为知识密集型服务业集聚尚缺乏对制造业的创新驱动作用。汪德华等分析了生产性服务业促进制造业升级的机理，企业通过将制造环节和服务环节分离来增强企业的核心竞争力，并能够降低制造成本，有利于两业的互动升级。

（三）物流业促进制造业升级的研究方法综述

学者主要通过定性和定量两种分析方法进行研究，定性分析多从制造业升级机理和升级路径方面进行阐述。刘志彪认为，中国制造业升级路径是由 OEM 到 ODM 再到 OBM 的转化。冯梅分析归纳比较优势演化和产业升级相关理论，测算设计了上海制造业升级路径。胡迟利用信息化水平、生产性服务业的发展、制造业内部结构的改善和研发投入占比的提高四个因素来衡量制造业升级的进展。Baey 从政府行业的发展战略出发，从技术升级的角度分析制造业升级。

陈广仁研究了制造业升级的三个阶段：第一，通过培养劳动力来提升生产效率；第二，通过精细化管理实现资源的有效配置；第三，通过技术创新来实现企业生产效率的提升。涂颖清从不同层次研究了制造业升级的路径：分为外源式升级和内源式升级。付晓丹将制造业升级分为创新能力和生产效率两个维度，指出生产性服务业对技术创新的制造业升级的影响并不显著。唐光海认为，制造业升级路径有两种：一是制造业的生产过程扩散化，二是制造业生产的路径虚拟化。Kinkel（2010）通过分析制造业服务创新类型，说明了通过创新性的产品服务可以提高产品附加值，进而促进制造业升级。苏晶蕾等分析了生产性服务业集聚通过规模效应降低服务成本，进而降低制造业企业成本，生产性服务业通过知识外溢效应、合作效应、专业化效应等促进制造业升级。

定量分析多采用计量经济模型、投入产出法、构建型等方法。杜宇玮运用 DEA 方法，从效率视角测算出生产性服务业对制造业升级的促进作用明显。于桂宾认为，商贸流通业专业化程度的提升能够降低制造业交易成本，提高制造业运行效率，促进制造业转型升级。李新功运用 VAR 模型，发现人民币升值对制造业升级存在一定的正效应，之后具有负效应。郝丽娟分析了辽宁省低技术制造业与物流业协同效率，认为辽宁省的低技术制造业与物流业并没有实现良好的协同发展。闫宗敏利用多元回归分析从整体分析了黑龙江生产性服务业对制造业升级的促进作用，并进行了黑龙江省生产性服务业对制造业分行业的投入产出分析。马海燕基于效率提升视角，利用 DEA 指数法以及投入产出法分析了生产性服务业对制造业效率提升的影响。王虎运用计量经济模型，基于流通产业视角分析了我国制造业研究方式。卫宗超利用 VAR 模型分析出制造业发展对物流业影响较为显著。郭利锋等利用 VAR 模型分析出我国物流发展、产业结构升级与经济增长有相互促进的作用。何青松借助投入产出表分析出制造业升级主要依赖邮政及仓储运输业。

二、物流业支持制造业升级的理论基础

（一）交易成本理论

诺贝尔经济学奖得主科斯（Coase,1937）提出了交易成本理论。科斯在对新古典经济学进行反思后，认为企业内部的交易可以降低市场交易成本。为了追求利润最大化，许多生产工序越来越专业化，这使企业内部分工更加明确，不能兼顾整个生产流程。在交易过程中存在很大的不确定性，由于企业专业和实力的限制，以及交易过程中买卖双方容易发生信息不对称的情形，进而不确定性成本会随之提高，使交易成本增加。如果自己生产的成本高于购买其他公司的服务或技术，公司会选择从外部购买，因而出现了外包现象，如制造业中配送、运输等环节。很多企业选择将物流部门外包，获得更专业、更优惠的第三方物流服务，通过降低制造业的生产成本，提高制造业效益，并能促使制造业专注于生产自身核心优势的产品，提高自身核心竞争力，最终实现制造企业的转型升级。

（二）产业融合理论

Rosenberg（1963）认为，产业融合理论是不同产业之间相互融合，随后逐步形成新产业的动态过程，或者是同一产业不同行业之间的相互渗透、共同发展，促使新兴产业的产生。植草益（2001）认为，产业融合是产业间通过放宽限制来降低行业壁垒，从而加强行业间合作。产业融合表现为产业间的合作发展，伴随着新兴产业的不断产生。产业融合是传统产业创新的重要手段，产业融合模糊了产业之间的界限，产业结构布局容易被改变，实现两个产业之间的融合与过渡，高技术产业融入传统产业等其他产业中，影响或取代一些传统产业产品，有助于提高产业间竞争力，使传统企业和新型行业之间相互渗透，产生贸易效应和竞争效应。物流业是贯穿于制造业生产过程中的服务业，当物流产业向制造产业中渗透并逐渐发生融合时，制造业价值链中的物流服务贯穿于制造业整个产品周

期，制造业与物流服务业价值链整合使产业结构优化和创新，逐渐呈现出制造业趋于服务化和物流服务业趋于制造化的发展状态。

（三）产业升级基本理论

产业升级是指产业效益和效率的提高、产业素质的不断提升、产业结构不断从低水平向高水平状态的发展过程，产业升级体现为不断高度化的调整过程。产业升级是通过生产要素改进、生产效率和质量的提高以及生产结构改变来提升产品的附加值，并实现产业链的升级。产业升级一般可分为四个层级：产品升级、经济活动升级、部门内部升级以及部门间升级。产品升级是指产品由简单到复杂的变化，经济活动升级是指从生产、设计及营销等方面体现出活动升级，部门内部升级即从一般产品制造到制造价值更高的产品，部门间升级是从劳动密集型产业到资本和技术密集型产业的升级。产业升级主要依靠技术创新，新技术是传统产业升级的主要推动力量。必须依照新经济的内在需求，适应新技术的发展。制造业的产业升级是产业不断高度化的过程、产业效率不断提高以及产业效益不断增加的过程、也是资本密集型产业和技术密集型高端产业所占比重不断提高的过程。Gereffi 认为，产业升级是由低附加值的加工组装（OEA）向附加值相对较高的贴牌生产（OEM）和自行设计生产（ODM）环节转变，进而向更高端的自有品牌生产（OBM）的演进过程。Poon 指出，产业升级是一个转变过程，是制造商从生产劳动密集型产品到生产资本或技术密集型产品的过程。J. Humphrey 和 H. Schmitz 分析了制造业四种不用层次的升级模式，他们认为企业生产能力和竞争力的提高是产业升级的体现。Ke Yu Zhu 研究了我国安徽省江北产业集群的主导产业，认为现代物流业及船舶设备制造业等被确定为主导产业，现代物流业与先进装备制造业这两个行业极大地提高了整体综合经济实力，并且显著增强了江北产业集群的竞争优势。

第二节 物流业支持制造业升级的机理分析

一、相关概念

（一）物流及物流业的概念

物流的概念形成于美国，被称为"Physical Distribution"，意思是"实物分配"。随着西方经济进一步发展，市场竞争逐渐加剧，企业界和理论界想通过降低流通成本来扩大市场占有率，因此更加关注物流。Hunsoo Lee（2013）指出，现代物流是实现原材料、中间库存或最终产品从起点到终点的一系列计划、实施和控制的过程。1998 年，美国物流管理协会（Council of Logistics Management，CLM）对物流的定义：物流是根据客户的需求以经济的手段高效地组织产品从供应地到消费地的运动的过程，物流是供应链过程的一部分，包括存储的计划、执行和控制过程，并提供相应服务以及其他相关信息的动态过程。

物流业是一个复合型产业，属于生产性服务业。生产性服务业是指为实物产业提供服务的产业。国际上把 50% 以上产品用于生产的部门称为生产性服务业。物流业是物流资源产业化而形成的复合型产业。我国物流业起步较晚，随着铁路网、管道运输网、航空网的涌现，物流速度越来越快。随着市场经济的发展，物流业上升为促进消费的先导行业，物流园区的建设使物流企业更加专业化和规模化，物流企业的兼并与合作可以拓展国际物流市场，争取更大的市场份额。

（二）制造业升级的概念

学者从不同角度定义了制造业升级的概念。有的学者认为，制造业升级是制造业价值链由低端向高端攀升的过程，这是从产业价值链角度进行分析。有学者认为，制造业升级是从低技术传统产业向高新技术产业过渡发展的过程。另外，制造业升级也是指技术升级，是从生产低价值的劳动密集型产品向生产高价值的知识技术密集型产品的发展过程。本书综合学者的分析，从以下两个层次对制造业升级进行定义。第一，效益角度。本书认为，制造业升级表现为制造业创造价值的能力增强，最终结果表现为制造业的创收能力，即在同样的投入条件下获取的最大收益。产品适应用户需求，企业的价值链就能够正常运转。产品有销路，制造业升级才有出路。第二，制造业升级表现为制造业升级高度化的提升。制造业科技含量不断提升，创新能力提高，实现价值链的提升。制造业升级离不开全社会的服务系统支撑，基于郭克莎（1993）对制造业结构的研究，通过产业结构高度化表示产业结构的优化升级。制造业产业结构升级本质是由低附加值环节向高附加值攀升的过程。通过技术创新，实现产品和工艺的升级，提高产出率，提升产品质量与竞争优势，促进企业获得更高的利润，实现价值增值。产业结构高度化的含义是产业结构从价值链的低端生产环节向高端营销环节转变，将非核心业务外包，生产制造出高科技含量的产品，自身创新性不断增强，制造企业核心竞争力不断增强。制造业升级向产业高度化方向发展。通过加大对研发设计的投入以及加强对科研成果的应用，有利于制造业拥有自主知识产权，提高自身在价值链中的竞争力，实现制造业向高度化方向发展。

二、物流业促进制造业升级的机理

马尔萨斯认为，需求决定供给，进一步决定了经济的发展程度。一方面，社会对制造业产品需求有所增加，使产业规模不断扩大，进而加深了社会分工并会出现产品差异化，随之制造企业的生产效率和生产能力不断提高，带动了制造业升级；另一方面，随着人们的收入水平提高，很多人开始有更高层次的产品需求，促使许多制造业企业不断提高产品的科技含量，这些需求提高了企业的研发能力和技术发展要求，促使制造业企业生产附加值更高的产品。物流业的发展可以提高制造业的产业高度，并提供充足的资本，推动制造业升级。

本书根据众多学者的分析，研究了广东省物流业对制造业升级的影响，分析物流业通过降低制造业成本、提高制造业生产效率、增加制造业产品差异化、促进制造业结构高度化等路径促进制造业升级。本书从以下几个方面对广东物流业发展对制造业升级影响的机理进行分析。

（一）物流业个性化服务增加制造业产品差异化

物流企业能够提供精准的物流服务方案。制造商在选择物流合作伙伴时，为提高竞争力，会重点考虑物流服务方案的柔性。物流企业通过满足制造企业的定制化生产需求，提供产供销一体的物流服务，满足制造企业的差异化要求，提升制造业核心竞争力。与传统物流不同的是，物流企业通过调整经营管理策略，使仓储、运输、配送都更加精准和细化，通过增加制造业产品差异化促进制造业提高竞争力。物流业为制造业提供具有差异化的服务，一方面增强制造业的核心竞争力，提高制造业生产能力，另一方面考虑了客户对产品的偏好，使生产的产品更加多样化，逐步扩大制造业产品的市场占有率。此外，生产性服务业具有个性化服务，可以激发制造业创新，为制造业科技进步创造了有利条件。

（二）专业分工促进制造业生产效率提升

传统的制造企业只注重产品如何生产出来，随着市场竞争逐渐激烈，制造企业将会更多地考虑原材料的采购和配送如何缩短提前期，成品的分销配送如何更加高效地完成，物流业通过改善制造业采购、销售与生产系统提高制造业生产效率。专业化分工促进制造业生产效率提升，物流业发展趋于专业化，将物流环节从制造环节中分离出来，为制造业提供更加专业的服务，从而提高生产效率，生产效率的提高为制造业升级提供了动力。在产品生产阶段，物流业为制造业提供货运、仓储等服务，帮助制造业产品顺利流通与分配。物流业为制造业提供专业化的中间投入，促使企业内部物流服务部门独立出来，进而减少了制造业的固定成本。物流业向制造业提供专业化的服务，容易形成规模经济，为制造业提供物流服务时，降低了制造业的可变成本与生产成本。

（三）提高制造业效益

物流业发展能够促进制造业盈利能力提高，帮助制造业产品产销对路，适应市场，实现制造业利税总额的增长。物流服务嵌入制造业价值链中，物流服务逐渐形成规模经济，不断降低物流成本，提高制造业效益。物流质量的提高可以促使制造业向价值链的两端攀升，进而促进制造业升级。此外，制造业升级过程中会产生大量的物流需求，促使物流业扩大服务规模，提高物流业集约化水平，促进物流业发展，促进资源合理配置，优化经济效益结构。制造业的产品从生产到消费者手中这一过程需要物流业的仓储及配送，物流业的配送网络优化，配送效率提升，减少制造业的产品从生产到送达客户手中的时间消耗，加快制造业产品利润实现的进程。物流业通过自身技术的提升以及不断学习管理经验，带动制造业共同发展，推动制造业朝着更高价值链的产业方向发展。制造业以此提升自身效益，向服务型制造方向转变，为制造企业带来更多效益。

（四）非核心业务外包

在交易成本理论中，制造业企业将非核心业务外包，将物流外包来降低制造业成本，物流成本降低可使产品价格下降，扩大市场需求，从而拉动企业生产更多的产品。物流服务由更专业的第三方物流企业承担，物流业通过专业化服务，可以降低制造业的交易成本。专业的物流企业集聚有利于降低生产成本，同时可以降低相关配套的服务成本，从而促进制造业升级。

（五）从制造业升级高度化角度分析，价值链提升促进制造业升级

制造业升级高度化表现为制造业产业结构从低层次向高层次的演进过程，物流业的发展促进制造业价值链向"微笑曲线"的两头攀升，实现制造业由低级产业向高级产业的升级。物流业结构性嵌入制造业价值链的支持性活动中，可以提高企业的竞争优势。需要通过向"微笑曲线"的研发和服务这两端延伸来摆脱传统制造业的低附加值境地。通过物流业的技术和服务水平的提升，促进制造业价值链攀升。物流业为制造业提供先进的技术，促使制造业价值链的提升，优化资源配置，具有高节约化资源配置的能力。物流公司的规模化、集约化能够降低企

业的运输成本，为制造业提供运输、仓储等增值服务，提高制造业创新能力，使制造业集中在核心业务上，从而提高制造业核心竞争力，实现从低级产业向高级产业的升级。

物流业的发展需要依靠制造业部门对中间投入需求的增加，物流业与制造业部门之间的相互依赖作用能够带动制造业产业升级向高度化方向发展。物流业的发展带动劳动者素质提高，提高制造业的核心竞争力，以此推动制造业产业升级。提升第三利润源，能够促使制造业向高度化方向发展。

第三节 广东物流业发展现状

《广东省国民经济和社会发展第十二个五年规划纲要》里提出，要大力发展现代物流业等生产性服务业。国家"一带一路"倡议更是为物流业的发展提供了新的机遇。广东物流业发展方兴未艾，物流规模持续快速扩大，发展模式不断创新。近年来，广东物流设施建设取得了很大进展，并且广东具有发展现代物流和区域物流的良好经济基础。

2016年，广东现代物流业增加值达3 247.11亿元，比上年增长10.7%。2016年，广东交通运输仓储邮政业实现增加值3 208.35亿元，占全省GDP的比重为4.0%。2017年，全省规模以上港口完成货物吞吐量186 620万吨，同比增长9.7%，完成集装箱吞吐量6 202.8万吨，同比增长9.2%。广东物流产业规模持续扩大，2015年全省实现社会物流总额18.5万亿元，比2010年增长了65.3%。广东省交通基础设施建设突飞猛进，2013—2016年，规模以上交通运输邮政业营业收入和利润总额分别年均增长10.7%和13.8%。2016年末，广东公路总里程达21.81万千米，比2012年末增长11.9%。其中，高速公路里程7 683千米，比2012年末增长39.1%。广东公路密度从2012年末的108.48千米/百平方千米提升到2016年末的121.36千米/百平方千米。2016年，广东公路完成客运量、旅客周转量10.21亿人、1 079.80亿人千米，分别占全社会客运总量和旅客周转量的70.8%和28.1%。随着公路基础网络的不断完善，公路货物运输保持平稳较快发展。2016年，公路货运量达27.28亿吨，货物周转量达3 381.92亿吨千米，分别占全社会货运总量和货物周转量的72.2%和15.3%。广东新兴的快递业发展势头迅猛，快递从业者规模迅速扩大。2013年，快递业户均从业人员为79人，比 2008 年增加了 38 人，比物流业法人企业多 48 人；快递业户均年营业收入为 1 311 万元，比 2008 年增加 889 万元。2013 年，广东完成快递业务量 21.07 亿件，人均快递 20 件，广东快递业务量约占全国 1/4。

由图 6-1 可以看出，2002 年到 2016 年广东物流业增加值呈上升趋势，只有 2006 年广东物流业增加值呈下降趋势，由 2005 年的 1 546.38 亿元下降到 1 197.39 亿元。2016 年，广东物流业增加值达到 3 247.11 亿元，增长率为 10.7%。从图 6-1 中可以看出，广东物流业增加值增长趋势明显，2009 年物流业增加值增长率最高，达到 24.1%。2016 年，广东货物运输运行波动不稳，一季度逐月走低，进入二季度后逐渐回升，到三季度又呈现出低走态势。四季度以来，由于中远海运散货公司在广东注册，拉动了广东物流业的发展，货运量和货物周转量增速跃升。全年完成货运量 37.63 亿吨，同比增长 7.6%，增幅比前三季度提高 2.3 个百分点，比上年高 1.3 个百分点；全年完成货物周转量 22 040.29 亿吨千米，同比增长了 50.3%。

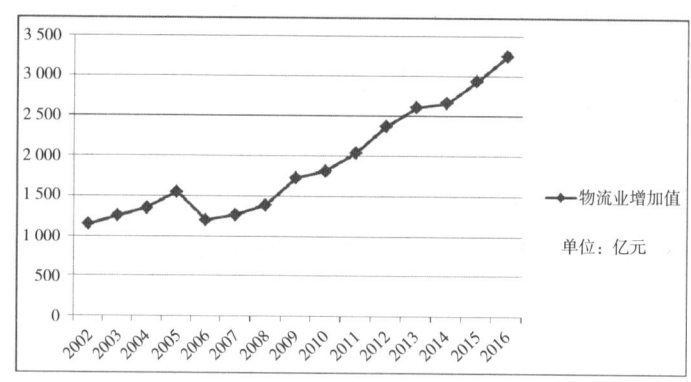

图 6-1 2002—2016 年广东省物流业增加值

由表 6-1 可知，2010—2016 年，广东物流业增加值逐年递增，2015—2016 年达到了 10.7% 的增长率。广东物流货运量也在持续稳定增加，2010—2016 年，广东货物运输量从 2010 年的 20.503 4 亿吨增加到 2016 年的 37.764 5 亿吨。可以看出，广东物流业增加值占全市 GDP 比重逐渐递增，但所占比重不高，均低于 5%。物流业的发展对国民经济增长有着重要作用。邮电业务总量在 2011 年降为 1 918.01 亿元，但是到 2016 年提高到 6 892.41 亿元。港口货物吞吐量从 2010 年的 12.225 8 亿元到 2016 年增加到 17.992 4 亿元，年均增长 47.1%。总体而言，广东省仍需弥补物流短板，大力发展物流业来增强其对经济发展的支撑作用。

表6-1 2010—2016年广东省物流业发展情况表

年 份	物流业增加值（亿元）	物流业增加值占全省GDP比重（%）	货物运输量（亿吨）	港口货物吞吐量（亿吨）	邮电业务总量（亿元）	客运周转量（亿人千米）
2010	1 812.36	3.94	20.503 4	12.225 8	4 832.94	3 342.23
2011	2 035.20	3.82	23.497 8	13.370 4	1 918.01	3 851.84
2012	2 365.46	4.15	26.635 9	14.077 6	2 174.67	4 372.06
2013	2 604.41	4.17	32.813 8	15.637 3	2 820.42	3 538.10
2014	2 663.11	3.93	35.373 2	16.545 5	3 394.39	3 967.28
2015	2 933.25	4.03	34.983 2	17.110 9	4 397.09	3 601.12
2016	3 247.11	4.08	37.764 5	17.992 4	6 892.41	3 842.58

数据来源：根据2010—2016年广东省国民经济和社会发展统计公报整理。

第四节 广东省物流产业发展区域差异

物流产业作为区域经济发展的重要组成部分，能够通过优化区域资源配置，发挥产业协同作用，促进区域经济良性循环。近年来，广东物流业发展迅速，但物流业总体发展不平衡，省内地区间物流业发展存在较大差距。得益于优越的地理位置及交通便利等因素，经济较为发达的珠三角城市物流业发展速度较快，而经济较落后的东西两翼及北部山区物流业总体发展较为滞后。结合地区投入产出情况，采用物流效率指标对物流业发展质量进行测度，能够真实反映各地区物流业发展的竞争力。本书结合广东省各地区的资源优势及地缘特点，评价和认识不同城市和地区物流效率的真实水平，并分析其区域差异，为推动广东地区物流产业全面均衡发展及推动产业转型提供一些建议和启发。

广东生产性服务业发展与制造业升级研究——兼论金融与物流产业的支撑效应

一、研究方法与数据来源

（一）研究方法

DEA 方法是是由美国数学家 A. Charnes W. W. Cooper 等于 1978 年提出的一种非参数效率分析方法，可以对多投入多产出的决策单元（DUM）的相对有效性进行测算。该方法的优点在于并不直接对数据进行综合，无须对数据进行无量纲化处理，也不需要进行权重假设，因而排除了数据选择上的主观性，在多投入多产出问题的效率分析方面具有较好的效果。在 DEA 方法中，最常用的模型有两种，CCR 和 BCC 模型。前者的前提是规模报酬是不变的，评估决策单元的综合效率，后者在假设规模报酬是可变的情况下，评估决策单元的技术效率。同 CCR 模型相比，BCC 模型可以进一步测算 DEA 非有效的决策单元是技术非有效还是规模非有效造成的。

考虑到对物流业来说，资源的投入量相对易控制，本书采用投入导向型 BCC 模型。在模型构建中，需要假设 N 个决策单元 $DUM\{DUM_j, j=1,2,\cdots,n\}$，每个 DUM_j 有 m 种类型的输入，$X_j = (x_{1j}, x_{2j}, \cdots, x_{mj})^T$ 以及 s 种类型的输出，$Y_j = (y_{1j}, y_{2j}, \cdots, y_{sj})^T$，要求在保持产出不变的情况下投入最小，即

$$s.t. \begin{cases} \theta^* = \min \theta \\ \sum_{j=1}^{n} \lambda_j x_{ij} \leq \theta x_{ij_n} \quad i=1,2,\cdots,m \\ \sum_{j=1}^{n} \lambda_j y_{rj} \leq x_{rj_n} \quad r=1,2,\cdots,s \\ \sum_{j=1}^{n} \lambda_j = 1 \\ \lambda_j \geq 0 \quad j=1,2,\cdots,n \end{cases}$$

（二）指标选择与数据来源

采用 DEA 测量效率是否准确关键在投入和产出指标的选择。国内学者在物流效率评价指标方面的研究也有不少，常见的指标包括 GDP 产出、物流从业人员数、物流固定资产投资额、等级公里数等。考虑到数据的可得性及一致性，本书在多位学者研究基础上构建了广东地区物流效率评价指标体系，其中包括 2 个输出变量、3 个输入变量。输出指标为交通运输、仓储和邮政业产值及货运周转量。交通运输、仓储和邮政业产值能够有效衡量物流发展的有效性，货运周转量

反映区域物流的活跃程度。输入指标：物流业固定资产投资额，选取交通运输、仓储和邮政业固定资产投资额来代表；物流业从业人数，选取各市城镇单位物流业在岗职工年末人数来代表；公路里程数，广东货运仍以公路运输为主，区域间物流发展程度的差异主要是公路建设规模的差异。

为全面反映和分析广东省物流业发展效率，本书采用 2010—2015 年广东省所辖 21 个地市的物流投入产出数据，数据来源于《广东统计年鉴》。考虑到地域经济发展的不平衡，本书参考《广东统计年鉴》，将广东省按照珠三角、东翼、西翼、北部山区四大区域进行划分，其中，珠江三角洲包括广州、深圳、珠海、佛山、江门、东莞、中山、惠州和肇庆，东翼包括汕头、汕尾、潮州和揭阳，西翼包括湛江、茂名和阳江，山区包括韶关、河源、梅州、清远和云浮。

二、研究结果

（一）统计结果

基于 2010—2015 年物流投入产出的原始数据，应用 DEA2.1 软件对广东 21 个城市的物流效率进行测算，包括综合技术效率、纯技术效率和规模效率。

从表 6-2 的结果来看，21 个城市综合效率的均值为 0.748，其中综合效率为 1 的城市有 8 个，这 8 个城市近年来物流业发展呈有效的状态。其余 13 个地区综合效率值小于 1，即处于 DEA 非有效的状态，其中 11 个地区综合效率值低于平均水平，说明广东地区物流业发展总体不平衡，两极分化严重。

表 6-2　2010—2015 年广东地区物流效率统计结果

区　域	城　市	综合技术效率值	纯技术效率值	规模效率	规模收益类型
珠三角地区	广州	1.000	1.000	1.000	—
	深圳	1.000	1.000	1.000	—
	珠海	1.000	1.000	1.000	—
	佛山	1.000	1.000	1.000	—
	东莞	1.000	1.000	1.000	—
	江门	1.000	1.000	1.000	—
	惠州	0.717	0.806	0.890	drs

续 表

区 域	城 市	综合技术效率值	纯技术效率值	规模效率	规模收益类型
	中山	0.621	1.000	0.621	irs
	肇庆	0.509	0.659	0.773	irs
东翼	潮州	1.000	1.000	1.000	—
	汕头	0.830	1.000	0.830	irs
	汕尾	0.321	1.000	0.321	irs
	揭阳	0.310	0.744	0.416	irs
西翼	茂名	1.000	1.000	1.000	—
	湛江	0.966	1.000	0.966	drs
	阳江	0.378	0.655	0.577	irs
山区	清远	0.895	0.973	0.920	drs
	梅州	0.647	0.749	0.864	irs
	韶关	0.598	0.602	0.994	drs
	云浮	0.575	1.000	0.575	irs
	河源	0.333	0.958	0.347	irs
	平均	0.748	0.912	0.814	irs

DEA 的 BCC 模型中，综合效率可以分解为纯技术效率和规模效率。纯技术效率是测度决策单元在规模报酬可变的生产前沿面上的最佳投入与实际投入的比率。规模效率值可以用来判断城市物流业规模是否合理，资源配置是否达到最优。该值为 1 时说明规模有效，否则规模无效，需要进一步调整。通过表 6-2 可以看出，广东省大多数城市技术效率都处于较高水平，其中广州等 13 个城市的纯技术效率值为 1，达到了技术上的有效，说明这些城市的物流投入结构合理，表现出较强的技术利用能力。惠州、中山等 8 个城市的纯技术比率小于 1，说明这些城市物流投入产出结构存在不合理，其中肇庆、阳江、韶关三市技术比率远低于平均水平。从广东物流规模效率的测量结果可以看出，广州、深圳等 8 个城市规模效率有效且规模报酬不变，实现了资源的最佳配置。中山、肇庆等 9 个城市规模效率无效且规模报酬递增，说明这些城市投入不足，适当追加物流投入可

实现更高产出。惠州、湛江等 4 个城市规模效率无效且规模报酬递减,表明投入已饱和甚至出现剩余,继续投入已不可能带来更高的产出。

(二)投入冗余与产出分析

物流系统的投入冗余和产出不足分析目的在于获取物流业非 DEA 有效决策单元在既定产出下相关投入可减少的幅度或既定投入下相关产出可增加的幅度。惠州、肇庆、揭阳、阳江、清远、梅州、韶关、河源 8 市纯技术效率值小于 1,反映出以上城市在现有技术水平下,存在资源重置或浪费。表 6-3 计算出这些城市的投入冗余额与产出不足额,可以帮助我们找出引起技术效率无效的原因及物流绩效提升的方向。

表 6-3 2010—2015 年广东城市物流投入冗余与产出不足分析

决策单元	投入冗余额			产出不足额	
	物流业固定资产投资额(亿元)	物流业从业人数(人)	公路里程数(千米)	交通运输、仓储和邮政业产值(亿元)	货运周转量(亿吨千米)
惠州	20.05	2 350	5 816.53	0	0
肇庆	21.57	2 560	4 305.21	0	63.76
揭阳	14.219	1 230	1 622.25	0.402	7.494
阳江	15.266	1 970	2 570.98	2.72	59.382
清远	8.60	160	13 292.35	0	0
梅州	11.14	1 230	10 686.86	0	29.90
韶关	28.94	5 060	5 875.07	0	0
河源	0.99	270	4 424.53	21.83	63.91

表 6-3 显示,惠州、清远、韶关三市在物流业固定资产投资额、物流业从业人数、公路里程数三个指标上均存在不同程度的投入冗余。惠州属于珠三角地区物流效率相对较低的城市,物流规模呈收益递减趋势。惠州市非 DEA 有效的原因主要在于物流仍以传统仓储、配送为主,大型现代物流企业少,信息化程

度低，导致物流投资见效慢，从业人员效率偏低。惠州市若能在现有资源投入不变的情况下，合理有效配置资源，就能够有效提高行业效率。清远、韶关两市位于广东山区，两市均处于规模报酬递减阶段。清远投入冗余集中在公路里程数指标，达 13 292.35 千米，韶关投入冗余集中在物流业固定资产投资额指标、物流业从业人数指标。以清远为例，清远地处粤北山区，是连接珠三角与内地市场的重要枢纽，交通以公路为主，公路里程数排全省第一。但该市物流业分散，缺乏完善的网络体系，导致物流对现有交通资源利用有限。

肇庆、揭阳、阳江、梅州、河源五市同时存在投入冗余与产出不足的情况。以河源为例，河源在物流业固定资产投资额、物流业从业人数、公路里程数三方面都存在投入冗余，分别为 0.99 亿元、270 人、4 424.53 千米。在输出指标上，交通运输、仓储和邮政业产值及货运周转量都存在产出不足，分别为 21.83 亿元、63.91 亿吨千米。河源规模效率值仅为 0.347，处于规模收益递增阶段，仍然有较大提升空间。河源与揭阳作为广东经济欠发达地区，物流效率代表广东省的最低水平，需要同时在投入和产出两个方面改进，整合资源，积极降低成本，借助物流效率提升推动当地 GDP 的提升。

（三）区域差异分析

将广东 21 市按照区域划分为珠三角、粤东、粤西及山区，对这四个区域的物流业效率进行统计（表 6-4），效率指标按照区域城市的均值进行取值，规模收益情况的判断取决于区域内城市规模收益的构成情况，例如，某区域规模效益递增的城市占总体的 50%（含）以上，则该区域为规模效益递增。

表 6-4 2010—2015 年广东物流效率区域差异

区 域	综合技术效率值	纯技术效率值	规模效率	规模收益类型
珠三角地区	0.872	0.941	0.920	不变
东翼	0.615	0.936	0.642	递增
西翼	0.781	0.885	0.848	—
山区	0.633	0.866	0.752	递减

表 6-4 反映出广东省物流业总体发展的不平衡，珠三角地区物流业发展水平明显高于其他区域。珠三角地区除惠州、中山、肇庆三市外，其他城市基本都达

到了 DEA 有效。在规模效益上，该地区基本上处于规模收益不变的阶段，说明珠三角城市物流投入要素和产出实现同比例增长，生产处于最佳阶段。东翼和北部山区由于经济发展水平不高，制造产业不够发达，制造业对生产性服务业支撑薄弱，交通区位欠佳，导致综合技术效率都处于较低水平。除此之外，两区域的规模效率值也偏低，物流要素投入未能满足产业发展需求，可以通过扩大规模提高物流系统效率，缩小与其他地区的差异。西翼三市中的茂名和湛江两市物流业投入产出情况较好，基本达到资源使用最优。由于物流成本高，物流业务外包比例低导致揭阳市物流综合效率排在全省最后，拉低了整个区域的发展水平。在规模收益上，三市规模报酬各自处于不同阶段，整个地区的规模收益情况难以直接判断，单就个体而言，茂名应保持现有资源投入规模，湛江可以适当减少要素投入，调整投入产出比例，实现效率最高。揭阳市处于规模收益上升阶段，可以继续增加要素投入，获得更大产出。近年，随着揭阳市电子商务业务快速发展，邮政快递投入规模加大，有助于提高城市的物流效率。

三、区域差异影响因素分析

通过前文分析可知，广东地区物流发展总体不平衡，珠三角地区物流效率最高，西翼居中，东翼及北部山区最差。影响区域物流效率差异的因素众多，各个因素对物流效率指标的影响程度各有不同，除了指标选取时考虑物流产出、人员投入等，还需要综合考虑经济水平、产业结构、政策支持等影响因素，总结起来可以分为以下几个层面：

（一）宏观层面

区域的经济发展水平是影响区域物流投入规模的关键因素。区位条件，如区域的自然区位、海陆位置、交通位置等，是影响物流业发展的客观因素。高质量的物流人才能够有效提升物流企业的管理水平并推动技术创新，在物流系统运行过程中起到举足轻重的作用。珠三角地区处于广东中南部，毗邻香港、澳门，凭借其发达的经济、优越的区位条件及政策环境吸引了大量高素质的人才，促进物流业效率的提升。广东东翼、西翼、山区均属于经济欠发达地区，经济产值加到一起不到广东省 20%，区内交通运输网络不够发达，人才流出频繁，物流业活力不足，效率相对较低。

（二）产业层面

产业理论方面的研究证实，作为现代服务业的重要构成，物流产业的发展依赖相关产业的支撑，尤其是制造业。制造业通过物流产业提供的服务和设施，能够有效缩短物品流转周期，加速资金周转。越来越多法大型制造企业将产品物流环节分离外包出去，专注于生产技术，努力提高企业核心制造业竞争力。广东省是全国制造产业基地，市场对物流服务的需求一半以上来自制造企业的需求，其中珠三角制造业尤为发达，较高的制造业发展水平有效推动该地区物流服务优化及市场效率的提升。广东东西翼及山区制造业发展相对滞后，尤其是西翼和山区，地处广东内陆，农业是这些地区的支柱产业，由于农产品物流发展缓慢，再加上缺乏其他产业的拉动和支持，现代物流产业发展缓慢。落后地区应努力提升制造产业生产效率，鼓励制造企业服务外包，增加物流需求，带动物流业发展。

（三）企业层面

就物流规模和效率关系而言，大型企业相对于中小型企业，能够通过将外部交易成本内部化，利用专业化分工，降低运营成本，实现更有效的资源配置，在一定范围内达到规模报酬递增。规模较大的企业资金实力雄厚，注重信息化建设及技术创新，能够对市场环境变化做出及时反应。综观广东各个区域，珠三角地区大型物流企业集团众多，集中了较多的物流资源，相比之下，北部山区等地区物流企业规模小，资金少，再加上缺乏先进的物流设备及专业人才，导致资源在运作中浪费。这些区域的中小型企业可以通过扩大物流规模，引进设备和人才进行改善。

（四）政策层面

政府政策支持是物流产业全面均衡发展的重要保障。广东省为促进物流产业发展，先后出台一系列政策，包括物流基础设施建设、货运物流基础设施网络、省级物流园区建设等。统计结果发现，政府的政策红利多为珠三角地区城市所得。政府要消除地区间物流效率差异，实现物流业均衡发展，需要在政策上对落后地区倾斜，着重改善东西两翼及山区的物流基础设施建设，在物流资产投入、土地使用等方面给予经济落后地区政策支持。特别要加强落后地区农村物流公共设施建设，为地区间融合创造条件。加强区域间的合作，引导物流产业发达地区带动产业落后地区，最终实现区域物流协调发展。

四、总结与讨论

（1）采用 DEA 模型对广东省 21 个城市 2010—2015 年物流业发展面板数据进行研究，结果表明，广东地区总体物流效率不高，区域间发展不平衡，物流效率差距比较大。21个城市中有8个城市物流效率有效,除潮州、茂名外,其他城市均分布在珠三角地区。效率非有效的13个城市中,物流效率较低的城市主要集中在广东东翼和山区。

(2) DEA非有效的原因主要在于区域物流资源投入、产出结构不合理。通过冗余产出分析发现,物流效率低的城市在公路里程、从业人员指标上存在较大的投入冗余,在货运周转量指标上存在较大的产出不足。在资源利用上,这些城市存在不同程度的资源重置和浪费。例如,东西两翼的一些沿海城市港口码头就因重复建设导致空置,说明资源的投入没有带来有效产出。

(3) 结合广东地区物流业发展的现实情况,发现经济发展水平、产业支撑、企业规模、政策支持等均可能导致区域物流效率分化,指出广东省要实现物流业均衡发展,需要发挥DEA有效地区的发展带头作用,加强区域间合作,加强对落后地区政策倾斜。同时,落后区域应加强物流基础设施建设,改善当地交通运输条件,引进设备和人才,建设本土龙头企业,实现技术效率和规模效率的提升。

第五节 广东物流业对制造业升级影响的投入产出分析

本书用广东省2000年延长表、2002年和2005年延长表、2007年和2010年延长表、2012年的投入产出表研究广东省物流业对广东省制造业细分行业的投入产出关系,并从整体出发研究物流业对制造业的中间投入与制造业营业盈余的影响,以此研究物流业发展对制造业升级的影响。数据来源于历年广东省投入产出表及其延长表。其中,研究行业根据制造业和物流业的分类来界定,物流业是投入产出表中的交通运输及仓储业,制造业包括食品和烟草制造业、木材加工品和家具制造业、仪器仪表制造业等16个行业。

一、投入产出模型

1936年,美籍俄国经济学家华西里·列昂惕夫教授发表的论文《美国经济制度中投入产出数量关系》标志着投入产出法的产生。本书根据广东省2000年、2002年、2005年、2007年、2010年、2012年六年的投入产出表计算整理出广东物流业对制造业各行业投入值。对物流业对制造业整体的投入值与制造业整体的营业盈余进行比较分析，可以看出，这六年物流业对制造业的投入和制造业的营业盈余走势相似，都是上升趋势，并且制造业营业盈余高于物流业中间投入，表明物流业的发展对制造业的利润提升可能有一定的推动作用。本书又选取了通用、专用设备制造业，仪器仪表及文化办公用机械制造业，电器机械及器材制造业，通信设备、计算机及其他电子设备制造业的营业盈余与物流业的中间投入值进行比照。这四类分行业制造业都属于高技术制造业。利用2000年至2012年的6张投入产出表，整理出四类分行业制造业营业盈余与物流业投入情况趋势图，可以看出，四类分行业制造业营业盈余与物流业投入的变化趋势一致。其中，通用、专用设备制造业营业盈余增幅明显，从2000年到2012年营业盈余持续增加；仪器仪表及文化办公用机械制造业从2010年到2012年的营业盈余呈下降趋势，同样2010年到2012年的物流业投入有所下降，两者有着同样的变化趋势；电器机械及器材制造业的营业盈余从2000年到2010年持续递增，到2012年呈下降趋势，同时物流业的中间投入在2012年增长率也有所下降。整体来看，2000年至2012年，广东物流业投入对制造业整体营业盈余有重要作用。选取四个分行业高技术制造业来分析，也能看出广东物流业的发展对制造业升级有一定的支撑作用。

二、产业关联分析

直接消耗系数也称投入系数，a_{ij} 是生产单位 j 总产出对 i 产品的直接消耗数量。用第 j 产品部门的总投入 X_j 与该产品部门生产经营中所直接消耗的第 i 产品部门的货物或服务的价值量 x_{ij} 相除。直接消耗系数 a_{ij} 的大小能够体现 i 部门与 j 部门之间的经济技术联系密切程度。直接消耗系数公式如下：

$$a_{ij} = \frac{x_{ij}}{X_j}(i, j = 1, 2, \cdots, n) \qquad (6-1)$$

从表6-5的横向来看，广东省制造业整体对物流业的直接消耗系数在2002年是0.440 8，到2010年下降到0.271 1，随后又逐渐升高，到2012年升高到0.354，由此可以看出制造业对物流业的依赖度有所增加。从制造业各行业来看，食品和烟草制造业对物流业的依赖度逐渐增加，对物流业的直接消耗系数由0.017 5增加到0.023 6，电器机械和器材制造业在2005年到2010年对物流业的直接消耗系数也有所增加。2007年，通用设备和专用设备制造业对物流业的依赖度是0.017 2，到2012年上升趋势明显，达到0.014 5。通信设备、计算机和其他电子设备制造业对物流业的依赖度呈现波动现象，由 0.018 8 下降到 0.011 7，到 2010 年上升到 0.013 2，随后又有所下降。

表 6-5　各行业制造业对物流的直接消耗系数

	2002	2005	2007	2010	2012
食品和烟草	0.025 4	0.017 5	0.019 7	0.020 9	0.023 6
纺织业	0.016 6	0.008 1	0.020 9	0.026 5	0.021 6
纺织服装鞋帽皮革羽绒及其制品	0.018 0	0.010 9	0.014 8	0.017 7	0.017 9
木材加工品和家具	0.045 6	0.026 9	0.029 6	0.030 4	0.030 2
造纸印刷和文教体育用品业	0.018 4	0.010 2	0.015 5	0.015 6	0.021 4
石油、炼焦产品和核燃料加工品	0.021 8	0.019 4	0.008 2	0.006 9	0.011 7
化学工业	0.026 4	0.019 1	0.019 5	0.023 2	0.025 5
非金属矿物制品	0.058 0	0.040 4	0.025 8	0.020 2	0.038 2
金属冶炼和压延加工品	0.028 4	0.019 1	0.009 2	0.010 0	0.018 5
金属制品业	0.040 5	0.026 2	0.017 8	0.020 5	0.023 5
通用设备和专用设备	0.040 8	0.029 8	0.017 2	0.020 2	0.041 5
交通运输设备	0.024 6	0.019 7	0.018 7	0.018 2	0.021 5
电气机械和器材	0.024 5	0.016 8	0.018 0	0.020 1	0.019 8
通信设备、计算机和其他电子设备	0.017 4	0.018 8	0.011 7	0.013 2	0.008 2

续 表

	2002	2005	2007	2010	2012
仪器仪表	0.016 7	0.015 2	0.012 2	0.014 4	0.014 1
其他制造业	0.017 7	0.007 5	0.012 3	0.014 8	0.016 8
合计	0.440 8	0.305 9	0.271 1	0.301 8	0.354

整体来看，广东省各行业制造业对物流业的依赖度呈先下降后上升的趋势，2007年受到全球金融危机的影响，制造业发展不景气，而2007年到2012年，制造业整体对物流业的消耗程度增大，都表现出广东省制造业与物流业协同发展，物流业对制造业的发展有一定的支撑作用。从历年投入产出表来看，2000年到2012年，物流业整体投入与制造业整体的营业盈余变化趋势基本一致。本书选取了四个分行业高技术制造业的营业盈余与物流业投入值进行比照。通过举例分析有代表性的高端制造业并得出这四类制造业的营业盈余与物流业投入发展趋势图，可以看出物流业投入与分行业制造业营业盈余呈一致变化趋势，表明广东物流业的中间投入对制造业营业盈余的增长存在积极的作用。

第七章 高技术服务业与制造业融合发展研究

第一节 相关概念界定

一、知识密集型服务业

学者对知识密集型服务业的定义至今没有一个公认的结果。不同的学者和组织根据其国情、研究方向及研究目的提出了相关界定。知识密集型服务业概念最初多为外国政府和学者所应用。在英国,知识密集型服务业被定义为业务极大地依赖专业知识与专门技术,提供知识型的中间产品和中间服务的行业。相关学者Hipp、Miles、Muller、Zenker等分别从不同的角度对知识密集型服务业给出了相应的定义。Muller与Zenker广义地将其定义为为其他公司提供有高知识附加值的咨询服务的公司。但这种定义并没有将知识密集型服务业的活动多样性以及服务形式描述出来。之后Miles对该领域开展了较为深入的研究。国外学术界较多采用Miles对知识密集型服务业的定义。Miles认为,知识密集型服务业是指那些显著依赖专门领域的专业性知识,向社会和客户提供以知识为基础的中间产品或服务的公司和组织。在前人研究基础上,Machlup认为知识密集型服务业的范围包括会计和记账服务、管理咨询、建筑设计和勘查、设备管理、工程技术服务、营利性的研究开发机构、研究开发咨询、设计、环境工程、计算机信息技术服务领域、法律服务、市场营销和广告、不动产开发和贸易、培训、有价证券和股票相关服务、临时员工招聘服务和新闻出版。

随着研究的深入,为了进行相关政策研究以及实践,一些经济组织也根据自身情况对知识密集型服务业的含义进行了界定。例如,经济合作与发展组织(OECD)从投入产出视角进行观察,认为知识密集型服务业就是那些技术与人力资本投入较高、附加值大的行业。随着时间的推移和知识、技术的发展,知识密集型服务业的分类也有了进一步拓展，OECD（2001）对知识密集型服务业的范围划分包括信息服务、软件服务、工程服务、数据库、管理咨询、研究开发服务、广告、工业设计、医疗保健及广播影视和文化。中国国务院发展研究中心2001年7月3日第99号调查研究报告中对信息时代背景下的知识服务业进行了定义，认为知识密集型服务业是运用互联网、电子商务等信息化手段的现代知识服务业，其产品价值体现在信息服务的输送和知识产权上，包括金融、保险、教育、咨询、信息电信、物流配送、精算机软件与信息加工服务、研究开发与测试服务、市场服务、商务组织服务和人力资源开发服务等知识含量较高，需要一定专业技术水平和科研水平的服务行业。随着该领域学术研究的发展和实际经济运行的需要，我国学者也逐渐对该领域展开研究。金雪军等做出的定义与国家发展中心得出的定义大致相符，其认为知识密集型服务业是指对信息流进行收集、整理、分析、研究、储存并转化为可用知识，为用户提供信息资源和信息管理的行业。魏江认为，知识密集型服务业是指那些知识密集度高，依靠新兴技术与专业知识，具有较明显的客户互动特征的商业性公司或组织。在以往的研究中，相关学者和组织还对知识密集型服务业进行了行业分类。Sundbo将其分为技术型知识密集型服务业和非技术型知识密集型服务业。金雪军等将知识密集型服务业分为技术服务、咨询服务和电子商务服务这三类。根据相关研究，国内学者刘顺忠（2008）将知识密集型服务业划分为以专业知识为基础的知识密集型服务业和以新技术为基础的知识密集型服务业，这样的划分使知识密集型服务业随着社会知识和技术的不断发展而有所扩展。经济合作与发展组织（OECD）把知识密集型服务业分为以下七类：①信息服务业，包括硬件设计顾问、软件设计顾问和服务业、数据处理、数据库服务、其他计算机相关服务；②研发服务业，在医学技术开发、其他自然科学技术、工程技术、人文社会科学等研究领域，为社会提供有偿的研究开发服务；③法律服务业，包括法律咨询与顾问、法律事务代理、有关专利权方面的顾问、其他法律审计服务、其他会计服务、债务清理服务；④金融服务业，包括簿记服务、审计服务、其他会计服务、债务清理服务；⑤市场服务业，包括市场调查、公众调查、广告代理、广告设计、其他广告活动、贸易展览等；⑥工程性服务业，包括城市规划设计、民用工程服务、建筑服务、水电技术设计、电力工程设计、其他建筑设计、机械工艺设计、技术测试分析、工业设计等；⑦管理咨询业，包括项目可行性分析、投资决策分析、有关资质认证机构、质量认证体系、内部管理咨询、人力资源开发管理、管理顾问等。

总体上看，对于知识密集型服务业的特征已有较多讨论，相对应的定义各不相同，但是特殊性离不开普遍性，通过分析上述定义共同点，笔者较为认可的观点是，知识密集型服务业不同于劳动和资本密集型服务业，它是以知识为主要投入要素且具有较高创新投入和创新绩效的高知识密集的生产性服务业，在其服务过程中，显著依赖专门领域的专业知识，并向社会和用户提供高知识含量服务或中间产品，知识密集型服务的提供者包括政府、公共机构和企业。

根据知识密集型服务业的分类，我们会发现一个问题，即以专业知识为基础的知识密集型服务业和以新技术为基础的知识密集型服务业在特征上的差距越来越大，两者对经济的贡献也逐渐显示出了差别。其中，以新技术为基础的知识密集型服务业发展迅速，在两者中占有越来越高的比例。因此，鼓励知识密集型服务业的发展不能将两者混为一谈，两者在政策选择以及发展条件上的差异需要我们将其区别对待。这一研究思路同样将适用于对高技术服务业的相关研究。

二、高技术服务业的概念

高技术服务业的概念由中国提出，最早在《2003年度科技型中小企业技术创新基金若干重点项目指南》中，提到了"高技术产业"的概念，但当时并没有"高技术服务业"的具体表述。而在《2004年度科技型中小企业技术创新基金若干重点项目指南》中，"高技术服务业"这一名词被正式提出，并被描述为"人才密集、技术关联性强、附加值高并直接促进、支撑、服务于产业发展的高技术服务业"。高技术服务业一经提出，立即受到政府的高度重视，这一概念多次出现在政府文件中，且重要程度与日俱增。2007年，发改委发布的《高技术产业发展"十一五"规划》将其列入八大高新技术产业。2011年，国务院发布《国务院办公厅关于加快发展高技术服务业的指导意见》，高技术服务业已经成为国家重点发展的战略型产业。政府高度重视高技术服务业的同时，学者也积极对其概念、特征等展开深入讨论。王仰东等（2007）认为，"高技术服务业是以创新为核心，以中小企业为实施主体，围绕产业集群的发展，旨在促进传统产业升级、产业结构优化调整的进程中采用现代管理经营理念和商业模式，运用信息手段和高新技术，为生产和市场发展提供专业化增值服务的知识密集型新兴产业"。与传统服务业相比，其特点是"创新性、高技术性、专业性、高渗透性、高增值性、强辐射性和高智力性"。对高技术服务业而言，创新是核心驱动力，中小企业集群是成长土壤，高素质人才既是最核心的要素和资源，也是核心竞争力的载体。

虽然这是早期研究，但其对高技术服务业的概念、特征及内涵进行了深入细致的解析，对后续研究影响较大。而申静等（2014）认为，"高技术服务业是以ICT（Information and Communication Technology）等高技术为支撑，以提供高科技含量和高附加值的技术（或知识）密集型产品或服务为主，兼具高技术产业和知识密集型服务业特征的新兴服务业态"。

从上述研究来看，高技术服务业与国外的知识密集型服务业（KIBS）类似。这一点从国外对KIBS的研究中也可以看出：Miles（1995）认为KIBS是那些对专业性知识依赖程度较高，且对外提供以知识为基础的中间产品或服务的公司和组织；Hertog和Bilderbeek（1998）认为KIBS最重要的任务是在服务业与制造业的创新过程中提供相关知识的服务；Kemppila和Mettanen（2004）指出KIBS可从三个方面进行界定：知识是服务的重要投入、服务高度依赖专业能力和知识、服务提供商和客户间存在高度互动；经济合作与发展组织（2001）认为KIBS指技术及人力资本投入密度较高、附加值大的服务行业。我国国务院发展研究中心（2001）将高技术服务业定义为运用互联网、电子商务等信息化手段的现代知识服务业。魏江（2007）对国内外知识密集型服务业研究进行梳理并归纳，得出其特征：高知识度、高技术度、高互动度与高创新度。由此可见，高技术服务业与KIBS不管在定义上还是在特征上都较为相似。然而有些学者持不同观点，如韩东林等（2013）认为科技服务业基本涵盖了我国高技术服务业的大部分细分行业，两者近似等同，朱月友等（2017）也认为这两者差别不大。这种观点来源于闫小培的《信息产业与城市发展》，且科技服务业与高技术服务业确实存在很高的相似性。但这种看法有其偏颇之处：中国2005年开始对科技服务业进行统计，然而在《产业结构调整指导目录（2011年本）》中，科技服务业被划为高技术产业类的一项内容，故两者属于包含关系，不能用部分代替总体。还有一种观点认为高技术服务业属于现代服务业，如韩东林（2013）等的观点。然而根据科技部2012年发布的《现代服务业科技发展"十二五"专项规划》，现代服务业被定义为"以现代科学技术特别是网络技术为主要支撑，建立在新的商业模式、服务方式和管理方法基础上的服务产业"。它既包括随技术发展而产生的新兴服务业态，也包括运用现代技术对传统服务业的改造和提升。即现代服务业的范畴远远大于高技术服务业，其可以称为"现代第三产业"，因此也不适合替代高技术服务业进行国际比较。

高技术服务业与KIBS在定义和特征方面都较为相似，在分类上两者也有很多重合。事实上，我国现行高技术服务业分类标准在编制时，也参考了知识密集型服务业分类。因此，在进行国际比较时，我们可以将高技术服务业与国外 KIBS 对应，后文将综述 KIBS 的相关研究作为高技术服务业研究的参考。综合上述文献，参考 2013 年政府发布的《高技术产业（服务业）分类（试行）》及部分学者的观点，本书对高技术服务业的概念做出界定：高技术服务业是以创新为核心，运用信息手段和高新技术，人才密集、技术关联性强、附加值高，提供高科技含量和高附加值的技术（或知识）的产业，以及能直接促进、支撑、服务于产业发展，为生产和市场发展提供专业化增值服务的服务业。

三、高技术服务业分类

本书所研究的高技术服务业范围参考《高技术产业（服务业）分类（2013）》，其将高技术服务业分为 9 个大类，25 个中类，63 个小类。其中，小类用《国民经济行业分类》（GB/T 4754—2011）中的小类表示，小类中加"*"的表示仅对应国民经济行业分类小类中的部分活动。表 7-1 为高技术服务业 9 个大类及每大类对应的小类代码。

表 7-1　高技术服务业 9 个大类及其对应的小类代码

大类编号	高技术服务业分类	包含的小类代码
一	信息服务	6311、6312、6329、6322、6330、6410、*6420、6490、6510、6520、6530、*6540、6550、6592、6599、6591、8525、8529、*8610、*8620、*8790
二	电子商务服务	*6540、*6930、*7295
三	检验检测服务	7450
四	专业技术服务业的高技术服务业	7410、7420、7430、7440、7471、7472、7473、7474、7475、748、7482、7483
五	研发与设计服务	7310、7320、*7330、*7340、7491
六	科技成果转化服务	7511、7512、7513、7514、7519、7520、7590
七	知识产权及相关法律服务	7520、*7221、*7229
八	环境检测及治理服务	7461、7462、7721、7722、7723、7724、7725
九	其他高技术服务业	

为后续研究方便,将高技术服务业的各小类与国民经济行业分类进行对比,寻找其所属的大类与门类。去除重复的部分(6420、6540、7340 各有两个),共有 60 个小类,对应到国民经济行业分类的大类与门类,得到表 7-2。

表 7-2 高技术服务业对应的国民经济行业分类

门 类	大 类	小类编号
I、信息运输、软件和信息技术服务业	63.电信、广播电视和卫星传输服务	6311、6312、6319、6321、6322、6330
	64.互联网和相关服务	6410、6420、6490
	65.软件和信息技术服务业	6510、6520、6530、6540、6550、6591、6592、6599
J、金融业	69.其他金融业	6930
L、租赁和商务服务业	72.商务服务业	7221、7229、7250、7295
M、科学研究和技术服务业	73.研究和试验发展	7310、7320、7330、7340
	74.知识产权及相关法律服务	7410、7420、7430、7440、7450、7461、7462、7471、7472、7473、7474、7475、7481、7482、7483、74891
	75.环境检测及治理服务	7511、7512、7513、7514、7519、7520、7590
N、水利、环境和公共设施管理业	77.生态保护和环境治理业	7721、7722、7723、7724、7725、7729
R、文化、体育和娱乐业	85.新闻和出版业	8525、8529
	86.广播、电视、电影	8610、8620
	87.文化艺术业	8790

高技术服务业涉及国民经济行业分类中 6 个门类,12 个大类,主要为门类 I "信息传输、软件和信息技术服务业"的所有小类、门类 M "科学研究和技术服务业"中的绝大部分小类(未包括中类 749 "其他专业技术服务业"中的部分小类)、门类 N "水利、环境和公共设施管理业"下的中类 772 "环境治理业"。

上述部分的小类数据可以用相应门类与中类的数据代替,以方便数据收集,其包含了高技术服务业83%以上的小类。其余小类分散于3个门类,5个大类下,因统计年鉴中数据不全,其数据收集需依具体情况。

归纳总结以上政府文件和相关学者的研究,经过深入的思考,本书认为,高技术服务业主要有以下几个基本特征:

(1)具有高技术产业的一般特征。高技术服务业主要经营活动的一大特点是通过研发新技术新设备、应用新技术新设备为特定对象提供服务,需要重点创新服务工艺、服务产品、服务技术,因此表现出较高的R&D投入、较多的专利申请活动和占职工总数比重较高的研发人员。非高技术服务业是对成熟技术和成熟设备的常规应用,不需要重点开展服务工艺和服务技术创新,通常不需要设立常规R&D机构,不需要连续、大量的R&D投入,不涉及专利申请。

(2)具有服务业的特性。高技术服务业的主要经营活动是基于生物技术、通信信息技术、新材料技术、新能源技术、空间技术、海洋技术以及环境保护和管理技术等高技术开展服务或基于高技术制造业生产的硬件提供相关服务的产业,它本身不生产硬件,不提供有形产品。其所提供的服务在生产、分配、交换和消费诸环节没有明显时间的先后次序之分,常常在时间、空间上并存,并且其消费基本上不产生废物、不造成污染。只不过与其他服务业相比,其服务手段更先进、服务内容更新颖、科技含量和附加值更高而已。

(3)对高技术的依附性和与高技术制造业价值链紧密联系性。高技术是高技术服务业形成和发展的前提条件,同时高技术服务业绝大多数是高技术制造业价值链上的一部分,是高技术制造业创造市场过程中需求不断扩大、个性化服务水平不断提高的产物,是高技制造业的内涵不断深化的结果。高技术服务业可以为高技术制造业提供产品生产前的研发、设计服务,也可以在高技术制造业的产品生产后乃至销售后提供相关服务。其他服务业虽然也可以利用高技术手段或高技术设备,但它们的运营并不必然要依靠高技术手段或高技术设备,并且它们与高技术制造业价值链的关联度很小。

(4)随着科技进步,内涵和外延不断产生新变化。从我国政府文件和相关学者的研究中都不难发现,高技术服务业的概念之所以在不断发展,正是因为高技术服务业密切结合了"高技术"概念。随着科技的进步,一些新的领域逐步形成产业,而随着需求的增加,又有新的科技不断开发出来,如此循环往复,高技术服务业的特征、概念和内涵也在不断发生新的变化。在以上分析的基础上,笔者认为现有高技术服务业的概念虽然是各专业背景的学者从不同角度对一个迅速发展变化的产业给出的概念，具有一定的研究价值，但这些概念的描述大都宽泛笼统又混乱不一。因此，本书对高技术服务业给出了一个既具有概括性又具有开放性的定义，即高技术服务业是具有高技术产业特性、依附于高技术且通常与高技术制造业联系紧密、随着科学技术进步不断发展的知识密集型服务业。

对于由这一定义而产生的外延，需要有三点说明：一，这一定义是通过概括法（隐含领域划分法）得到的，未直接包含对外延的定量测定指标；二，该定义下高技术服务业的外延是历史性的、动态的、发展的；三，该定义下高技术服务业的外延是具有地域区别的。在这一定义下，高技术服务业的外延将随着科技进步而不断发生变化。笔者认为，以我国目前的科学技术及产业发展状况，高技术服务业所依托的技术主要包括共性技术、生物与新医药技术、信息技术、航空技术、空间技术、新材料技术、新能源与节能环保技术、海洋技术等。高技术服务业涉及的业务包括服务平台中电子商务、公共行业的延伸延展、制造业的高技术推广等，标准技术的设计及相关设备的生产流程，实用工业、测试、实验室与研发领域的自然科学的延伸和推广，制造业的高技术化，其他与高技术制造业密切相关的服务业等。从统计规范来说，《国民经济行业分类》是我国产业分类的规范，更是经济数据

统计的重要依据，为了便于对高技术服务业展开进一步研究，本书对HTS包含行业的划分有必要与《国民经济行业分类》相衔接。按照之前的内涵定义和外延界定，考虑到"其他专业技术服务"中符合HTS定义的行业数量较少，故将其除去，根据《国民经济行业分类》（GB/T 4754—2011）高技术服务业可划分在4个门类下的6个大类、2个中类。其中门类包括：I 信息传输、软件和信息技术服务业、L 租赁和商务服务业、M 科学研究和技术服务业、N 水利、环境和公共设施管理业。I 中包括63（电信、广播电视和卫星传输服务）、64（互联网和相关服务）、65（软件和信息技术服务业）三个大类下的所有类别；L 中仅包括725中类对应的小类（广告业）；M 中包括73（研究和试验发展）、74（专业技术服务业）中去除掉"其他专业技术服务业"、75（科技推广和应用服务业）；N 中包括772中类下的"环境治理业"。

根据以上的分析，我们可以得到高技术服务业（HTS）与高技术制造业、高技术产业、知识密集型服务业（KIBS）之间的关系。高技术服务业为高技术产业与KIBS两者的交集，高技术服务业和高技术制造业共同构成了我国的高技术产业体系。

此外，由于本课题的研究范围处于服务业对制造业升级的作用研究领域，故而有必要明确高技术服务业和生产性服务业两者间的关系。高技术服务业和生产性服务业两者间有交集，但不存在互相包含的关系。从服务的对象角度来说，高技术服务业可以分为面向消费者的高技术服务业和面向生产者的高技术服务业，其中后者为高技术服务业和生产性服务业两者的交集。

第二节 制造业升级表现类型及影响其升级的主要元素

一、制造业升级的表现类型

综合而言，所谓制造业升级，是指制造企业通过提升自身创新水平、降低成本或升级产品特性，从而能够更为高效地进行生产活动的过程。这时，制造业能够生产更优质产品，进而掌握并拥有更高的生产能力和更多的生产技术，以满足用户日益增长的各类需求。一般而言，制造业升级可以在以下两方面体现：一方面是宏观层面上，合理优化制造产业结构和布局；另一方面在微观层面上，制造企业由技术水平较低、额外产出较少状态向高精尖水平、高产出比的状态进行转化演变，从而实现制造业的全面升级。纵向上，制造业升级意味着中国制造业在嵌入全球经济价值链的道路上攀升；横向上，制造业系升级意味着中国制造业发挥比较优势，在国际竞争力上的显著提高。但是，根据上述的两个层面难以建立有效的指标体系进行考察。根据上述分析，本书以 Humphrey 和 Schmitzd 对发展中国家制造业升级提出的理论模型为基础，结合中国国情分别讨论各类的不同表现方面。

（一）工艺流程升级（Process Upgrading）

这一方面的升级主要体现在生产设备的升级、生产过程的进步两个方面，综合体现在投入产出效率方面。

2. 产品升级（Product Upgrading）

笔者经过分析，认为有两个指标变化可以表现产品升级方面的情况。一是利润的提高，二是研发投入的增加。这样考虑的原因在于，产品的升级会带来利润的提高，产品升级效果体现在产品附加值上，故而可用利润来衡量。产品升级的关键是以技术创新为核心战略，技术的创新若以研究成果来展现的话，外包于高技术服务业的成果则不在统计范围内，故而这一方面通过研发投入来体现更为科学。

（三）功能性升级（Funcrional Upgrading）

所谓功能性升级，是指制造企业通过对全球制造产业价值链的重新定位，减少自身所承接的贴牌生产业务（Original Equipment Manufacturer，OEM），将自身主要资源转向自主设计制造业务（Original Design Manufacturer，ODM），或进一步转向自有品牌制造业务（Original Brand Manufacturer，OBM）。这种转化使制造企业由简单加工组装企业开始思考和研究营销战略、设计和开发研发环节，进而向自主品牌研发设计制造战略环节转变，所以涉及的两个主要方面在于营销投入和研发投入。但是，营销和研发两个环节在某些行业中是可以通过外包而转入服务业领域的，所以对这两个因素变化的分析不易作为评价制造业升级情况的指标。

（四）跨行业升级（Inter-industry Upgrading）或跨部门升级

所谓跨行业升级及跨部门升级，是指制造企业在全球制造产业链之间以及不同产业部门之间所进行的链条升级。这时的链条升级是指制造企业从一条链条转向另一条不同的、能够产生更多附加值的相关产业链条。链条升级并非发生于同一产业，而是发生在相关产业链条，因此企业能够将自身原本就具有的一些能力和资源运用于新的产业链条，或者转向为更大范围（或全球产业链）。因此，链条升级并不一定发生于某一特定行业。一方面，前人的研究经验表明，在链条升级的实现路径方面，跨行业升级多由需求推动，且与经济、技术、组织、制度等因素密不可分，对于发展中国家，实现链条升级需要提升一国的整体经济实力。另一方面，根据蒋兰陵（2010）对我国现阶段链条升级企业进行的研究，我国存在链条升级的企业多为低附加值、低产出值的劳动密集型企业，如服装制造业、纤维制造业、造纸业及纸制品业、纺织业、金属制品业等，往往与高技术服务业的关联性较小。

二、影响我国制造业升级的主要因素

从国际环境来说，如果一国的制造业长期处于价值链中间部分，即"微笑曲线"的下缘，那么其制造业升级必然长期受到抑制。因此，国际知识资本流动、人才流动、国际贸易环境、世界经济结构等因素等构成了这一层面上影响我国制造业升级的主要因素。

从国家层面来说，我国作为世界上最大的制造业国家，制造业发展的规模相当巨大，但是制造业升级方面存在着诸多问题，影响了我国工业经济乃至整个国民经济的发展进步。对于我国而言，产业结构、产业政策、国民科学教育基础、资本流动壁垒等因素将对制造业升级产生深远影响。从我国的制造业现状来看，增强产业聚集、促进产业内资本流动、调整制造业内行业结构等因素能够有力地促进制造业升级。

从企业层面来说，制造业升级更多地体现在对新科学技术的应用、将新设备投入生产、提高能源和材料的生产效率等方面。因此，从微观的企业角度来说，提高人力资本质量、有效利用知识资本、增强核心竞争力等可以促进整个制造业升级。

第三节 高技术服务业发展对制造业升级作用机理分析

本书对高技术服务业对制造业升级作用的机制和途径，按照作用于产业和企业两个层面进行分析。高技术服务业通过自身发展，可以通过以下两个层面对制造业升级产生影响。

一、产业层面上高技术服务业对制造业升级的作用

（一）降低交易成本

交易成本与生产成本是制造业成本的两部分。交易成本的急剧增加主要是由迂回生产所带来的。从目前情况来看，生产成本受日趋激烈的竞争影响，降低的空间已经变得愈来愈小，同时专业化分工的深化和迂回生产的增强也会降低生产成本。因此，交易成本的降低显得更加重要。

（二）增强自主研发、设计和创新能力

自主研发、设计和创新能力的提升能够很好地解决目前中国制造业中存在的一些问题，包括传统制造业产品精度低、水平及质量较差和由于核心技术的缺乏，而需要支付巨额的技术使用费和技术引进费等问题。将知识资本与技术资本物化到产品生产过程，能够简化生产过程，进而提高效率。

（三）提高制造企业生产效率，减少资源消耗、资本浪费

高新技术服务业在中国的发展现状与国外差距巨大，导致我国制造业技术虽

然取得了很大进步,但在整体科技实力上仍与国外的水平有很大的差距。据有关专家验证,学习国外现成的先进技术在时间成本上能够节省近三分之二,研究费用也能够减少十分之九。据专家推算,我国制造业可以通过对国外先进技术进行引进或对时效已过的专利技术进行研究,以掌握其现成的先进技术。这种方法相对于自主研发,能够节约时间和研发费用。

二、企业层面上高技术服务业对制造业升级的作用

(一)深化制造企业人力资本和知识资本

以较高产品增加值的实现和技术、知识含量的提高为目的,以研究、开发和设计为手段,在技术装备和产品中物化了技术和知识的过程就是新型资本深化的过程。人力资本和知识资本进入生产过程在很大程度上源于高技术服务业,它推进了商品和服务生产过程中日益专业化的人力、知识资本的导入。目前,经济增长方式转变的提出在我国已经有一段时间了,但我国的现状是对一些初级生产要素(如简单劳动力、能源、资源等)过分依赖,而对于高级生产要素(如人力资本、知识资本)的重要作用没有充分发挥出来。高技术服务业则通过管理咨询服务、工程咨询服务、人力资源咨询服务、技术研发服务等诸多方式大大改善了经济增长方式转变进程。

(二)深化和泛化专业化分工

目前,我国高技术服务业存在产业层次较低、发展水平不高等问题,这些问题也是导致多层次市场需求在品种、成本、效率和服务质量等方面难以得到满足的主要原因。因此,要想改善目前我国经济发展现状,高技术服务业专业化和外部化发展是关键。纵观产业演化过程,很多的高技术服务业可以说是垂直分离于"母体"制造业并通过外部化来实现专业化产业形成的。高技术服务业与制造业之间的发展关系密切,主要表现在以下两个方面:一方面,制造业不断提升专业化水平和迂回化程度,不断深化和泛化专业化分工,这都能够从高技术服务业发展过程中得以体现。另一方面,制造业竞争力提升与效率提高归因于生产服务业的专业化发展所带来的投入实际成本的降低及效率的提高。

(三)产品差异化竞争优势的增强

以提升产业核心竞争力为目的,迫切需要提升产业差异化竞争优势,原因在于我国的产业发展的国际空间已然受到影响。表现在制造业以低成本及低廉商品的姿态打入国际市场时,会损害中国产品国际形象,同时会导致贸易摩擦,甚至

会发生贸易抵制的现象。高技术服务（如研发、设计等）和制造活动是产生产品差异的关键。产品差异化可以通过产品开发设计、产品策略、品牌经营、广告宣传和售后服务等方式来培育竞争优势。

（四）提升了产品附加值

一方面，服务越来越成为产品价值的主要来源。在附加值中，加工制造的比重逐渐降低，服务的比重越来越大。从世界范围角度出发，"服务化"已成为制造业目前的发展趋势。以汽车制造业为例，跨国公司汽车销售收入中分配给专业设计等高技术服务环节的约占到35%，美国通用公司有三分之一以上的收入来自高技术服务领域。另一方面，高技术服务业通过产品性能设计、外观设计等方式，提高了产品的质量，给予了消费者更好的用户体验，从而提升了产品认可度，有利于制造业企业形成强大的品牌力量，进而直接提高了产品的附加值。

第四节 中国高技术服务业发展现状分析

中国高技术服务业增加值由4部分组成，从年鉴中收集数据得到2004—2015年中国高技术服务业各细分行业增加值，并加总得到该行业整体的增加值，具体情况如表7-3所示。

表7-3 中国高技术服务业增加值及其组成部分

单位：亿元

年 份	环境污染治理业	全国广播电视总收入	信息传输、软件和信息技术服务业	科学研究和技术服务业	合 计
2004	1 909.80	798.35	4 768.00	2 050.6	9 526.75
2005	2 388.00	931.15	5 329.20	2 409.30	11 057.65
2006	2 566.00	1 099.12	5 683.50	2 684.80	12 033.42
2007	3 387.30	1 316.40	6 705.60	3 441.30	14 850.60
2008	4 937.03	1 583.91	7 859.70	3 993.40	18 374.04
2009	5 258.39	1 852.85	8 163.80	4 721.70	19 996.74
2010	7 612.19	2 301.87	8 950.80	5 691.20	24 556.06

续表

年 份	环境污染治理业	全国广播电视总收入	信息传输、软件和信息技术服务业	科学研究和技术服务业	合 计
2011	7 114.03	2 717.32	10 304.80	7 939.40	28 075.55
2012	8 253.46	3 268.79	11 928.70	9 449.40	32 900.35
2013	7 037.20	3 734.88	13 729.70	11 010.20	35 511.98
2014	9 575.50	4 226.27	15 939.60	12 250.70	41 992.07
2015	8 806.30	4 634.56	18 546.10	13 479.60	45 466.56

总体上看，高技术服务业各细分行业增加值及总增加值均增长迅速。其总增加值从9 526.75亿元增加到45 466.56亿元，规模增长为原来的4.77倍；规模最小的全国广播电视总收入从798.35亿元增长到4 634.56亿元，增长率为480.52%；规模最大的信息传输、软件和信息技术服务业从4 768亿元增长到18 546.1亿元，增长率为289.00%；另外两项，环境污染治理业与科学研究和技术服务业分别增长了361.11%与557.35%。相较而言，增长最快的是科学研究与技术服务业，且其增长量也排第二；增长量最大的是信息传输、软件和信息技术服务业，但其增长速度是最慢的。这两项也是高技术服务业的主要组成部分。各省市高技术服务业基本情况如表7-4所示。该部分利用2016年各省市高技术服务业增加值数据进行研究。此处需要说明的是，由于省市年鉴未收录电视广播相关数据，故省市数据未包括电视广播的收入。另外，部分行业，如资源勘探、海洋气象、国家级科研项目等，增加值不计入省市数据，因此各省市增加值数据加总得到的值小于全国高技术服务业增加值。

表7-4 各省市高技术服务业增加值与经济密度

省 市	增加值/亿元	排 名	经济密度（亿元/万平方千米）	排 名
北京	5 327.68	1	3 171.24	2
江苏	3 615.81	2	352.42	4
广东	3 596.56	3	199.81	6
浙江	2 991.89	4	293.32	5
上海	2 527.61	5	4 012.08	1

续 表

省 市	增加值/亿元	排 名	经济密度（亿元/万平方千米）	排 名
山东	2 214.95	6	144.01	8
重庆	1 536.10	7	186.65	7
四川	1 415.29	8	29.40	19
湖北	1 316.12	9	70.80	10
天津	1 302.23	10	1 152.42	3
湖南	1 292.14	11	61.01	11
河北	1 009.85	12	53.80	14
福建	973.02	13	80.22	9
河南	938.31	14	56.19	13
辽宁	840.96	15	57.64	12
江西	737.49	16	44.16	16
云南	694.14	17	18.11	23
黑龙江	670.49	18	14.74	24
山西	669.72	19	42.85	17
安徽	646.17	20	46.25	15
陕西	601.65	21	29.26	20
吉林	540.35	22	28.23	21
内蒙古	492.35	23	4.16	28
广西	345.06	24	14.62	25
甘肃	224.88	25	4.95	27
贵州	177.45	26	10.08	26
宁夏	173.68	27	26.16	22
海南	142.13	28	41.80	18
新疆	135.30	29	0.82	30
青海	99.79	30	1.38	29
西藏	72.92	31	0.59	31

由表 7-4 可知，高技术服务业增加值最高的是北京，为 5 327.68 亿元，排第二到第五的分别是江苏（3 615.81 亿元）、广东（3 596.56 亿元）、浙江（2 991.89 亿元）、上海（2 527.61 亿元），最低的为西藏，为 72.92 亿元。高技术服务业经济密度最大的是上海，为 4 012.08 亿元/万平方千米。省域中排第一的是江苏，为 352.42 亿元/万平方千米，最低的仍为西藏，为 0.59 亿元/万平方千米。

第五节 广东高技术服务业对制造业转型升级的影响

自改革开放以来，广东依托劳动力、土地、能源和环境等廉价资源承接制造业的国际转移，依靠生产要素价格较低的比较优势进入全球价值链（GVC）分工，逐渐成为制造大省，创造了经济高速增长的奇迹。但这种模式的局限性也逐步凸显，大多数企业竞相追逐以代工等方式切入到由发达国家的大买家所控制的 GVC 分工体系，被"锁定"或"俘获"于其中的低端环节（低端制造或加工组装环节），产业链两端被跨国公司控制，生产所需的一些工业服务，尤其是高技术服务主要由所属跨国公司内部提供，产品线和产业链在本地市场延伸不足。打破这种发展困境，必须改变把竞争优势建立在初级生产要素上的传统做法，利用高级要素的投入改变对"低端道路"的路径依赖。具体来说，就是要增加对制造业的高技术服务投入。高技术服务业是在网络和信息技术等高新技术条件下，以提供高质量和高技术含量和高附加值服务为目的，由现代服务业与高新技术产业相互融合发展的产物。

高技术服务业具有高技术含量、高附加值和高创新性特点，占据着产业链的高端环节，是当今世界综合国力竞争的制高点，也是现代产业体系的重要组成部分和经济增长的新引擎，对产业结构的优化升级和产业竞争力的提升具有重要影响。对于广东来说，大力发展高技术服务业是扩大高技术产业发展规模和提升高技术产业发展质量和层次的必经途径，也是实现"广东制造"向"广东创造"转变的迫切需要。

一、广东高技术服务业对经济发展的贡献度分析

利用 2007—2017 年广东的统计数据，运用 Eviews 6.0 软件计算出高技术服务业对广东 GDP 和各个产业的贡献度。采用下列模型：

$$Y = C + \alpha X + \varepsilon$$

其中：Y 表示 GDP 或制造业产值或服务业产值；X 表示高技术服务业产值或其两个分行业的产值；α 表示高技术服务业的弹性系数，即 X 增长 1% 将导致 Y 增长 α%；C 为常数项；ε 为误差项。

（1）高技术服务业对广东 GDP 的贡献度分析

利用 Eviews 软件计算出高技术服务业及两个行业对广东 GDP 的贡献度。从结果中可以看出，不管是高技术服务业整体对 GDP 做回归还是两个细分行业单独对 GDP 做回归，三个模型有较高的拟合度，且都通过了检验（表7-5）。三个模型与数据的拟合程度较好，系数都通过了检验。整体高技术服务业对 GDP 的贡献度为 1.88，即前者每增长 1%，将带来 GDP 增长 25.62%。结果发现，科学研究、技术服务和地质勘查业对 GDP 的贡献度大于信息传输、计算机服务和软件业，前者对 GDP 的贡献度为 6.02，后者为 3.09。

表 7-5　对 GDP 贡献分析的实证结果

解释变量	被解释变量 GDP					
	方程 1		方程 2		方程 3	
	估计系数	标准差	估计系数	标准差	估计系数	标准差
常数	−764.87	3 219.71				
高技术服务业	25.62	1.88***				
信息传输、计算机服务和软件业			36.65	3.09***		
科学研究、技术服务和地质勘查业					83.78	6.02***
R^2	0.98		0.97		0.98	
$D.W$ 检验值	2.15		1.78		2.89	
F 统计值	186.448 8		140.30		193.71	
P 值	0.000 167		0.000 291		0.000 155	

（二）高技术服务业对广东制造业的贡献度分析

利用 Eviews 6.0 软件计算出高技术服务业及两个行业对广东制造业的贡献度，结果显示不管是高技术服务业整体对 GDP 做回归还是两个细分行业单独对

GDP 做回归，三个模型的回归都通过了检验，且具有非常高的拟合度，方程中的系数也通过了检验，如表 7-6 所示。整体高技术服务业对制造业的贡献度为 11.36，即前者每增长 1%，将带来 GDP 增 11.36%。从结果中还可以发现信息传输、计算机服务和软件业对制造业的贡献度要比科学研究、技术服务和地质勘查业对制造业的贡献度高，前者对 GDP 的贡献度为 16.26，后者为 11.36。

表 7-6 对制造业贡献分析的实证结果

解释变量	被解释变量 GDP					
	方程 1		方程 2		方程 3	
	估计系数	标准差	估计系数	标准差	估计系数	标准差
高技术服务业	11.36	0.95***				
信息传输、计算机服务和软件业					16.26	1.53***
科学研究、技术服务和地质勘查			11.36	0.98***		
R^2	0.97		0.97		0.97	
$D.W$ 检验值	2.67		2.67		2.67	
F 统计值	135.13		135.13		135.13	
P 值	0.000 313		0.000 443		0.000 313	

二、提高广东高技术服务业对制造业转型升级促进作用对策

高技术服务业是现代服务业的重要内容和高端环节。当前广东制造业生产过程中太依赖物质投入，而没有充分发挥出高技术服务业对制造业转型升级的作用，这种状况对广东产业结构升级和建立现代产业体系都是极其不利的。高技术服务业对制造业转型升级的促进作用受阻主要是由广东不利的国际分工地位、服务业开放步伐缓慢、落后的产业组织形态、中介组织发展不完善等因素造成。因此，促进广东制造业和高技术服务业的良性互动发展、加快建立现代产业体系必须从提高制造业引资水平、加快服务业对外开放等方面入手。

（一）打破体制障碍，为产业互动创造发展氛围

首先是要促进政府管理职能的转变，在发展理念、制度安排和体制机制等方

面进行全面转型。除了极个别涉及国家安全和必须由国家负责垄断经营的领域外,其他行业都要进一步深化改革和完善改革措施。其次是加快垄断性行业的改革进程,通过合理引导民间资本和外资参与国有企业改组改造过程,推进在非基本服务行业领域由以政府为主的资源配置向以市场为主的资源配置转变。最后是扩大对外开放和放松服务业市场准入条件,鼓励在更广泛的服务业领域中的非国有经济参与发展,并利用多种手段和渠道吸引资金和劳动力投向高技术服务业各部门,提高竞争程度,推动产业升级。要充分把握高技术服务业兴起的机遇,把高技术服务业发展作为培育发展战略性新兴产业、促进产业转型升级的战略重点,以市场化、专业化、网络化、国际化、特色化为方向,加快发展研发设计服务、知识产权服务、检验检测服务和科技成果转化服务,提升发展数字内容服务和电子商务服务,推动高技术服务业实现跨越式发展,加快形成以服务经济为主的产业结构。

(二)深化社会分工,为产业互动建设发展平台

推动和引导制造企业进行管理方式的创新和业务流程的再造,将一些非核心的生产性服务环节进行剥离,用购买社会化的专业服务代替,将发展重点集中于市场拓展、技术研发和品牌运作上,逐步打造自己的核心竞争优势,整合和提高配套企业的服务供给能力,大力发展产业内部和企业内部的专业化分工体系。从宏观角度看,交易费用是影响制造企业高技术生产服务外包的主要因素。在一个交易费用低的环境中,制造企业在进行生产性服务外包的过程中,可以有效削弱"搭便车"行为、发现隐藏的信息、甄别虚假的信息和转移外包的风险等,从而获得稳定的外包利润预期。要想降低交易费用,政府应该不断完善制度体系,如深化改革行政审批制度,进行政府服务方式创新,提升行政服务效率,强化诚信体系建设,培育优良的信用环境等。从微观角度看,生产服务企业的效率是影响制造企业高技术生产性服务外包的主要因素。所以,政府需要制定科学合理的产业组织政策,构建鼓励竞争的市场环境,从而带动广东高技术生产性服务业的高效发展,促使制造企业剥离审计、会计、信息、物流、研发设计、广告营销和技术咨询等服务性业务,通过外包给不同的专业公司,以提高生产效率和降低生产成本,从而提高制造业的竞争能力。为更好地服务于外资制造业,要有针对性地吸引一些关联性外资服务业进入本地市场,将单纯的制造业集聚变为集合制造与服务功能的产业链集聚。同时,鼓励大规模、信誉好、质量高的服务企业,通过实施跨地区和跨行业的兼并重组来促进生产性服务业的集中化和组织化。

(三) 加大政府培育扶持力度，完善配套政策

不同于工农业产品可以实行标准化大规模生产、进行跨距离运输销售，服务业产出具有不可储存性的特性，而知识和技术密集的专业服务还具有定制性、个性化以及客户需求的零星性、偶发性等特性，这就使高技术企业只有达到一定规模的稳定客户群才能生存下去，也只有达到一定规模服务外包的成本优势才能显现。目前，珠三角高技术服务业发展仍处于起步阶段，政府仍需通过构筑合作平台、倡导服务外包观念、为校企合作牵线搭桥、消除市场发展障碍，以及在融资、人才、税费等方面的政策鼓励加大对高技术服务业的扶持力度，培育高技术服务企业尽快达到起点规模。积极鼓励外资和民间资本向高技术服务业转移，重点引进高知识含量、高技术密集度和高附加值的生产性服务业项目，加强资源整合，组建服务业大集团和企业，争创服务业大品牌，带动高技术服务业整体发展；利用各种经济手段，如资金资助、税收减免、信贷补助等，加快企业转型升级，推动研发设计、成果转化等重点生产性服务业的发展。

(四) 促进服务创新，为产业互动维护发展动力

创新可带来高附加值，促使产品价值链领域发生连续突变和飞跃。高技术服务业的创新最终体现在丰富服务产品内容、改善服务产品质量和提高顾客满意度上。它既有服务理念的更新、服务内容的深化以及服务方式的创新等服务生产阶段的创新，也有标准化、品牌化、国际化、连锁经营等经营阶段的创新。同工业技术创新一样，这些服务业的创新同样需要政府的支持。许多服务业发达的国家或地区都通过优惠政策对本地区服务业的创新进行扶持，如印度的软件服务业、德国的咨询业以及我国台湾地区的文化创意产业等在其发展过程中都曾得到当地政府的大力支持。但是在广东，与工业相比，服务业的创新还很少引起人们的关注。

(五) 培养高技术服务业人才，为产业互动提供发展保障

高技术服务业是智力密集型行业，由于人力资本的素质是构成高技术服务业竞争能力的重要元素，所以目前高技术服务业的竞争更多地取决于知识和技术的竞争。广东高技术服务业发展滞后在很大程度上受到人才短缺的制约。高素质专业人才对发展高技术服务业尤为重要。专业人才不足是目前制约广东制造业与高技术服务业互动发展的一个主要因素。这就要求广东借鉴发达国家成功经验，通过依托各类中高等院校加快人才培养、依托国内外培训组织和市场中介加强岗位职业培训、依托灵活的优惠政策加大高层次人才引进力度等各种途径增加珠三

角高技术服务业发展需要的各类专业人才，同时强化职业资格证书制度和培训考核，提升专业服务水准，为高技术与制造业互动发展提供强有力的人才保障。进一步加强服务业职业教育，可以通过多种形式的培训，提高服务技能，培养适用型的高级经营、管理人才和高技能的服务业劳动者。逐步建立和推行职业资格证书制度体系，提高从业人员的职业素质和修养。通过优惠政策增加广东高技术服务业对海外人才的吸引力。加强国际合作研究和交流，充分利用发达国家的知识、信息与智力资源。

第八章 全球价值链下装备制造业与生产性服务业融合路径研究

第一节 全球价值链下装备制造业与生产性服务业融合系统

装备制造业是为国民经济和国防建设提供技术装备的制造业，是国民经济发展特别是工业发展的基础。我国装备制造业不仅自身在国民经济体系中具有重要地位，还具有极强的带动效应。除对国民经济产生直接带动外，装备制造业还可通过其显著的溢出效应和较高的要素边际产出间接带动整个工业体系的发展。可见，装备制造业的发展状况关系到整个国民经济的运行质量。考虑到装备制造业作为高技术、高附加值的先进工业设施设备行业，在制造业中的地位，承担着带动制造业整体产业发展的重任，本章将以装备制造业角度，研究制造业与生产性服务业融合路径。

在全球价值链（Global Value Chain，GVC）下，我国装备制造业虽获得了长足的发展，但仍然存在大而不强、自主创新产品推广应用困难和产业资源不足等问题。从 GVC 的角度来看，我国的装备制造业在 GVC 中处于低端位置，继续维持定位于"GVC 低端"的发展战略，不仅会受到来自价值链高端大买家的进一步俘获、控制和盘剥，也会受到其他发展中国家以更低成本加入国际竞争的冲击，装备制造业价值链攀升和产业升级势在必行。当前全球经济呈现出由工业型经济向服务型经济转型的态势，《中国制造 2025 规划纲要》提出的"发展现代制造服务业"等八大对策和党的十八届三中全会所提出的"以市场需求为导向，以质量效益为核心，以科技创新为动力，从产品前期调研、设计、制造到宣传推广、销售服务等全方位打造高附加值品牌形象"的装备制造业发展思路，为经济新常态下我国装备制造业的发展指明了新的发展方向，即走与生产性服务业融合发展的道路。在资源约束背景下，以"产业融合"应对 GVC 下我国装备制造业的发展困局，促进其 GVC 攀升和产业发展，进而带动区域经济发展和国家竞争力提升已成为学术界和产业界的共识。生产性服务业是被装备制造业等其他产业用作中间投入的服务业，是与装备制造业直接配套的服务业。在国际产业不断转移和再分工的背景下，全球分工的细化和价值链的延伸导致产业链上不同环节所创造价值的差异日益扩大，装备制造企业所创造的价值更多地来自研发、营销等价值链两端的生产性服务环节。在市场需求的拉动力、技术进步的推动力和市场竞争压力的共同作用下，装备制造业与生产性服务业的融合发展成为一种必然趋势。

因此，对 GVC 下我国装备制造业与生产性服务业融合路径及其实现策略进行系统研究，对于实现两大产业融合，进而基于产业融合效应解决我国装备制造业的发展困局，提升其价值增值能力和 GVC 价值位势，在资源约束背景下实现我国装备制造业的产业升级和跨越式发展，具有重要的理论和现实意义。

一、相关概念界定

（一）全球价值链

波特最先提出价值链（Value Chain）的概念，价值链是将企业创造价值的过程分解在设计、生产、营销、交货等一系列相互分离的活动中，这些活动中的每一个环节都会对企业的相对成本有所贡献，其总和构成企业的价值链。但是，价值链是在企业层面来研究价值创造过程，随着经济全球化和信息技术的不断更新，价值链的相关研究也从企业层面上升到了产业层面和国家层面，产品的价值创新过程不断地分解成为价值模块，由于不同国家的资源禀赋差异，不同的价值模块由不同的国家来完成，因而形成了全球价值链（Global Calue Chain，GVC）。借鉴联合国工业发展组织对 GVC 所做的定义，本书认为 GVC 是指为实现商品或服务价值而将研发、生产、销售等价值环节连接在一起的全球性价值网络体系，该体系涉及所有参与者，研发、生产和销售等活动，价值增值与利润分配等多维因素，由设计、产品开发、生产制造、营销、售后服务和循环利用等多种价值增值活动共同构成。

（二）装备制造业

1. 装备制造业的内涵

装备制造业作为制造业的核心，肩负着为国民经济各部门进行简单再生产及扩大再生产所需要的各种技术装备。根据由中华人民共和国国家质量监督检验检疫总局和中国国家标准化管理委员会发布的 2017 年《国民经济行业分类》标准

（GB/T 4754—2017，2017年10月1日正式实施），装备制造业包括C33到C40，共计8大类、66个中类。

2. 装备制造业的特征

（1）战略地位突出。装备制造业不仅自身体量巨大，还具有技术及资本密集的特点，可以通过为其他行业提供技术装备，带动关联产业的发展与升级，是国民经济的基础及重要组成部分。此外，装备制造业还关系到国家安全及国际竞争力的提升。因此，装备制造业在经济体系中占据十分突出的战略地位。

（2）业关联度高。产业关联是指产业与产业之间通过产品或服务投入产出关系而形成的相互关联、相互依存的内在联系。装备制造业是为其他行业提供支持，如生产性服务业等，因此与其他行业相比，装备制造业产业关联度高，且带动效应明显。

（3）价值链模块化。由于装备制造业的产品一般具有可分解性，其产品生产一般不是由一个企业独立完成，而是需要不同企业分别生产不同模块或零部件，进而进行最终组装。因此，装备制造业价值链可以分解为若干个模块，且这些模块化的价值链片段可以遍布全球各地，由不同国家的不同企业来分别进行实现。

（4）生产者驱动转向市场驱动。传统的装备制造业是由生产者驱动的，大批量流水线式的生产模式使消费者对所购买的装备产品无法提出自己的要求，可供选择的产品种类也比较少。在消费者需求的引导下，装备制造业的生产模式由生产者驱动型转变为市场驱动型，装备制造业也开始基于顾客需求为其量身定做装备制造产品。

（三）产业融合视域下生产性服务业类型及其内涵界定

生产性服务业可从不同角度进行类型界定，其中产业融合视域下的生产性服务业类型界定对本章节的研究具有重要的借鉴意义。例如，根据刘明宇（2010）所提出的"生产性服务价值环节在制造业价值创造中的结构性嵌入和关系性嵌入"，将生产性服务业划分为结构嵌入型和关系嵌入型。基于本章节的研究目标，借鉴Cusumano等学者的研究成果，依据生产性服务业在装备制造业与生产性服务业融合发展中的作用不同，本书将生产性服务业划分为嵌入型生产性服务业、拓展型生产性服务业和延伸型生产性服务业三种类型，并对其内涵进行如下界定：嵌入型生产性服务业主要是指可通过嵌入装备制造业价值链中的装备制造基本价值环节，"平滑"装备制造过程，增加装备制造迂回度，从而提高装备制造效率和价值创造效率的生产性服务业，如机械设备修理、节能服务、生产性保洁服务、检验检测认证标准计量服务、人力资源管理、职业教育和培训等；拓展型生产性服务业主要是指可支撑装备制造业价值链中装备制造基本价值环节向平行价值链进行横向拓展与渗透，进而提高特定价值链中装备制造价值环节的价值创造规模，实现装备制造资源整合与优化配置的生产性服务业，如信息传输服务、信息技术服务和电子商务支持服务等；延伸型生产性服务业主要是指可接入装备制造业价值链中装备制造基本价值环节两端，实现装备基本制造价值片段向价值链两端延伸，进而提高装备制造价值环节价值位势和价值创造能力的生产性服务业，如研发与设计服务、科技成果转化服务、知识产权及相关法律服务、产品批发服务和回收与利用服务等。

从产业融合的视角来看，不同类型的生产性服务业，在其与装备制造业的融合过程中可体现出不同的融合特点和作用，且其与装备制造业的融合动因、融合过程和融合效应也具有显著的异质性。需要指出的是，本章对嵌入型生产性服务业、拓展型生产性服务业和延伸型生产性服务业的划分是基于研究目标，从产业融合视域对生产性服务业进行划分所得到的结果，各细分产业间并不存在严格的内涵边界，且存在部分内涵交叠。

（四）产业融合路径

随着新的信息技术的不断发展，产业融合现象在经济发展中越来越普遍，大量学者对产业融合进行了研究。学术界对于产业融合内涵界定为，伴随知识、技术及市场融合而导致的两个产业边界模糊及重新界定的过程，产业融合主要包括两大主要过程，即供应端的融合（技术知识融合）和需求端的融合（市场融合）。因此，产业融合是指两个以上产业在用户需求、技术创新、竞争压力和政策引导等多重因素的共同作用下，基于产业间的关联互动关系，打破既有产业边界而相互介入、相互渗透，并逐步形成共同体的产业交互发展过程。路径在不同的领域有不同的含义，如在日常生活领域，路径指的是道路、到达目的地的路线；在网络领域，路径指的是从起点到终点的全程路线；在计算机领域，路径指的是指向文件或某些内容的文本标识。

综上所述，对产业融合路径的内涵界定如下：产业融合路径是指两个以上产业在用户需求、技术创新、竞争压力和政策引导等多重因素的共同作用下，基于产业间的关联互动关系，通过一定的路线，借助一定的方法和措施，打破既有产业边界而相互介入、相互渗透，从而形成新型产业或产业共同体的产业交互发展过程。

(五)装备制造业与生产性服务业融合路径

从前文对装备制造业与生产性服务业内涵及特征的分析可知,生产性服务业并不具备完整的价值链体系,即生产性服务业并不能离开其所服务的对象而单独存在。因此,我们站在装备制造业的角度来研究 GVC 下我国装备制造业与生产性服务业的融合路径问题。以产业融合路径的内涵为基础,结合 GVC 下我国装备制造业与生产性服务业发展现状,对两大产业融合路径的内涵做如下界定:装备制造业与生产性服务业融合路径是在资源约束条件下,由用户需求、技术创新和市场竞争等多重因素的共同引发,以装备制造业为主导,基于其与生产性服务业的关联互动关系,借助一定的方法与措施,以生产性服务价值环节嵌入装备制造价值环节为主要表现形式,打破产业既有边界而形成新型产业或产业共同体的产业交互式发展的动态过程。

二、融合系统分析

系统的"层次性"决定了装备制造业与生产性服务业融合系统相关研究可基于研究目标的差异,从不同的维度或视角进行划分,因此其边界具有一定的模糊性。装备制造业与生产性服务业融合路径研究以产业融合系统为基础,因此需对该产业融合系统进行详细分析,确定系统要素、结构、目标和环境,从而揭示其本质特征。

(一)融合系统要素分析

GVC 下我国装备制造业与生产性服务业融合系统是以装备制造业和生产性服务业为主体要素的双主体系统。作为一个开放系统,产业融合系统的演进又会受到用户、政府及其他相关支撑要素的深刻影响。

1. 主体要素

(1)装备制造业。装备制造业在产业融合系统中处于主导地位,其主导性主要源于以下两个方面:一是由于装备制造业广泛的产业关联性和显著的溢出效应,其在我国国民经济体系中占据重要的战略地位,产业发展长期受到政策倾斜等因素的支持,产业基础雄厚,可用于产业融合的各类资源的积累较生产性服务业更为丰富;二是我国装备制造业长期处于 GVC 的低端,其价值增值能力较生产性服务业差距较大,因此其产业融合的意愿更为突出和强烈。相对丰富的产业融合资源与较高的产业融合意愿的耦合使装备制造业在融合系统中处于主导地位。基于此,本书主要基于装备制造业的视角研究其与生产性服务业的融合路径问题。

第八章　全球价值链下装备制造业与生产性服务业融合路径研究

（2）生产性服务业。生产性服务业是融合系统的另一个主体要素，但在产业融合过程中一般处于支撑地位。生产性服务业的主体性主要体现在两个方面：一方面，显而易见，生产性服务业是融合系统的重要主体；另一方面，生产性服务业中的部分细分行业，如咨询行业、信息行业和金融行业，还可以对两大产业的融合起到促进和润滑作用。生产性服务业在融合系统的支撑地位表现在产业融合过程中，多以生产性服务价值环节嵌入、拓展及延伸装备制造业基本价值链的形式实现两大产业的融合。

2.支撑要素

广义上看，GVC下我国装备制造业与生产性服务业融合系统除包括主体要素外，还包括用户和政府等支撑要素。

（1）用户。从产业融合的视角来看，融合系统中的用户主要是指装备制造业用户。用户需求是装备制造业发展的出发点和归宿，无论是来自制造业等中间用户的需求，还是来自终端消费市场或装备制造业自身的需求，都会对融合系统的发展产生深刻影响。用户对融合系统的影响不仅体现在需求端，还体现在供给侧。从需求端来看，用户需求端的变化，如个性化和定制化装备需求的增加，特别是"装备+服务"一体化需求的增加必然会引发装备制造业的适应性调整，通过与生产性服务业的融合提供满足需求的"装备+服务"包；从供给侧来看，供给侧改革必然要基于对用户需求及其变化方向的预判和准确把握，才能更好地满足和引导用户需求，因此用户需求还会对包括产业融合在内的供给侧改革产生重要影响。

（2）政府。对于政府在经济体系中的作用存在一定的争议性，尤其是在微观经济层面。从产业层面来看，无论是重政府还是重市场的经济体系，学者都不否认政府的作用，只是对其发挥作用的方式和程度存在一定的争议。我们认为在GVC下我国装备制造业与生产性服务业融合系统中，政府应发挥重要的支撑和保障作用。其原因包括以下几点：一是装备制造业作为我国国民经济体系中的战略性产业，不但占用大量的资源，而且其发展直接关系到国计民生，因此应加强宏观调控与管理，目前政府是最合适的管控主体；二是我国市场经济体制不健全，市场的盲目性和滞后性在装备制造业领域体现得尤其明显，造成了部分细分行业产能过剩等突出问题，因此需要政府从宏观层面进行资源配置的合理调控，实现资源市场配置和政府配置的双管齐下；三是我国装备制造业中部分企业的所有制形式为全民所有制或集体所有制，即为政府所有，因此政府不可避免地以各种形式参与到两大产业的融合实践之中;四是政府作用的发挥还会对装备制造业与生产性服务业的融合环境产生影响,从而影响两大产业的融合。综上所述可知,政府是装备制造业与生产性服务业融合系统的重要因素,直接关系到两大产业的融合进程。

(3)其他要素。装备制造业与生产性服务业的融合还会受到行业协会、中介机构、科研院所与高校的影响。其中,行业协会不仅可以协调政府与产业界的关系,降低产业的进入和退出壁垒,为产业融合创造有利条件,还可以规范产业融合过程中各融合主体要素的行为,并处理因产业融合而产生的纠纷;中介机构可以为两大产业的融合提供资产价格评估、企业资信评估、律师、会计、专利、企业注册、招标和拍卖等方面一系列的中介服务支持;科研院所与高校则可以为两大产业的融合提供技术、知识和智力等方面的支持。

(二)融合系统结构分析

GVC下我国装备制造业与生产性服务业融合系统结构主要是指系统各要素间的关联关系和相互作用秩序。GVC下我国装备制造业与生产性服务业融合系统结构随着系统要素和系统环境的演变而不断变化。从发展历程角度来看,GVC下我国装备制造业与生产性服务业融合系统主体要素间经历了"一体化→分离→分立→互动→融合"等一系列演化过程,因此融合系统结构是一个动态演进的结构体系。在此过程中,用户和政府作为主要支撑要素,持续为两大产业关系的演进提供市场和政策的支撑;行业协会和中介机构等支撑要素在此过程中从无到有、从小到大地发展起来,并在两大产业的融合过程中发挥越来越重要的支撑作用;科研院所与高校则在此过程中不断完善自身的社会职能,越来越多地参与到装备制造业与生产性服务业的融合过程之中,并为两大产业的融合提供了颇具价值的智力支持。

目前,GVC下我国装备制造业与生产性服务业正在逐步打破其传统边界,使两大产业融合系统的结构出现了如下明显变化:一是GVC体系不仅拓展了用户的选择空间,使"装备+服务"式一体化产品的竞争优势日益突出,还带入了新的竞争者,加剧了市场竞争,从而推动了装备制造业与生产性服务业由产业互动向产业融合演进;二是GVC体系在一定程度上弱化了政府的作用,促使我国政府由管理型政府向服务型政府转变;三是行业协会、中介机构、科研院所与高校等支撑要素作用的日益凸显,已经成为GVC下我国装备制造业与生产性服务业融合系统的必要组成部分。

同样需要指出，在不同环境及演进路径下，GVC下我国装备制造业与生产性服务业融合系统会呈现出不同的结构特征；系统结构虽呈现出动态变化的特点，但在特定时空范围内会保持相对的稳定性。

（三）融合系统目标分析

融合系统目标是GVC下我国装备制造业与生产性服务业融合系统得以存在和发展的基础，可从如下多个层面加以界定：融合系统最直接的目标是实现GVC下我国装备制造业与生产性服务业的产业融合，促使两大产业从关联到互动，再到融合依次演进。显而易见，单纯的产业融合并不是融合系统要素参与产业融合进程的最终目的，即没有融合系统要素是为了融合而融合。装备制造业、生产性服务业、用户、政府、行业协会和中介机构等融合要素参与到产业融合实践之中，主要是为了实现系统要素自身的发展，因此必然赋予产业融合系统"促进融合系统要素发展"的系统目标，该目标是产业融合系统得以存在和演进的基础，是产业融合系统的根本目标。

因此，将GVC下我国装备制造业与生产性服务业融合系统的系统目标概括如下：GVC下我国装备制造业与生产性服务业以融合型用户需求为导向，在政府的引导和管理下，借助行业协会、中介机构、科研院所和高校等要素的支持，对系统资源进行合理规划和高效配置，在满足用户融合需求的基础上实现融合系统要素的发展，特别是提升装备制造业的价值创造效率和价值增值能力，实现其产业升级。

（四）融合系统环境分析

环境对GVC下我国装备制造业与生产性服务业融合系统的生存与发展具有支撑和制约的双重作用，适应环境并且对环境要素有效利用是产业融合系统生存和发展的必要条件。适应和利用环境要素的前提是对环境因素的全面把握。本书基于经典的PEST环境分析框架，从政治、经济、社会和技术四个方面对GVC下我国装备制造业与生产性服务业融合的环境进行分析。政治环境方面，我国政治环境长期保持稳定，不仅为装备制造业及其与生产性服务业的融合发展营造了良好的政治环境，还对装备制造业的发展给予了较高程度的政策倾斜，一个有利于两大产业融合发展的政治环境已然形成。经济环境方面，区域或宏观经济的发展水平直接决定了其内在产业的发展水平和发展空间。经济环境可从经济资源、市场空间和经济体制等多个维度对装备制造业与生产性服务业融合产生影响。当前我国已经成为世界第二大经济体，从而为装备制造业与生产性服务业的产业融合提供了充足的资源与市场支持。随着社会主义市场经济体制的不断完善，我国现行的经济体制已能在制度层面保障我国装备制造业与生产性服务业的产业融合。

（五）融合系统的自组织性分析

自组织系统应满足如下基本条件：第一，系统应该是一个开放性系统；第二，系统应远离平衡态；第三，系统各要素间应存在非线性相互作用；第四，系统应存在涨落；第五，系统存在突变。因此，本书从以上五个方面对GVC下我国装备制造业与生产性服务业融合系统的自组织性进行分析。

（1）产业融合系统是一个开放系统。系统的开放性是指系统可以与其环境之间进行物质、能量及信息的交换。显而易见，GVC下我国装备制造业与生产性服务业融合系统是一个典型的开放系统。依托于融合系统与环境之间人财物、信息、知识和技术等产业资源的有效流动，GVC下我国装备制造业与生产性服务业融合系统可以不断调整系统要素与目标，并持续完善系统结构，从而在适应环境的同时通过自组织形式不断向高端演进。

（2）产业融合系统是一个远离平衡态的系统。远离平衡态主要强调系统内存在显著的差异与不均衡。GVC下我国装备制造业与生产性服务业融合系统内的不均衡是由其主体要素的差异性所决定的，两大产业在产业输入和输出、产业功能、产业资源和产业能力等多个方面均存在显著差异，从而使融合系统处于一种远离平衡的状态。另外，产业融合系统与环境间存在显著的交互作用，"负熵"的输入会促使产业融合系统进一步远离平衡态，特别是在GVC体系下，"负熵"的输入更为显著。可见，GVC下我国装备制造业与生产性服务业融合系统是一个远离平衡态的系统。

（3）产业融合系统要素间存在非线性相互作用。非线性相互作用指系统各要素之间存在多层次、交互式作用，一个要素的微小变化可能会引发其他要素或整个系统形成不成比例的变化。GVC下我国装备制造业与生产性服务业融合系统各要素之间均存在非线性相互作用，主要表现在如下方面：一是产业融合系统主体要素之间存在非线性相互作用，两大产业之间的协调发展可以形成两者间循环式的相互促进作用；二是用户与主体要素间存在非线性相互作用，用户可以从技术、产品和市场等多个维度对装备制造业与生产性服务业产生作用；三是政府与主体要素间存在非线性相互作用，政府可以通过产业政策、财税政策和信贷政策等多种手段对两大产业及其融合施加多维影响。此外，产业融合系统其他要素与主体要素、用户、政府之间均存在非线性相互作用。因此，GVC 下我国装备制造业与生产性服务业融合系统要素间存在多重非线性相互作用。

（4）产业融合系统存在"涨落"。"涨落"是系统因其要素或行为变化而偏离原有状态的现象，当一个系统处于临界状态时，"涨落"可促使其跃升到一个新的有序状态。GVC 下我国装备制造业与生产性服务业融合系统的"涨落"可由多个因素的变化所引发，变化因素既可以是内部因素也可以是外部因素，但内部因素的变化对融合系统的"涨落"起主导作用。因此，GVC 下我国装备制造业与生产性服务业融合系统涨落的诱因主要包括用户需求变化、产业技术创新突破和政府政策调整等。

（5）产业融合系统存在突变。突变是复杂系统实现自组织的路径之一，是在渐变基础上所形成的短时间内的剧烈变化。GVC 下我国装备制造业与生产性服务业融合系统是一个渐变与突变并存的系统，渐变体现为两大产业间温和的投入产出作用，而突变则体现为两大产业渐变基础上所形成的产业融合。

综上所述，GVC 下我国装备制造业与生产性服务业融合系统是一个远离平衡态的开放系统，系统内存在的"涨落"及其各要素间存在的非线性相互作用，可引发产业融合系统的渐变与突变。因此，GVC 下我国装备制造业与生产性服务业融合系统是一个典型的自组织系统，可通过自组织形式完成系统演进。

三、基于自组织理论的装备制造业与生产性服务业融合系统演进机理分析

机理即系统变化的理由与道理，是系统内要素相互作用的运行规则与原理。因此，GVC 下我国装备制造业与生产性服务业融合系统的演进机理即融合系统的演进条件、动因和过程及其内在规律性。

（一）融合系统演进条件分析

基于自组织理论可知，开放性是系统自组织演进的必要前提条件。显然，一个封闭或孤立的系统因无法获得物质、能量或信息的有效输入，无法实现系统演进。因此，保障 GVC 下我国装备制造业与生产性服务业融合系统的开放性是实现其自组织演进最为重要的条件。

保障 GVC 下我国装备制造业与生产性服务业融合系统的开放性至少应做好以下两点：

一是降低产业规制强度。装备制造业与生产性服务业在我国国民经济体系中的特殊重要性决定了其必然受到政府等系统要素的高强度规制，如在一些高精尖

装备制造领域，政府就设置了"行业审批准入制度"和"牌照制度"等较高的进入门槛。显然，较高的产业规制强度影响了融合系统的开放性，降低产业规制强度成为共识。从融合系统整体视角来看，随着我国市场经济体制的不断完善，融合系统所面临的行业壁垒日益降低，特别是在加入WTO和深度嵌入GVC体系之后，我国装备制造业与生产性服务业领域的产业规制强度及产业进出壁垒均得到了极大程度的降低，从而保证了融合系统的开放性。

二是提高产业资源流通渠道与平台的完善程度。产业融合系统开放性的外在表现是人、财、物以及信息等产业资源的高频大量流动，因此GVC下我国装备制造业与生产性服务业融合系统的开放性必然要依托完善的产业资源流通渠道和平台才能得以实现。目前，我国已经建立起了由中介机构、第三方平台和政府机构等主体构成的相对完善的产业资源流通体系，极大地保证了GVC下我国装备制造业与生产性服务业融合系统的开放性。

综上所述，GVC下我国装备制造业与生产性服务业融合系统的演进条件主要包括宽松的产业规制，以及完善的产业资源流通渠道和平台，且目前产业融合条件已基本成熟。

（二）融合系统演进动因分析

从自组织视角来看，远离平衡态与系统要素间的非线性作用是推动系统自组织演进的重要因素，亦即系统自组织演进的动因。对GVC下我国装备制造业与生产性服务业融合系统而言，远离平衡态与系统要素间的非线性相互作用具有紧密的关联性，远离平衡态诱发系统要素间的非线性相互作用，而系统要素间的非线性相互作用则有助于融合系统达到新的平衡态。

1. 产业融合系统远离平衡态

促使GVC下我国装备制造业与生产性服务业融合系统远离平衡态的原因可归结于融合系统主体要素间的非均衡性：第一，装备制造业与生产性服务业在产业功能和目标市场方面存在显著差异。装备制造业主要向市场提供装备产品及其配套服务，而生产性服务业则主要提供生产性服务及实现服务所需的部分设备，因此两大产业的产业功能和目标市场不仅存在显著的差异性，还具有一定的互补性。第二，装备制造业与生产性服务业的价值增值能力存在较大差异。从产业性质来看，装备制造业处于微笑曲线的低端，而生产性服务业则处于价值链的高端，两者的价值增值能力天然具有非均衡性。从我国装备制造业的发展实践来看，其GVC低端嵌入的产业定位使其长期处于GVC链主的盘剥之下，产业价值增值能力受到极大抑制，从而进一步增加了其与生产性服务业价值增值能力的非均衡性。第三，装备制造业与生产性服务业在产业规模、产业资源和产业能力等方面也存在一定差异性。我国装备制造业经过相对更长时间的发展，不仅产业规模较大，产业资源的累积存量较多，其资源整合能力也普遍高于生产性服务业。虽然该差异随生产性服务业的迅速发展而不断缩小，但目前仍较为显著。此外，装备制造业与生产性服务业在市场竞争强度、企业规模、从业人员数量与质量等方面也存在一定差异性，从而也促使产业融合系统远离平衡态。

2.产业融合系统要素存在非线性相互作用

GVC下我国装备制造业与生产性服务业融合系统作为一个远离平衡态的开放系统，系统要素（特别是主体要素）之间必然存在非线性的相互作用，从而驱动融合系统向新的平衡态，即产业融合演进。GVC下我国装备制造业与生产性服务业融合系统要素间的非线性相互作用主要表现在以下几个方面：

首先，装备制造业与生产性服务业间存在日趋显著的非线性相互作用。一方面，装备制造业的发展需要人力资源管理、财务管理和物流管理等生产性服务业价值环节的多维度嵌入，才能正常和高效地运转，而该过程又在一定程度上拉动了相应生产性服务业的发展；另一方面，装备制造业的发展和升级还需要研发创意和市场营销等生产性服务业的大力支持才能得以实现，而该过程同样可以拉动生产性服务业的发展。因此，装备制造业与生产性服务业之间存在交互式的循环促进关系。随着这一关系的不断深入，装备制造业与生产性服务业会逐渐形成利益共同体，并推动两大产业向融合方向演进。

其次，用户与装备制造业和生产性服务业之间存在非线性相互作用。如前文分析，用户可以从市场需求端和产业供给侧两个方面对装备制造业与生产性服务业的产品供给产生影响，如个性化、定制化和"装备+服务"一体化需求的日益增加，必然会促进装备制造业与生产性服务业的融合，以实现装备制造的柔性化及"装备+服务"包的有效供给。另外，装备制造业与生产性服务业创新性产品的供给则可在一定程度上创造市场需求，引领用户消费。因此，用户与装备制造业和生产性服务业之间存在相互作用关系。显而易见，在这样一个买方市场情境下，用户对装备制造业和生产性服务业的影响是主要和显著的，而两大产业对消费的引领则显著性不高，即使是可以引领消费的部分产品，也是建立在对潜在消费需求有效认知基础上的。因此，用户需求的变化拉动了装备制造业与生产性服务业的融合。

最后，装备制造业与生产性服务业内部也存在着非线性相互作用。在市场引导和政府调控的双重作用下，产业资源必然会出现相应的流动，从而影响两大产业所在市场的市场竞争强度和产业竞争力。从当前我国装备制造业与生产性服务业的产业发展实践来看，加入 WTO 和深入嵌入 GVC 体系在很大程度上增加了系统内的主体要素的数量，即增加了两大产业的竞争强度和竞争压力，从而促使其探索包括产业融合在内的提升产业竞争力的新途径。因此，产业竞争压力的加大可以推动装备制造业与生产性服务业的融合。

综上所述，GVC 下我国装备制造业与生产性服务业融合系统的演进动因主要包括两大产业功能及目标市场差异、产业价值增值能力差异、产业规模与资源差异、产业关联与互动关系深化、用户需求变化和市场竞争加剧等因素。

（三）融合系统演进过程分析

GVC 下我国装备制造业与生产性服务业融合系统的演进过程是通过系统要素涨落和系统的渐变与突变实现的。GVC 下我国装备制造业与生产性服务业融合系统要素的涨落首先体现在用户要素上。当前，绝大多数市场已经不可逆转地由卖方市场转变成了买方市场，用户已经成为绝大多数经济系统中最为重要的因素，装备制造业与生产性服务业融合系统也不例外。用户需求变化是 GVC 下我国装备制造业与生产性服务业融合系统涨落的外在表现，具体体现在以下方面：首先，中间用户需求向定制化和小批量方向发展，而终端用户需求则向多样化和个性化方向发展；其次，用户需求从单纯的装备产品向"装备＋服务"包或一揽子解决方案方向转变；最后，用户需求还出现了"以租代买"和"分期购买"等新变化。可见，用户要素的变化模糊了装备市场与服务市场的界限。与用户要素的涨落相适应，融合系统主体要素，即装备制造业与生产性服务业也会随之出现适应性涨落。装备制造业的涨落主要表现为装备制造模式和服务模式的转变，即由大规模批量化生产向小规模柔性化生产转变，由售后服务向终身服务转变。生产性服务业的涨落则主要体现在产业体系的不断健全和完善，及其服务水平的提高和服务范围的延伸。此外，政府、行业协会、中介机构、科研院所和高校等支撑要素也出现了相应的涨落，如政府的简政放权、行业协会服务作用的增强、中介体系的完善等。

GVC 下我国装备制造业与生产性服务业融合系统要素的涨落引发了融合系统的渐变：一方面，用户需求要素的涨落促使装备制造业与生产性服务业通过产业合作以提供"装备＋服务"包或一体化解决方案等新形态产品，从而加强了产业间的互动性。随着用户需求的不断变化,装备制造业与生产性服务业需要建立相对稳定的合作机制以适应多变的用户需求,从而加强了两大产业的协同性。随着用户需求的不断扩大,为满足用户需求而付出的交易成本将会大幅上升,此时两大产业倾向于将所有价值环节进行内部化处理。当内部化成本低于交易成本时,装备制造业与生产性服务业融合系统的渐变就有可能转化为系统突变。另一方面,装备制造业与生产性服务业融合系统内装备制造业与生产性服务业两大主体要素的涨落因具有较大的互补性而形成耦合,使两大产业间投入产出等关联互动关系不断得到加强。随着产业互动关系的强化,两大产业随机性的涨落耦合逐渐形成制度性的合作机制,两大产业的产业利益和产业行为趋于统一化,从而在两大产业间形成协同关系。在此基础上,为保障产业协同过程中自身利益的实现,装备制造业与生产性服务业将会通过管理输出和参股控股等方式加强对彼此的管理和控制,从而逐渐突破两大产业间的协同关系而向产业融合突变。

当 GVC 下我国装备制造业与生产性服务业融合系统的渐变积累到一定的阈值,即产业融合系统达到其当前状态的极限后,融合系统要素的涨落就会引发产业融合系统的突变。装备制造业与生产性服务业融合系统的突变表现在以下几个方面:首先,装备制造业与生产性服务业融合系统的突变体现在市场需求的融合上;其次,装备制造业与生产性服务业融合系统的突变体现在产品的融合上;再次,装备制造业与生产性服务业融合系统的突变体现在管理的融合上;最后,装备制造业与生产性服务业融合系统的突变体现在组织的融合上。当装备制造业与生产性服务业在市场、产品、管理和组织等层面的突变相继完成后,融合系统的突变,即装备制造业与生产性服务业的融合即告完成。

综上所述,得到基于自组织理论的 GVC 下我国装备制造业与生产性服务业融合系统演进机理。

第二节 广东省制造业与生产性服务业动态匹配模式及选择研究

制造业和生产性服务业作为国民经济两大重要支柱产业,两者之间存在不可分离的需求和供给互动关系。伴随专业化程度的加深,制造业部门结构更加细化,生产链条进一步延伸,需要高度优化资源配置,将资金、技术、人力等资源分配到关乎企业核心竞争力的关键制造环节。在这种深度的专业化分工条件下,

广东生产性服务业发展与制造业升级研究——兼论金融与物流产业的支撑效应

制造业将大量的生产性服务业环节剥离出去，由专业生产性服务业公司提供，生产性服务业体系更加完备。制造业和生产性服务行业的动态匹配是指作为市场的需求和供给双方，无论主体条件与外部环境如何变动，两个主体均能通过持续调整不断相互适应对方，并且配合成对以达到效率最佳状态。在实践中，由于存在周期性差异及产业失衡等原因，两个产业在发展过程中经常表现出超前、滞后、供需失衡等不匹配的情况。如何把握两个产业发展的节奏，实现两个主体相互匹配，让生产性服务业更好地服务于制造业，同时制造业为其提供更广阔的市场空间？解决以上问题对推动广东省制造业产业升级及产业融合发展具有重要意义。

一、制造业与生产性服务业价值链重构及内涵

相比传统制造业，先进制造业分工更加深化，价值链链条向两端延伸的同时细化出更多环节，每一种生产性服务都有自己的价值链构成，两个产业的价值链呈现出高度开放、结构复杂、相互关联的特征。两大产业要达到动态匹配的目标状态就需要在价值链的多个环节界面同时进行大量资源和信息交互，价值链重构是制造业与生产性服务业进行动态匹配的主要方式，其内涵主要在于：

第一，生产性服务业从制造业中有效剥离，优化资源配置，推动先进制造业产业升级。企业价值链上的价值创造来自企业价值链上的特定环节。制造企业为增强竞争力保留最核心的环节，剥离部分生产，通过服务外包等方式转移给专门的生产性服务企业，能够有效控制成本、提高生产专业化，促进效益提升。尤其先进制造业具有工艺精细复杂、专业化技术含量高、分工细化、品牌效应显著等特征，将资金、技术、人力等资源集中配置到关乎企业核心竞争力的关键环节，将非核心业务转移出去有利于生产的精益求精。充分剥离后，制造业的资源配置目标专注于提高制造业的技术进步与产品创新能力，创造更大的产业价值，从而加快制造业产业升级。

第二，剥离出去的生产性服务行业按照需求规模和需求结构重新整合并嵌入制造业价值链中，在制造业价值链的不同环节进行相应的互动、协调与磨合，从而逐步朝着相互匹配的目标状态演化。嵌入方式上有两种；一种是结构嵌入，即生产服务性活动直接嵌入制造过程，但又独立于制造过程进行市场化运营。此类生产性服务活动多表现为中间投入，如信息服务、科学研究、金融服务等。另一种是关系嵌入，即生产性服务模块与制造业产品形成过程有一定的外部相关性。对制造业形成全过程而言，以关系嵌入方式嵌入制造业价值链的生产性服务起到

的是辅助和降低交易成本的作用。

第三，两大产业价值链相互匹配逐步融合形成价值网络。重新嵌入制造业价值链的生产性服务行业可以服务于某个特定环节，也可以服务于多个环节，无论哪种方式，都可以按照结构嵌入或者关系嵌入的方式进入制造业的一个或多个环节中。这种情形下，制造业的价值链和生产性服务业的价值链共同构成了一个庞大复杂的网络状结构体系。制造业与生产性服务业两条价值链之间不断进行磨合与匹配，两个产业的边界模糊形成一个整体。这个价值网络可以创造更大的价值，但只有重点把握创造价值的关键环节才能以最有效率的方式推进整体网络的价值创造与增值，降低成本，促进两个产业的融合。

二、广东生产性服务业与制造业动态匹配融合现状

（1）生产性服务业未能实现有效剥离，生产性服务业与制造业匹配总体处于低水平状态。广东省制造业基础雄厚，先进制造业增加值年增长率不断上升，2016年同比增长9.5%。然而，制造业整体升级发展相对缓慢，制造企业尚未将生产性服务业从价值链中剥离出去。从制造企业业务构成可以看出，目前广东制造业上市公司业务构成中的生产性服务业主要是批发代理、设备维修等比较低端的生产服务领域，高端专业化生产服务涉及较少。生产性服务企业服务的对象也只集中于本土的制造企业，主要领域是物流、制造维修、传统金融服务、贸易代理服务等，内在匹配初步形成，但这种匹配是专业化分工较低条件下的低水平均衡。

（2）生产性服务外包需要与制造业价值链有效整合

在政府主导和推动下，广东省目前培育和重点建设14个生产性服务功能区、6个省级服务外包示范城市、12个生产性服务外包示范园区，形成生产性服务业的产业集聚。在外力推动下，快速发展的生产性服务业存在的问题主要在于生产性服务被整合到制造业价值链条中。杨少浪（2016）对广东生产性服务业与制造业融合情况进行考察，通过计算生产性服务业的影响力系数，得出结论，生产性服务业对制造业影响力不强，影响力系数为0.269，与制造业融合程度低。这在一定程度上反映出广东目前缺乏能够创造更高附加价值、对价值链产生影响力的嵌入式生产性服务业。

三、广东先进制造业与生产性服务业动态匹配模式

广东制造业与生产性服务业的动态匹配要达到目标状态，需要从价值链的角

度构建推动制造业与现代生产性服务业动态匹配的模式与路径。根据价值链重构的主体属性不同,可以有以下三种模式:

(一)政府主导模式

由政府主导推动制造业与生产性服务业的价值链重构。政府根据本地区的制造业发展的需要和区域产业结构调整的方向,一方面选择部分生产性服务领域进行重点培育,加大产业投资力度,通过建设生产性服务业园区,形成产业集聚效应,促进服务业快速成长;另一方面通过政府政策引导,加快推进制造业脱离生产性服务业。

(二)产业自发互动模式

这种模式强调在没有外力的情况下,制造业在遭遇发展瓶颈,面临原材料和能源短缺、成本增加等情况下,自我调整,逐步向能源消耗低、知识和资本附加值含量高的先进制造业升级。在制造业产业升级的过程中,生产专业化水平大幅提升,促使生产性服务业从制造业中剥离出来,剥离出的生产性服务业可以直接嵌入先进制造业的生产过程或者成为生产性服务业与制造业共同构成的价值链网络中不可缺少的环节,重新嵌入制造业的价值链。

(三)价值链集成商主导模式

制造业与生产性服务业价值链重构是由产业价值链中具有整合和控制能力的价值链集成商主导进行的。价值链集成商根据自身掌握的核心技术和关键资源,确定其在价值链各环节中的定位,将企业生产聚焦于具有资源和技术优势的环节并逐步做大做强,然后在此基础上,根据最终产品的客户需求,通过业务外包、平台构建等方式黏合、组织价值链各方力量进行生产,实现最终价值。[3]

基于主体不同的动态匹配模式在互动与匹配动因、优劣势方面具有各自的特征,如表8-1所示。

表8-1 先进制造业与生产性服务业三种匹配模式比较

	政府主导模式	产业自发互动模式	价值链集成商主导模式
价值链互动与匹配动因	政府对产业结构调整的意志	制造业升级的内生动力、生产性服务业规模扩张与提升的内在需求	中间商扩展业务的内生需求和来源于外部融入集成商价值链的动力

续 表

	政府主导模式	产业自发互动模式	价值链集成商主导模式
优势	政府促进作用；有较强选择性	符合产业发展规律；新价值网络稳定性强；匹配黏合度高	产业重构效率高；能有效避免产业间失衡及不稳定；匹配度高、黏性强
劣势	外力作用明显；缺乏内生性需求；易形成产业间结构性失衡	重构过程周期长；易于反复；短期效应不明显	价值链集成商培育难度高；无法适用于产业发展量级较低的区域
实施条件	产业基础相对薄弱的地区，政府具备强有力的主导控制力	高度开放的经济体系，产业体系内部具备良好的生态环境	制造业与生产性服务业发展到一定量级，政府产业政策指向明显，市场有调节度

四、广东制造业与生产性服务业匹配模式比较及路径选择

近年来，广东省开始高度重视加快生产性服务业发展，促进产业结构优化升级。结合广东省目前的实际情况，其在推动产业动态匹配融合方面以政府主导模式为主。

第一，广东省重视生产性服务业发展。一方面，强调生产服务业12个重点发展领域，在产业融合方面努力推动制造企业服务化；另一方面，确定12个先进制造业发展重点行业，以推动广东省制造业产业升级，包括智能制造装备、汽车、石化、钢铁、船舶制造等。可以看出，无论在生产性服务业还是制造业方面，政府重点支持的项目及领域数量过多、布局分散，在实际运作过程中容易导致重点不够突出、政策力度难以集中，政府主导将大打折扣。

第二，广东省目前培育和重点建设14个生产性服务功能区、12个服务外包专业园区。综观这些园区发现，生产性服务业高度聚集，与制造业互动定位清晰的生产性服务园区并不多，部分产业园区的产业领域布局重复性高，缺乏差异化，容易引发园区之间的竞争，不利于提高服务的技术层级和产品质量，最终还导致与制造服务需求的不对称。

第三，制造企业剥离生产性服务类政策主要出现于制造业与服务业发展意见、规划等文字报告中，目前尚未有独立文件。2011年，广东省佛山市出台《关于鼓励制造业企业主辅分离发展现代服务业的指导意见》，鼓励制造企业将研发、

物流、采购、营销等其他专业配套服务主辅分离，集中精力发展核心业务，促进服务业专业化水平提升。

综上所述，广东省目前以政府主导推进制造业升级，并促进制造业与生产性服务业互动与匹配的模式并未取得明显效果，因此才会出现制造业向先进制造业升级缓慢，对生产性服务业剥离不充分，生产性服务业至今发展规模不大，服务层次较低，与制造业的匹配属于低水平状态。考虑到产业自发互动模式要求适用区域具备高度开放的自由市场经济条件，广东省目前并不具备以上条件，且由于此模式自发互动周期长，不利于广东省尽快提升全球价值链中的竞争力。

从价值链集成商主导模式来看，广东省高新技术产品产值占工业总产值比重从34.2%提高到39.0%，加上其他先进制造业产值，占比已经达到一定规模。广东生产性服务业发展迅速，尤其是广州、深圳生产性服务业占服务业比重接近60%，尽管其中以基本生产性服务业为主，嵌入式生产性服务业的规模还很小，但是生产性服务业发展的产业环境基本形成。从全国范围来看，广东在汽车制造、精细化工制造、生物医药、金融、信息服务等方面具备优势，这都为培育价值链集成商提供了有利的外部条件。

五、结论

广东省要实现产业动态匹配融合的目标，需要从突破产业发展瓶颈，推动产业结构优化的现实需要出发，培育价值链集成商。通过价值链重构实现两个产业动态匹配是符合现实条件且最佳、可行的模式。通过何种路径实现这种模式是下一步研究要解决的问题，仍然需要进一步分析与探讨。

第九章 广东省生产性服务业与制造业发展城市案例研究

第一节 广州市生产性服务业发展模式——基于区域合作的视角

自经济建设速度加快后,广州市经济得到稳定发展,在一定程度上推动了制造业的发展,相比之下,生产性服务业的发展仍面临着困境。WTO 的全面推进使我国广州市生产性产业与周边区域服务业接触更加紧密,尤其是在"进一步解放思想、深化粤港澳合作"思想提出后,更是开辟了广州生产性服务业新思路,广州市生产服务业发展融入区域合作模式已经成为大势所趋。

一、广州市生产性服务业区域联系

(一)经济联系与产业联系

站在产业联系层面看,可以广州市生产性服务业区域联系为中心,积极采用定量分析法,通过建立相似的引力模型,逐步探索广州市与周边区域经济及产业的联系。

(二)联系特点

(1)广州市与珠三角经济方面的关联具有层次性。与广州联系最多的城市为佛山,其次为香港,再次为东莞、深圳。相对而言,广州与珠三角中另外几个城市的联系相对较少。产生这一现象的根本性原因是,广州与佛山相邻,存在紧密联系。广州是广东省省会城市,更是与香港生产性服务业存在着密切交流。通过合理比对研究后,可知现阶段广州市与香港之间联系度要相对高于其他城市,与香港合作广州生产性服务业会有大好前景。

(2)香港与珠三角间的联系侧重点不同。根据相关数据显示,当前香港与深圳之间的生产性服务业联系度最高,其次为广州与东莞。由此可知,地理空间上的临近性能使深圳与香港实现更多交流。从某些层面来讲，这一点有利于两地经济与服务业的稳步发展。东莞港资企业对香港生产性服务业生产要素的应用较多，促进了两地之间的联系。

（3）广州便于珠三角周边产业建立联系，香港便于大珠三角周边产业建立联系。珠三角范围内，广州与附近区域的产业联系明显多于其他城市间的产业联系，与之相对的生产性服务业联系指数也与其大致相似。据此可知，广州是珠三角经济联系中心，广州与香港之间建立生产性服务业合作关系，无论是站在哪一角度而言，均具有较强的现实意义。广州生产性服务业未来前景广阔，但整体水平偏低，仍存在着些许不足。据此，广州应逐步深化经济体制改革，考虑到资金、经验、人才的现实需要，外部协调需求由此出现，因为仅仅凭借本地供给是无法实现有效改革的。香港生产性服务业由于受到狭小市场的限制，生产性服务业发展也存在着向外拓展市场的需要。

二、生产性服务业发展新出路

（一）区域合作理论基础

区域合作指的是各地区内，物质生产、流通、信息技术开发期间，各生产单位、要素之间相互联系，根本目的是为彼此获得更多的物质利益，提升生产效率，同时强化自身市场竞争力，逐步占据更多的市场份额。一般情况下，双方或多方会在坚持平等互惠的合作原则下，签订相应合同与协议，将各方联合体建立某种或不同的经济联系。简言之，就是在各地区内，逐步形成相互依存、共同进步、取长补短的合作关系。区域合作的方式能够推动区域经济结构实现优化，将其比较优势最大化，进而达到经济共繁的目的。区域经济合作指的是，不同国家、地区之间签订相关协议实现经济合作，旨在增加商品流动的自由度，实现国家经济政策、区域经济体制的规范化。从当前世界经济形势来看，区域经济合作已是大势所趋。根据社会生产需求，实现区域经济合作具有至关重要的作用。

（二）区域合作现状

广州和香港两地合作作为共同发展的示范，出现了"三个最"，其一为香港是广州最大外贸来源地。截至2019年，香港在广州投资的项目已有上万，实际应用外资超出200亿美元；其二是香港是广州市最重要合作方之一；其三是香港是广州市最大的境外投资目的地。在两地合作趋势日益加剧的背景下，收益逐步增加，对应的生产性服务业也得到持续性进步。20世纪90年代开始，香港逐渐加大对广州生产性服务业的投资力度，尤其是在广州金融开放期间，双方联系更是紧密。以东亚银行、永亨银行为例，该类港资银行全部于广州市创办分行。与此同时，广州充分借助香港金融优势，考虑到其发达的资本市场，实现了广州先进企业的香港上市，共同开拓国际市场。

（三）区域合作趋势

习近平总书记在视察广东省时曾指出，广东省必须将自身地理优势最大化，紧紧抓住机遇，迎接挑战，尽可能地建立与周围区域的有效联系，不断强化自身合作能力及经济发展能力。现阶段应将实现多方合作的重点设置为服务业发展。基于此，广东省委书记也做出详细说明，要求广东省进一步解放思想，全力推动粤港澳合作，根据实际情况，建立并完善合作机制，创新市场竞争模式，在真正意义上做到粤港澳高度融合。另外，还要丰富合作形式，特别是要加强现代化服务企业间的联系，并利用增进产业聚集度的方式，逐步提升应对国际市场变化的能力，加快国际接轨速度，推动生产性服务业迈向现代化。

三、协调互补发展模式

从区域劳动分工理论的角度看，各国家、区域均具备区别于其他国家、区域的生产优势，各项资源（如地理资源、人力资源、技术等）也可得到妥善分配，为多方谋取"比较利益"。20世纪70年代左右，部门内贸易便表示，区域之间由于规模经济、产品差异化相互联结后，往往会出现一种新型比较优势，并产生新的分工合作。广州市与周边城市、区域同样符合这一点，可借助比较优势，深入推进生产性服务合作。综合当前情况来看，广州市生产性服务业存在的有利条件较多，如市场需求量大、潜力大、发展趋势良好、投资热点多、成本低、国家政策扶持等，是珠三角区域内最具生产性服务条件的城市。但由于受到多方面因素的影响，其中仍存在着某些弊端，如产业规模小、层次低、市场化程度偏低、从业人员专业素质较低、技术与设备落后等，在一定程度上制约了行业发展。香港各项运营成本持续上涨，对应的土地价格也在不断增加，同时兼具人才稀缺、当地市场潜力不足、资源配置不当、企业规模小的劣势，各类不良因素限制了生产性服务业的发展。但香港具有独特的区位条件和较大的发展优势，而且城市本身具有服务业中心地位，集世界金融、信息、商业、贸易于一体，其生产性服务业已经上升至一定高度，服务水平较高，兼具国际化特点。综合广州市与香港特别行政区的生产性服务业行业特征、比较优势，创新能够促进两地生产性服务业健康发展的协调互补模式，将其城市功能最大化的具体措施如下：

（1）充分发挥本地人才、技术、资金、信息等优势作用，将金融、中介等工具意义具体化，从整体上提高双方合作质量。从理论层面而言，可适时融入香港优秀管理理念、市场竞争经验，显著强化广州市生产性服务管理能力。香港服务性组织或部门可选择在广州市设立分部，港商可在广州市利用合作的方式，设立生产性服务公司。据此，加快香港生产性服务业产业转移速度，充分体现香港生产性服务行业的带头示范作用。

（2）香港与广州市生产性服务全部具备较强的外向服务功能，结合其不同的发展优势，可知香港提供的多为国际化的服务项目，且层次相对较高，广州主要负责层次较低项目的管理。以市场开发为例，将市场需求层次看作主要依据，可对香港与广州市生产性服务业对应的服务市场科学划分，香港负责层次较高项目的管理，广州负责层次较低项目的管理，并参考不同服务功能，渐渐创建并调整区域协调发展模式，进一步实现区域效益最大化。

（3）广州市实现真正意义上的区域合作，仅凭借一己之力是不可能完成的，这就要求政府部门、各相关企业、个人共同推动。从思想层面来看，广州和香港两地有必要加快思想解放，给予两地政府部门不同的运作模式与管理模式充分的尊重。从制度层面来看，广州政府部门要全面贯彻经济体制改革政策，争取在一段时间后实现运行机制转轨，改善体制、管理模式、发展环境。同时，加快相关法律制度的完善，在条件允许的情况下，专门设立关于两地生产性服务合作的法律法规，为本地生产性服务业的发展创造良好环境，鼓励其自主创新，不断扩大自身发展规模。重点培养一批具有自主知识产权、自主创新能力的国际知名品牌重点企业，并引入一定的奖惩机制，强化对知识产权的全面保护。支持民间往来，设立两地常驻机构，强化企业、学术团体之间的民间对话，努力实现两地之间的无障碍人员交流、无障碍信息交流，保证资源共享，创新并强化两地之间的生产性服务合作，从整体上提升广州总体服务水平。

四、结论

通过定量与定性分析的方式，最终明确广州与附近区域关于经济、生产性服务业的合作，确定广州是珠三角经济发展的主要桥梁。根据当前阶段广州生产性服务业发展的实际情况，进一步探索其合作现状与合作趋势，适当引入生产性服务业协调互补发展模式，同时提出针对性措施，以有效解决其中存在的问题，大幅提升广州市区域中心城市服务功能。

第二节　粤港澳大湾区建设背景下惠州市生产性服务业发展案例

区域产业协同发展的前置要件是区位优势和资源禀赋。粤港澳大湾区地处"广佛肇""深莞惠"和"珠中江"三大经济圈以及香港、澳门两大对外窗口城市的深度融合区域，上下游供应链完备，产业生态系统完善。《粤港澳大湾区发展规划纲要》提出："服务业方面，大湾区将聚焦服务业重点领域和发展短板，促进商务服务、流通服务等生产性服务业向专业化和价值链高端延伸发展……"从经济学角度看，生产性服务业发展对支撑制造业创新升级起着决定性作用，在经济发展中扮演着由工业经济向服务经济过渡的中间桥梁和融合剂的角色。从产业发展趋势来研究，粤港澳大湾区产业发展将迈向智能化、个性化，服务业与制造业深度融合，服务业中有制造，制造业转型成服务型制造业。地处粤港澳大湾区内的惠州是以工业立市的制造业大市，大力发展生产性服务业对做强惠州制造业以及促进产业转型升级、经济提质增效均有重大意义和迫切需求，也有巨大发展潜力和可为空间。

一、惠州市生产性服务业发展现状

2018 年，惠州市服务业三次产业结构调整为 4.3∶54∶41.7，服务业占 GDP 比重同比增长 0.3 个百分点，有效带动了惠州市产业结构的优化升级，但惠州市服务业占 GDP 比重与粤港澳大湾区其他城市相比，明显偏低，排名靠后。惠州市生产性服务业整体发展水平不高。从纵向发展来看，惠州生产性服务业处于低层次的发展阶段；从横向比较来看，与粤港澳大湾区内城市相比，惠州生产性服务业发展水平也落后于广州、深圳、佛山、东莞、中山等地；从行业角度来看，高附加值的科研、高新技术，文化产业，信息传输、计算机服务和软件业服务业发展明显滞后。根据惠州市统计局提供的数据，惠州市虽被列入"国家服务业发展示范区/省级示范功能区"，但在"国家认定的技术先进型服务企业""中国服务业企业 500 强""年营业收入 50 亿元以上服务业龙头企业"这几项统计数据上目前均为"0"。

二、惠州市生产性服务业发展存在的主要问题及成因

(一)处于价值链的中低端,制约协同发展

惠州市工业总体处于全球价值链的中低端,制约着生产性服务业与制造业的协同发展。从结构上看,目前惠州市制造业仍以商贸、仓储物流、传统金融等服务业为主,金融创新、科研创新、模式创新、协同创新等影响制造业提质增效的服务业占比较低,水平不高,尚未形成以生产性服务业引领制造业转型升级的生态,产业链未完全开发。主要成因如下:第一,惠州市制造业主要以电子信息产业、装备零部件产业及传统制造业为主,存在"小而不精、大而不强"的问题。部分企业以组装加工、3C硬件代工生产为主,产业附加值在国际产业链中基本处于加工组装及配套环节,高技术、高附加值的产品及关键器件的生产配套仍相对缺乏,工业母机等高技术设备生产制造几乎空白,大部分产品仍属于轻型产品,大型、重型成套设备较少。惠州市目前只有约6%的企业基本达到智能制造水平。第二,制造业品牌质量不高。先进工艺、产业技术基础能力依然薄弱,关键材料、核心零部件严重依赖进口,部分产品和技术标准不完善、实用性差,跟不上新产品研发速度;品牌建设滞后,仍有相当部分企业对品牌的重要性认识不足,大多品牌价值较低,传统品牌杂而不亮,缺少一批具有一定影响力的自主品牌。第三,从经济规律来说,生产性服务业与高端制造业协同度更高。惠州市中低端制造业去产能进程和智能化转型缓慢,成为阻碍本市产业结构优化升级、生产性服务业与制造业协同发展的"硬伤"。惠州企业大多使用其总公司或母公司的生产性服务或选择自带的生产性服务,降低了本土生产性服务业的市场需求,在很大程度上抑制了本土企业生产性服务的外部化进程。其总公司或母公司逐渐形成了符合自身需求标准的高端生产性服务循环圈,这种状态对其他企业的示范辐射效应较弱,对本土的制造业转型升级的促进作用不明显。因此,基于不同的制造业需求群体,形成了不同的循环群,本土的生产性服务企业陷入低端循环圈。

(二)周边城市"虹吸效应",发展空间受压缩

惠州毗邻广州、深圳、东莞。从统计数据来看,在珠三角九市中,服务业总量前3位分别是广州、深圳、东莞。仅以东莞数据为例相比较,东莞实行"工业服务化,服务产品化"双轮驱动战略,2018年1—6月,东莞全市服务业实现增加值2 014.28亿元,其中生产性服务业实现增加值1 058.74亿元,占比超过一半。惠州市2017年全年服务业增加值1 559.59亿元,其中生产性服务业实现增

加值 645.8 亿元，占比 41.4%。主要成因是，广州、深圳的生产性服务业发达主要受其历史禀赋、地理区位、行政等级、巨量投资等因素的影响，而东莞的生产性服务业优势地位是近几年大力发展的结果。近年来，广州、深圳、东莞在不断集聚资金、技术、管理、人才等资源要素，由于存在虹吸效应，加上受其他因素影响，惠州本土生产性服务企业陷入了举步维艰的境地，发展滞缓，本市研发、销售、检测、物流等生产性服务需求大多在广州、深圳、东莞、佛山等地解决供给，甚至出现了在广州、深圳等异地接惠州本地单后返包给惠州本土生产性服务企业完成的情况。本土生产性服务企业对制造业的渗透力和支撑力不够，目前，尚无法形成集聚效应、品牌效应。"虹吸效应"再遇上政策扶持力度不足，目前给惠州生产性服务业发展造成的直接影响至少有以下几方面：抑制全产业链条企业将专业化和价值链高端部分生产性服务业设立在惠州的需求；本土生产性服务企业计划或已经迁移至外省、外市发展；本土生产性服务企业采取"前店后厂"经营模式，在广州、深圳、东莞、佛山等地接单返回惠州经营服务，极大地影响到了经营成本和服务质量。

（三）与制造业融合不紧密，分离发展动力不足

大中型工业企业设立专业化生产性服务法人机构，分离发展是企业发展到一定阶段专业分工的必然选择。惠州市研发设计、检验检测、现代物流和市场营销等仍主要存在于工业企业内部，专业化、规模化水平较低，与制造业联动发展不足，对人才和资金等要素的集聚能力还不强。根据对惠州市 62 家"大型骨干企业"以及"三高"工业企业进行调查问卷的结果，结合其他形式调研发现，企业缺乏将企业服务环节分离发展生产性服务业的积极性。究其原因，有三方面：一是生产性服务业和工业的互动关系不明显。受各种条件的制约，企业维持现状的意识很强，对剥离政策的认识不足，内在转型动力不足，通过研发、商务咨询、品牌建设等生产性服务业改造传统产业的需求并不紧迫，大量本应通过外包方式完成的服务活动在企业内部消化完成，这制约了生产性服务企业的发展壮大。二是生产性服务商服务质量低下、针对性不强，满足不了制造企业的服务要求，而制造业也没有对生产性服务业形成强烈的社会需求，制造企业与生产性服务业的供需不匹配决定了两者融合不紧密；三是目前惠州市未有专门促进制造业企业服务环节分离、发展生产性服务业的相关政策。

（四）引才留才难，中高端专业管理和技术人才匮乏

人才不足问题日趋突出，严重影响着服务业发展后劲。召开的三次企业座谈会、22家企业调查显示，企业认为当前实现制造业迈向中高端最急缺的是人才，其中72%的企业缺乏研发人才和高技能人才。目前，惠州的物流战略规划、供应链咨询、会计审计、财务咨询等高附加值的业务多由外省、外市企业承担，惠州市企业更多是承担非核心环节、低附加值的简单业务，如仓储、运输等。同时，生产性服务企业主要提供的是"订单式"服务，适应性方面被动，其服务缺乏特色、层次低、内容单一、效率差是较为突出的问题。惠州引才留才难大致有几个原因：一是一般高层次人才都已成家，令他们难以把家安下来的主要是儿女的教育问题。他们往往会选择更易入学、教学质量更优的学校，特别是能入读国际学校，惠州的教育选择不在他们心目中的前列。二是对城市品格的认知问题。干事业的人愿意到效率显著、咨讯前沿、知识密集、科技人员集聚的地方，在多数人的认知里，惠州是适宜养老的地方，来惠州工作上一阵子，技术水平、业务能力等"功力"就会逐渐消失殆尽。三是惠州产业不够集聚，产业链条不够完整。他们认为，"不成行成市"，企业与企业之间无法相连、相互渗透、相互衔接，工作开展难以顺畅，事业难以发展。此外，惠州市生产性服务业发展还存在市场化程度不高，制约服务业经济增长的问题。市场化是生产性服务业的必要条件。另外，还存在企业成本上升，影响行业创新活力等问题。

第三节　东莞生产性服务业与制造业互融效应及路径选择研究案例

国民经济的快速发展离不开布局合理的产业结构，当前我国正在集中力量加快转变经济发展方式，而经济结构的调整主要通过产业结构的优化和升级来实现。产业融合作为一种逐渐兴起的发展模式，可以有效降低交易成本，提高技术创新能力，促进各行业发展规模扩大和经济增长，尤其是其中的生产性服务业和制造业之间的相互融合，在加快产业结构的优化升级方面发挥了重要的驱动作用。东莞作为世界制造工厂的重要基地，制造业的技术升级与结构调整有赖更多、更有效率的生产服务业作支撑。

2014年以来，东莞的产业结构已经连续两年形成以服务业为主导的"三二一"模式。2018年，现代服务业占服务业的比重超过六成，这标志着东莞经济迈进了以现代产业为主体的发展新阶段。剔除汽车和房产消费两大服务业产出的影响结果,东莞的科技服务业、现代金融、文化创意、检验检测等对制造业具备坚强支撑的生产性服务业的增加值较低,甚至远远低于制造业发展对生产性服务业的需求,由此形成了巨大的生产性服务业供需缺口。制造业与生产性服务产业发展失衡,"一长一短"且缺乏融合发展将会成为影响东莞产业升级的最大瓶颈。

2016年6月7日,东莞市政府发布了《东莞市人民政府办公室关于加快发展生产性服务业全面推进产业转型升级的实施意见》(东府办〔2016〕53号),以下简称《意见》。《意见》指出:"将生产性服务业创新发展作为推动供给侧结构性改革的重要内容,实现生产制造与信息技术服务深度融合,推动我市产业结构优化升级,加快构建以服务经济为重要组成部分的现代产业体系,为实现'三个定位、两个率先'提供有力支撑。"《意见》进一步提出目标:到2020年,全市生产性服务业占服务业增加值比重达到50%,生产性服务业对经济增长贡献率达到25%以上;力争形成2~3个百亿元级收入的生产性服务业集聚区。

2017年,在香港举行的"深化莞港合作,打造对外开放新支撑"交流会议上,东莞正式提出了打造粤港澳大湾区国际制造中心的角色定位,期间提出加强莞港两地在高端服务业等方面的合作,希望越来越多的香港生产性服务业和高端服务业到东莞落户发展,进一步丰富莞港经贸合作的内涵,共同开拓更加广阔的市场。

可见,东莞市政府已将快速推进生产性服务业发展,实现两大产业的融合作为"十三五"期间助推东莞制造业转型升级的重大举措。东莞需要抓住"中国制造2025"转型升级的机遇,深入推进生产性服务业与制造业的融合,以制造业的制造技术、制造组织和制造模式为基础,在产业关联、产业互动、产业协调、产业融合方面,依托科研水平与制造网络,通过价值链上游技术增强型、价值链下游服务增强型、产业链一体化发展模式提高自身区域竞争力,最终实现"东莞制造"向"东莞智造"转变。

生产性服务产业与制造产业融合方面的研究体现了产业发展的内在趋势,也是产业结构升级的驱动力。融合产生的扩散和渗透效应促使要素在产业间流动,对新兴产业的发展和传统产业的创新具有重要意义。

一、东莞制造业现状分析

东莞以外向经济带动,成为国内外举足轻重的制造业基地。

按照国民经济行业分类标准,东莞市工业共涉及 31 个大分类行业,除了电力、热力的生产供应业,水的生产供应业和非金属矿采选业 3 个行业外,其余 28 个均属制造业。2011 年,东莞市确定了五大支柱产业和四大特色产业(表 9-1)。

表 9-1 东莞市五大支柱产业和四大特色产业

项 目	五大支柱产业	四个特色产业
内容	电子信息制造业	玩具及文体用品制造业
	电气机械及设备制造业	家具制造业
	纺织服装鞋帽制造业	化工制造业
	食品饮料加工制造业	包装制造业
	造纸及纸制品业	

数据来源:《东莞统计年鉴(2011—2019)》。

从图 9-1 可以看出,五大支柱产业和四大特色产业在第二产业的比重在 68% 左右,这一比重仍有继续增加的趋势。从图 9-2 可以看出,五大支柱产业增长率高于第二产业增长率,四大特色产业增长率低于第二产业增长率。装备制造业增长率表现非常亮眼,年均增长率在 14.2% 左右,这说明东莞装备制造业正处于行业发展快速上升期。

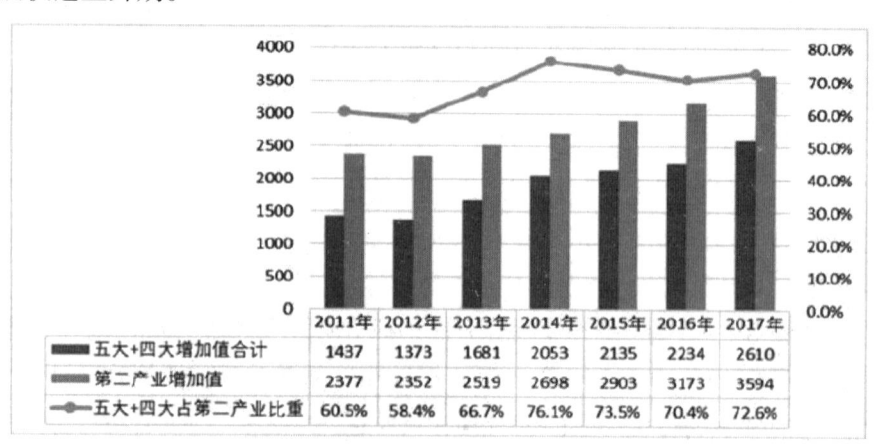

图 9-1 五大支柱和四大特色产业占第二产业比重

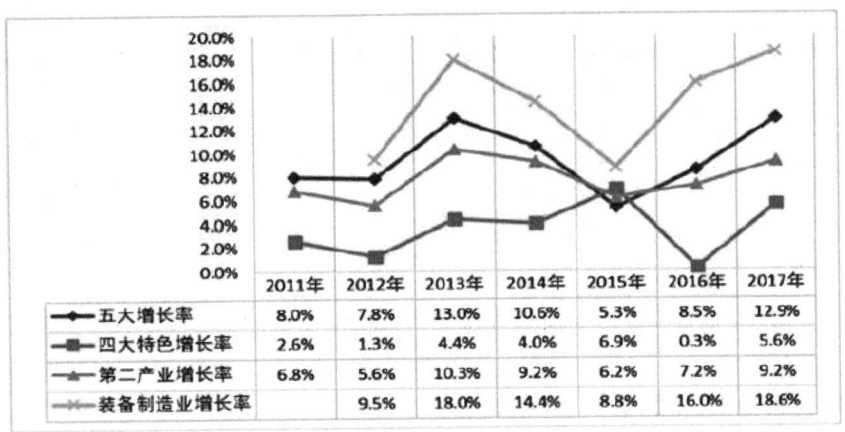

图 9-2 东莞部分制造业增长情况

数据来源:《东莞统计年鉴(2012—2018)》。

二、东莞服务业发展现状分析

(一)服务业总体发展情况

经过 30 余年的发展,东莞由农业县发展为"制造名城",三次产业增加值比重从 1978 年的 44.56∶43.82∶11.62 转变为 2016 年的 0.3∶46.5∶53.2,产业结构日趋优化。改革开放之初,东莞服务业增加值占国内生产总值的比重很低。据统计,在 1997 年,东莞服务业增加值为 108.2 亿元,占国内生产总值比重为 36.8%;2012 年,东莞服务业增加值占国内生产总值比重超过工业,并保持常态,三大产业呈现出"三二一结构";2016 年,东莞服务业增加值达到 3 623.25 亿元,是 1997 年的 33 倍,占全市国内生产总值的比重提高到 53.2%(表 9-2)。

表 9-2 2009—2016 年东莞服务业发展情况

年份	服务业增加值/亿元	增长率/%	服务业占 GDP 比率/%
2009	1 935.03	8.27	51.1
2010	2 069.86	6.97	48.4
2011	2 336.52	12.88	48.9
2012	2 575.85	10.24	51.1

续 表

年份	服务业增加值/亿元	增长率/%	服务业占GDP比率/%
2013	2 875.25	11.62	52.1
2014	3 066.55	6.65	52.1
2015	3 332.00	8.66	53.1
2016	3 630.25	8.95	53.2

数据来源：根据《东莞统计年鉴（2011—2017）》整理。

（二）生产性服务业发展现状

根据国家统计局《生产性服务业分类（2015）》标准，将生产性服务业分为交通运输、仓储邮政业信息传输、计算机软件服务业、批发和零售贸易业、金融业、租赁和商务服务业、科学研究与技术服务。

从表9-3可以看出，增速较快的新兴行业（如科研技术服务业）的人力资本投入加大，但出于产值占比较低等因素，吸纳就业岗位有限，而增速相对缓慢的传统的生产性服务行业（如交通运输、仓储邮政业、批发零售等行业）产值占比较高，吸纳较多此类就业。

表9-3 东莞市2015—2016年生产性服务业（部分）产值占比、增加值及年末就业情况

生产性服务业（部分）	产值占比/%		增加值指数（上年=100）		年末就业/人	
	2015	2016	2015	2016	2015	2016
交通运输、仓储邮政业	3.06	3.08	1.03	1.02	29 681	29 719
科学研究与技术服务	1.27	1.38	1.32	1.18	13 991	13 041
批发和零售业	12.08	12.51	1.03	1.13	59 595	56 306
租赁和商务服务业	6.78	6.56	1.05	1.05	39 146	47 380

三、东莞生产性服务业与制造业互融效应分析

（一）东莞制造业与生产性服务业互动发展的基本情况

2016年东莞生产总值6 827.67亿元，比上年增长8.1%。分产业看，第一产

业增加值22.80亿元,下降0.3%;第二产业增加值3 172.50亿元,增长7.2%;第三产业增加值3 632.37亿元,增长8.9%。三次产业比例为0.3∶46.5∶53.2。人均地区生产总值82 682元,增长8.6%。在现代产业中,规模以上先进制造业增加值1 435.17亿元,增长15.2%;现代服务业增加值2 180.84亿元,增长10.3%。

由表9-4可知,东莞市轻重工业总产值的霍夫曼比率已从2010年的0.93下降到2016年0.64,表明东莞的工业结构呈现明显重型化发展的趋势,工业化进入后期阶段。制造业的发展带动了相关产业特别是生产性服务业的发展。主要表现在两个方面:一是制造业不断发展的同时,东莞市服务业规模和总量也在不断增加。服务业增加值从2010年的2 069.86亿元增加到2016年的3 036.25亿元。从服务业内部结构来看,近年来东莞市的主要生产性服务业增加值呈平稳上升趋势,交通运输、仓储和邮政业,信息传输、计算机服务和软件业,金融业,租赁和商务服务业,科学研究和技术服务业分别从2010年的81.08亿元、175.03亿元、175.23亿元、416.73亿元、26.11亿元上升至2016年的210.46亿元、235.58亿元、441.77亿元、448.45亿元、93.97亿元。随着生产性服务业总量的扩大,生产性服务业占服务业的比重逐步提高,尤其是以物流、信息流、资金流和商务服务为主的生产性服务业已经成为推进东莞市新型工业化发展的重要力量。

表9-4 东莞规模以上工业部门内部结构变化的基本情况

年 份	轻工业总产值/亿元	重工业总产值/亿元	霍夫曼比率
2010	824.36	883.95	0.93
2011	759.01	883.44	0.86
2012	928.09	1 050.04	0.88
2013	1 052.23	1 373.38	0.77
2014	1 055.70	1 435.14	0.74
2015	1 114.68	1 497.28	0.74
2016	1 162.54	1 805.62	0.64

(二)东莞制造业与生产性服务业互动效应表现

第一,近年来,生产性服务业增长较快,但内部结构发展不平衡。东莞市的

广东生产性服务业发展与制造业升级研究——兼论金融与物流产业的支撑效应

生产性服务业总量从2010年的1 279.95元增加到2016年的2 301.86亿元，与制造业增加值的绝对差距保持稳定，2010年相差798.5亿元，2016年相差787.4亿元。从生产性服务业增加值占GDP比重来看，2015年东莞排在珠三角9市中的第3位，比东莞市GDP总量居全省第4位的排名更靠前。从生产性服务业发展水平及内部结构来看，各行业发展存在较大差距。在东莞市主要生产性服务业中，交通运输、仓储和邮政业和批发零售等传统服务业对GDP的贡献较大，而新兴服务业（如信息传输计算机服务和软件业、科学研究技术服务）所占比重较低，对GDP的贡献未能有效发挥。

第二，生产性服务业占工业增加值的比重较为平稳，生产性服务业对制造业有推动作用，但增长乏力。随着东莞市工业化进程不断深入，生产性服务业创造的价值总额同步扩大，这在一定程度上反映了生产性服务业与制造业之间相互促进、相互发展的双向因果关系。从行业上看，城市的生产性服务业主要包括物流、资金流和信息流所构成的行业，主要涉及交通运输、仓储和邮政业，信息传输、计算机服务和软件业，金融业，租赁和商务服务业，科学研究和技术服务业五大块。按照生产性服务业与制造业发展的要求，由表9-5可以看出，2010年生产性服务业与工业增加值的比值为42.06%，2016年这一比值为46.86%，随着工业增加值的增加，生产性服务业增加值同步增加，总体表现平稳。主要原因在于生产性服务业中，金融业，交通运输、仓储和邮政业，科学研究和技术服务业等均有不同程度的增长，其他行业（如租赁和商务服务业）呈下降趋势，此消彼长，生产性服务业对制造业的推动作用保持在比较稳定的水平，促进作用不够明显。

表9-5 2010—2016年东莞生产性服务业与制造业增加值比较

单位：%

年 份	交通运输、仓储和邮政业	信息传输、计算机服务和软件业	金融业	租赁和商务服务业	科学研究和技术服务业	生产性服务业
2010	3.90	8.42	8.43	20.05	1.26	42.06
2011	4.85	8.11	8.00	19.81	1.37	42.13
2012	5.92	8.70	8.70	22.59	1.43	47.34
2013	—	—	—	—	—	—

续表

年 份	交通运输、仓储和邮政业	信息传输、计算机服务和软件业	金融业	租赁和商务服务业	科学研究和技术服务业	生产性服务业
2014	7.37	5.76	13.69	15.01	2.22	44.05
2015	7.25	6.76	14.13	14.98	2.80	45.92
2016	6.81	8.21	14.28	14.52	3.04	46.86

数据来源：根据《东莞统计年鉴（2011—2017）》整理（因2013年数据不全，暂时不统计）。

第三，生产性服务业供给依然难以满足制造业转型的需求。从2010—2016年（2013年除外），东莞市生产性服务业实现增加值分别为1 279.95亿元、1 427.08亿元、1 589.72亿元、1 928.55亿元、2 062.51亿元、2 301.86亿元。同期制造业增加值分别为2 078.45亿元、2 288.41亿元、2 297.51亿元、2 709亿元、2 840.35亿元、3 089.26亿元。国际经验表明，每1元制造业增加值，需要1元以上的生产性服务业为其提供配套服务。照此计算，目前东莞市的生产性服务业供给还不能满足制造业转型的需求。两相比较，2010—2016年（2013年除外）东莞市生产性服务业供需缺口至少大于798.5亿元、861.33亿元、709.79亿元、780.45亿元、777.84亿元、787.4亿元。这种巨大的供需缺口导致东莞市大量高利润、高附加值的生产性服务业仍依赖进口，也使为制造业提供生产性服务的行业成了当前东莞市极具发展潜力与空间的朝阳产业。

（三）东莞生产性服务业与制造业互动融合的制约因素

东莞市生产性服务业与制造业的互融发展程度整体处于较低水平。通过结合东莞实际，可以发现影响融合的因素如下：

1.制造业对生产性服务业有效需求不足

制造业在发展过程中，伴随专业化分工的加深及产业链的延长，为降低成本，不断将其内部非核心业务外包出去，外包出去的业务不满足于低水平、低层次的服务，产生更高水平专业化生产性服务的市场需求，这就为专业服务业创造了发展空间。由此可见，伴随专业化生产程度的加深，制造业的部门结构决定着金融、通信、商务服务业的发展及国际竞争水平。东莞制造业受传统加工贸易方式的影响，技术含量与专业化程度低，企业更多地将生产性服务业内置化，对服务外包缺乏探索和创新精神。

2. 生产性服务业尚未形成有效供给

生产性服务业的有效供给表现在制造企业能够借助其提供的服务向价值链的更高端移动，从而实现制造业转型升级。东莞生产性服务业增长较快，但总体发展不均衡，高端生产性服务业发展未得到充分重视。生产性服务业对制造业的投入仍以劳动密集产业为主，金融、科研服务等附加值较高的生产性服务投入比例较少，再加上生产性服务功能不够细化，制造业产业链较短，各部门对制造业产品的中间投入有限。整个行业的供给质量低、数量少，无法满足制造业需求，很难对制造业发挥支撑作用。

3. 高端知识型、技术型人才短缺

随着服务经济时代的到来，原本集中在第二产业的劳动力开始逐渐流向第三产业。工业化进程的加快引发对高端人才的需求，并刺激生产性服务业发展，尤其表现在制造业研究开发及生产性服务业层次改进过程中。从东莞近五年的就业结构来看，生产性服务业高层次人才短缺，部门间人才流动性较弱。从生产性服务细分部门来看，从业人员主要集中在交通运输、批发零售等行业，知识技术密集型产业（如金融、科学研究与开发行业的）就业人员相对较少。

4. 缺乏完善的制度建设和政策环境

政府所建立的制度以及提供的政策支持是制造业与服务业互动发展的重要外因。由于服务产品具备无形性、生产消费同时性的特点，服务的需求者在鉴别产品质量及评价售后服务方面存在较大的不确定性，产品的无形性使产品极易被复制，产品供给者在产品保护上难度增加。政府提供良好的制度设计及优良的环境，能有效保护并推动生产性服务业与制造业的互动发展。东莞从2008年开始加快了建设现代产业体系的步伐，但直到2016年才有专门针对生产性服务业发展的政策，后续的相关政策持续性有待提升。

四、基于产业价值链的生产性服务业与制造业融合模型构建

（一）基于产业价值链的融合阶段分析

从产业演变的视角看，生产性服务业与制造业的关系经历分立、共生互动和融合三个阶段，两者的关系由松散到密切：一是生产性服务业和制造业分立阶段。生产性服务业为制造业的生产交易等活动提供服务，发挥经济润滑剂作用。这一阶段生产性服务业独立于制造业内部价值链。二是生产性服务业和制造业共生互动发展阶段。这一阶段，生产性服务业从制造业价值链中分离出来，形成独

立的生产性服务业，与制造业互动发展，相互促进、相互支持，从而提高了制造业价值链效率，促进了生产性服务业和制造业的产业升级。三是生产性服务业和制造业融合发展阶段。伴随着制造业服务化和服务业产业化，生产性服务业与制造业的界限越来越模糊，由共生互动逐渐合二为一。这种融合更多地表现为生产性服务业向制造业价值链的延伸、渗透和重组。生产性服务业正加速向制造业的研究、设计、物流、服务等过程展开全方位的渗透，两个产业相互融合，最终形成新型产业体系。

东莞的工业化发展经历了起步、腾飞、提升阶段，目前正朝创新、转型阶段努力，正面临着生产性服务业与制造业从共生互动型到融合的转折。对现阶段的东莞经济发展而言，研究生产性服务业与制造业融合发展这一现象具有重要的现实意义，主要体现在以下两方面：一方面，生产性服务业与制造业的融合将加速东莞经济结构转型。生产性服务业与制造业的融合将进一步优化资源配置，在一定程度上将劳动力转移到现代服务业，进而扩大就业，实现新的经济增长。另一方面，生产性服务业与制造业的融合将从整体上提升东莞这座城市的国际竞争力。虽然东莞是制造业大市，但制造业技术含量在整体上依然处于价值链的中低端。解决这一问题的关键在于，将制造业产业进行升级并提高竞争力。实现这一目的的重要路径就是推进生产性服务业与制造业融合。生产性服务业与制造业的融合过程其实就是技术含量增加与资源重新优化整合的过程。东莞面临现阶段经济转型的压力，如果能够妥善处理好生产性服务业与制造业融合之间的关系，走一条生产性服务业与制造业融合发展的新型工业化道路，将是提高东莞产业结构发展层次与产业竞争力的绝好机遇。

价值链概念最早由美国学者 Michael E. Porter 在 1985 年提出。他指出："每一个企业用来设计、生产、营销、交货以及对产品起辅助作用的各种活动集合，企业中的所有这些活动都可以用一个价值链表现出来。"企业价值的创造是通过一系列活动构成的，这些活动可以分为辅助活动和基本活动。辅助活动是指企业的辅助性增值活动，这些辅助活动通过提供外购投入、技术开发、人力资源等为企业提供支持。基本活动是指生产经营的各个环节，包括内外部后勤、生产经营、市场营销、售后服务等。由于企业的每一项活动都可以创造价值，这些相互关联的活动构成了一个创造价值的动态过程，即价值链。从价值链的角度看，生产性服务业价值链包括产品开发、采购服务、物流配送、产品销售服务、人力资源服务等范畴；制造业价值链包括企业基础设施、人力资源管理、采购、内外部后勤、生产、市场销售等范畴。可以看出，生产性服务业价值链与制造业价值链之间的关联性较大，结合点较多。因此，生产性服务业可以融合于制造业价值链中，生产性服务业与制造业融合从价值链的辅助活动和基本活动两方面进行。

（二）生产性服务业与制造业融合过程模型

Wirtz（2001）以传媒业和通信业为例，具体分析产业融合的价值链的分解与价值链的重构两个阶段。Greenstein and Khanna（1997）从理论上分析产业融合的价值链融合过程。本书借鉴 Wirtz（2001）、Greenstein and Khanna（1997）、李美云（2007）的观点，将生产性服务业与制造业价值链融合过程分为价值链的分解与价值链的重构两个阶段。在这一融合的过程中，当原有的制造业和生产性服务业的价值链由原来的链式结构分解为混沌的价值活动网络后，散落的价值链条被截取出来，并有所取舍地整合到新的产业价值链中。生产性服务业与制造业融合意味着原有产业链的分解和新的融合型产业价值链的形成。

1.价值链的分解

随着技术的进步、市场范围的扩大，社会分工更加细化，价值链的增值环节越来越多，价值链结构也更加复杂。由于技术创新和放松规制导致生产性服务业与制造业融合发生，原有的制造业和生产性服务业价值链断裂分解为散落的价值链条，并最终导致原有制造业和生产性服务业价值链的分解，形成混沌的价值活动网络。根据作用方式的不同，价值链的分解分为以下三种情况：

（1）渗透方式下的价值链分解。生产性服务业向制造业渗透主要发生在那些保障制造业正常生产运作的生产性服务业。当这些生产性服务业渗透到制造业中，制造业价值链中的一些原有为生产服务的功能将从相关价值创造环节中分离出来。在制造业价值链中，从基本活动中的内外部后勤中分离出物流服务，生产活动中分离出维修服务；从辅助活动中的基础设施分离出财务会计、法律、质量管理等基础设施服务；从人力资源管理中分离出人力资源服务，这些分离最终将导致原有价值链的断裂和分解，相关的生产性服务业价值链则被保留。

（2）延伸方式下的价值链分解。采用价值链延伸方式的生产性服务业主要是与制造业的研发、销售与服务密切联系的研发设计、销售代理服务、客户服务。这些生产性服务位于制造业价值链的上游或下游环节。因此，当这些生产性服务业价值链向上或向下延伸，并与制造业价值链发生交叉时，制造业价值链就会发生分解。在一般情况下，制造业价值链中与生产相关环节的价值链基本被保留，而上游或下游的生产性服务环节的价值链则会被分离出来。

（3）重组方式下的价值链分解。在重组方式下，生产性服务业与制造业分解出各自的价值链，价值链中那些在技术上和经济效果上可分离的价值活动将逐一分解，形成一种混沌状态下的价值链网。这些价值活动的技术性和经济性将决定价值链分解的程度的大小。价值链的分解应遵循两个基本原则：一是各个价值活动在技术上和经济上具有一定的独立性，即这些价值活动能够单独存在；二是该价值活动对竞争优势具有较大的影响，例如对价值链差异化产生很大的潜在影响，或在成本中占有较大的比例。因此，与前两种分解方式相比较，这种分解方式的生产性服务业与制造业价值链分解程度最高。

2. 价值链的整合

对于生产性服务业与制造业融合过程来说，不同作用方式的价值链在分解后，价值链的整合过程会不尽相同。

（1）渗透和延伸方式下价值链的整合。生产性服务业与制造业融合通过生产性服务业向制造业进行渗透或延伸来实现，被称为"制造业服务化"过程。这一过程，意味着原来以实物产品生产为价值链核心的制造业，必须重新审视其以往的价值链。当原有制造业的价值链中包括的自我服务环节，如研究开发、市场推广、服务等从制造业价值链分离出来，分解为混沌网状结构后，企业根据自身的核心竞争力和未来潜在的市场需求，整合价值链，形成新的价值链。此时，价值链的核心将发生根本性变化，从原来以实物产品生产为核心的价值链，转变为以实现客户价值、为客户提供全方位服务为核心的价值链。新的价值链不仅包括制造业价值链的核心价值活动，还融合了生产性服务业价值链的核心价值活动。这些价值活动不是简单的集中，而是分解后进行截取后的有序整合。

（2）重组方式下价值链的整合。在生产性服务业与制造业价值链中，技术上和经济效果上可分离的价值活动被逐一分解后，截取其中一些价值活动单位，整合形成一条新的价值链。在价值链的重组过程中，根据现有的产业特性和未来潜在的市场需求，截取原有价值链中的核心增值价值活动，进行有序的重组整合，从而形成新的价值链。截取核心增值价值活动并非截取原有制造业和生产性服务业价值链的所有价值活动。新的价值链使得原来有生产性服务的核心能力和服务体系转移到新的价值链中，从原来各自分散提供顾客的服务融合，形成新的高效服务系统，为顾客提供一体化的解决方案。

总的来看，生产性服务业与制造业价值链上的活动差异以及活动间的协调程度是生产性服务业与制造业融合发展的反映。

生产性服务业与制造业的融合通过价值链上的分解与整合来实现。一方面，生产性服务业必须关系性地融合到制造业价值链的基本活动中，以保持制造业生产经营活动的连续性和协调性，形成生产性服务业与制造业基本活动的融合。例如融合形成物流服务、制造维修服务、客户关系管理、销售代理服务等。这种融合使得企业间可以不断以低成本、高效率交换那些至关重要的，无法通过市场机制获得的信息和知识。生产性服务业与制造业的基本活动的融合，实现了企业内外部价值链更好地融合，使得信息交流更加顺畅，这就超越了市场交换关系中价格体系所起的作用。另一方面，生产性服务业与制造业的辅助活动进行融合。这种融合发生在生产性服务业价值链中的人力资源服务、研发服务、基础设施服务等融合到制造业价值链辅助活动中，以及企业的社会网络中，通过依靠自身专业化的技能，提高专业化水平，从而提高企业资源配置的效率，增加产出。

综上所述，在生产性服务业与制造业融合过程中，原有的价值链分解为价值活动单位，形成混沌的价值活动网络。通过市场选择，截取一些最优或核心环节参与融合，并按照一定的联系进行价值系统重构，形成新的价值链。因此，价值链的分解不是目的，而是为了更好地进行生产性服务业与制造业价值链融合，进而融合成新的价值链，以创造出更大的价值。生产性服务业与制造业融合价值链过程模型如图9-3所示。

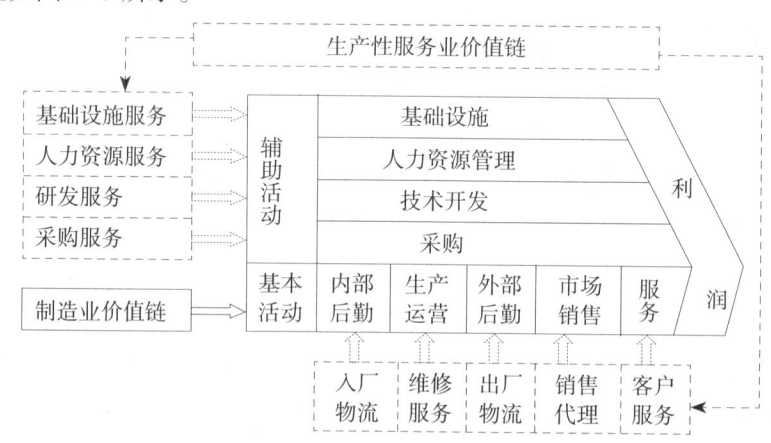

图9-3 生产性服务业与制造业融合价值链过程模型

五、东莞生产性服务业与制造业融合路径及选择

如前所述，制造业和生产性服务业作为国民经济的两大重要支柱产业，两者

之间存在不可分离的需求和供给互动关系。伴随专业化程度的加深，制造业部门结构更加细化，生产链条进一步延伸，需要高度优化资源配置，将资金、技术、人力等资源分配到关乎企业核心竞争力的关键制造环节。东莞逐渐加快生产性服务业发展进程，借助生产性服务业的配套服务，推动制造业转型升级。两个产业的动态匹配融合是实现产业转型升级的关键。两个产业之间的动态匹配实质是两个产业价值链进行互动、对接与协调的过程。

（一）制造业与生产性服务业价值链重构及内涵

相比传统制造业，现在的制造业分工更加深化，价值链链条向两端延伸的同时细化出更多环节，不同价值环节对不同类型的生产性存在服务需求。相应地，每一种生产性服务也有自己的价值链构成，两个产业的价值链呈现出高度开放、结构复杂、相互关联的特征。而两大产业要达到动态匹配的目标状态，就需要在价值链的多个环节界面同时进行大量的资源和信息交互。因此，为提高资源和信息在这种复杂的价值链体系中值链重构，制造业与生产性服务业进行动态匹配是其主要方式，其内涵主要在于：

1. 生产性服务业从制造业有效剥离，优化资源配置，推动先进制造业产业升级

企业价值链上的价值创造来自于企业价值链上的特定环节。制造企业为增强竞争力，保留最核心的环节，剥离部分生产，通过服务外包等方式转移给专门的生产性服务企业，能够有效控制成本，提高生产专业化，促进效益提升。先进制造业具有工艺精细复杂、专业化技术含量高、分工细化、品牌效应显著等特征，将资金、技术、人力等资源集中配置到关乎企业核心竞争力的关键环节，将非核心业务转移出去，有利于生产的精益求精。充分剥离后，制造业的资源配置目标将专注于提高制造业的技术进步与产品创新能力，创造更大的产业价值，从而加快制造业产业升级。

2. 将剥离出来的生产性服务业重新整合并嵌入到制造业价值链中，与制造业价值链充分互动与协调，促进二者的相互匹配

剥离出去的生产性服务行业按照需求规模和需求结构，重新整合并嵌入制造业价值链中，在制造业价值链的不同环节进行相应的互动、协调与磨合，从而逐步朝着相互匹配的目标状态演化。嵌入方式上有两种，一种是结构嵌入，即生产服务性活动直接嵌入制造过程，同时又独立于制造过程，进行市场化运营。此类生产性服务活动多表现为中间投入，例如信息服务、科学研究、金融服务等。第二种嵌入为关系嵌入，即生产性服务模块与制造业产品形成过程有一定的外部相

关性。对制造业形成全过程而言,以关系嵌入方式嵌入制造业价值链的生产性服务,起到的是辅助和降低交易成本的作用。

3. 生产性服务业价值链与制造业价值链相互匹配融合,形成价值网络,有利于创造出更大的价值

重新嵌入制造业价值链的生产性服务行业可以服务于某个特定环节,也可能服务于多个环节。无论哪种方式,都可以按照结构嵌入或者关系嵌入的方式进入到制造业的一个或多个环节中。这种情形下,制造业的价值链和生产性服务业的价值链共同构成了一个庞大且复杂的网络状结构体系。在这个体系中,制造业与生产性服务业两条价值链之间不断进行磨合与匹配,两个产业的边界模糊形成一个整体。这个价值网络的存在是为了创造更大的价值,但只有重点把握创造价值的关键环节,才能以最有效率的方式推进整体网络的价值创造与增值,降低成本,促进两个产业的融合。

(二)东莞生产性服务业与制造业动态匹配融合现状

1. 生产性服务业未能实现有效剥离,生产性服务业与制造业匹配总体处于低水平状态

东莞制造业基础雄厚,规模以上先进制造业增加值 1 435.17 亿元,增长 15.2%。然而,制造业整体升级发展相对缓慢,且制造企业尚未将生产性服务业从价值链中剥离出去。从制造企业业务构成可以看出,目前东莞制造业上市公司业务构成中的生产性服务业主要是批发代理、设备维修等比较低端的生产服务领域,高端专业化生产服务涉及较少。生产性服务企业服务的对象也只要集中于本土的制造企业,主要领域是物流、制造维修、传统金融服务、贸易代理服务等,内在匹配初步形成,但这种匹配是专业化分工较低条件下的低水平均衡。

2. 生产性服务外包需要与制造业价值链进行有效整合

在政府主导和推动下,广东省目前培育和重点建设 28 个生产性服务功能区,其中有三个在东莞,分别是东莞百茂物流城、虎门电商产业园、东莞天安数码城生产服务区。在外力推动下快速发展的生产性服务业,存在的问题主要在于生产性服务被整合到制造业价值链条中去。杨少浪(2016)对广东生产性服务业与制造业融合情况进行考察,通过计算生产性服务业的影响力系数,得出结论:生产性服务业对制造业影响力不强,影响力系数 0.269,专业化服务不清,与制造业融合程度低。一定程度上反映出,目前广东总体缺乏能够创造更高附加价值、对价值链产生影响力的嵌入式生产性服务业。

(三)东莞制造业与生产性服务业匹配模式比较及路径选择

东莞市近年开始高度重视加快生产性服务业发展、促进产业结构优化升级。结合东莞目前的实际情况,在推动产业动态匹配融合方面表现出以政府主导模式为主:

第一,东莞市重视生产性服务业发展。包括:力争建成5个以上先进制造业配套生产性服务中心;力争建成3个以上"互联网+"公共信息平台;力争建成5个以上电子商务和物流信息服务平台;建成10个以上区域性物流枢纽中心等。可以看出,无论是在生产性服务业还是制造业,政府重点支持的项目及领域数量过多、布局分散,在实际运作过程中容易导致重点不够突出、政策力度难以集中,政府主导的效果将大打折扣。

第二,广东省目前培育和重点建设28个生产性服务功能区,东莞在建3个。综观这些园区可以发现,生产性服务业高度聚集,与制造业互动定位清晰的生产性服务园区并不多,部分产业园区的产业领域布局重复性高、缺乏差异化,容易引发园区之间的竞争,不利于提高服务的技术层级和产品质量,最终还会导致与制造服务需求不对称。

第三,制造企业剥离生产性服务类政策主要出现于制造业与服务业发展意见、规划等文字报告中,目前尚未有独立文件。仅广东省佛山市2011年出台《鼓励制造企业主辅分离发展现代服务业的意见》,鼓励制造企业将研发、物流、采购、营销等其他专业配套服务主辅分离,集中精力发展核心业务,促进服务业专业化水平提升。

综上所述,东莞市目前由政府主导推进制造业升级,并促进制造业与生产性服务业互动与匹配的模式并未取得明显效果,因此才会导致制造业向先进制造业升级缓慢,对生产性服务业剥离不充分,生产性服务业至今发展规模不大,服务层次较低,与制造业的匹配属于低水平状态。考虑到产业自发互动模式要求适用的区域具备高度开放的自由市场经济条件,东莞目前并不具备以上条件,且此模式自发互动周期长,不利于东莞尽快提升全球价值链中的竞争力。

从价值链集成商主导模式来看,2016年,东莞市高新技术产品产值占工业总产值比重达35.7%,加上其他先进制造业产值,占比已经达到一定规模。东莞市生产性服务业占服务业比重63.4%。尽管其中以基本生产性服务业为主与嵌入式生产性服务业的规模还很小,但是生产性服务业发展的产业环境基本形成。从整体来看,东莞在汽车制造、精细化工制造、生物医药、金融、信息服务等方面具备优势,这都为培育价值链集成商提供有利的外部条件。

六、东莞市促进生产性服务业与制造业融合的对策建议

(一) 提升东莞制造业层次结构、鼓励制造企业自主创新

目前东莞省制造产业总体仍处在全球价值链的中低端,应鼓励制造企业将产业链向上下游延伸。一方面,加大生产与研发力度,降低生产成本,培养比较优势;另一方面,拓宽营销渠道,培养现代物流业发展。引导企业管理创新、业务流程再造,将非核心的业务剥离出来,外包给专门的生产性服务业提供商,有利于降低生产成本及内部层级交易成本,拓宽生产性服务业发展的空间。支持鼓励制造业企业自主创新,帮助企业创立自有品牌,对自主研发的优秀企业给予政策扶持,对积极申请专利技术的企业,要在税收政策上给予优惠政策。积极扶持科技研发、信息技术服务业,以服务业改造传统制造业,以信息化带动工业化,提高制造业的信息化和智能水平,最终实现制造业层次结构的提升。

(二) 优化产业布局,重点扶持行业发展

地理空间的集聚融合,有利于发挥产业的集群优势,实现价值链环节的互动融合。合理引导制造业向城市周边集聚,围绕制造业产业群在周边建设服务配套体系,构建生产性服务产业集群,引导高端服务产业聚集;在生产性服务产业集群培育方面,不能单靠用电、用水、用地等优惠吸引企业入驻,应尽量承诺为企业提供优良的投资和创新环境。重点扶持生产性服务业中对制造业影响度和感应度较大的行业,如现代物流业,促进物流业与信息技术、科学研究等行业的关联发展,实现资源在生产性服务业部门间充分流动。发展产业集群,应注意将尊重市场规律放在首位。其次,尊重企业的自主选择。市场引导资源配置的同时,发挥政府的积极作用,加强对服务业集聚区建设的规划引导,合理布局,不搞"一窝蜂"建设;完善区内公共服务平台建设,鼓励企业和机构之间对话和互动;建立集聚区考核评价体系,按照评定结果对集聚区的业绩排序,选优去劣,保持有序健康发展。

(三) 重视人才的培养与教育

东莞制造产业转型升级愿景的实现离不开技术进步和自主创新。市场对高技能产业工人的要求日渐提升。生产性服务业是知识和技术密集型服务业,其发展也离不开高素质的人才,产业融合同样也离不开人才。依托现有高等院校、科研所及各种社会机构,合理设置区域产业发展所需要的学科,发展各类型、各层次的人才,尤其是银行业、信息技术服务业、法律等行业高端人才。规范发展产权交易市场、风险资本市场,尤其要加快发展民营金融业,吸引跨国公司金融服务

机构，鼓励员工积极参加教育及培训，关注普通劳动者的技能培养和素质提升。随着劳动力资源流动性增强，不能忽略劳动人才工资和福利的改善，不断完善企业激励机制，积极推进技术入股、管理人员持股等激励方式，努力吸引人才并防止关键人才流失。

（四）积极构建生产性服务业与制造业信息共建平台

信息平台共建包括信息共享平台的建设及信用共享平台的建设。前者为综合服务类平台，平台主体为政府、生产性服务企业和制造业，涵盖信息包括各类供求信息、合作信息、政府政策信息、数据库信息、沟通协调等。在平台管理方面，可以聘请专业的第三方团队进行管理，减少政府层面干预，有利于实现信息的共享和互动的提升。信用是企业间保持长期良性合作的纽带，国外生产性服务业有专门的行业协会，例如JISA（信息服务促进会），为企业进行信息咨询，并建立企业间的信用平台。鉴于国内生产性服务业总体规模较小、层次低，信息咨询困难，政府应发挥组织和引导作用，通过媒体宣传，加强服务类企业的信用意识，建立健全信用评价体系，同时奖优罚劣，对失信企业严格惩处。

（五）优化融合发展的政策环境

放宽行业准入制度，引进竞争机制，鼓励民间资本、外资等非公有资本参与到国有制造业或国有生产性服务行业中，进行重组改造，提高产业竞争程度，推动产业升级。积极推动金融、电信、教育等行业的改革，通过引进民间资本、境外投资等方式，打破国有企业在领域内的垄断。深化生产性服务业的改革，加快制定和实施各类生产性服务业行业标准和技术规范，积极引进国际先进标准，健全和完善信用制度、信用披露制度。强化政府服务意识，及时把握经济形势，具备前瞻意识，为企业搭建沟通桥梁，降低交易成本。不断完善生产性服务业方面的法律法规，健全市场体系，打破不利于产业融合的制度壁垒，为生产性服务业的发展保驾护航。

第四节 深港生产性服务业与制造业的协同集聚

一、深港生产性服务业与制造业协同集聚驱动科技协同创新的现状

2010—2018年，深圳现代服务业发展迅猛，其增加值从3 362.86亿元增至10 090.59亿元，增幅超过2倍。受益于此，高新技术产业增加值从3 058.85亿

元增至 8 296.63 亿元，增幅超过 1.7 倍。但也应看到，目前深圳科技创新还面临原始创新能力不足、高端科技服务业发展不够等短板。在知识经济和服务经济背景下，深圳制造业正处于从"生产型制造"向"服务型制造"跨越的转型期。相较之下，香港科技创新则面临科研经费投入不足、科研成果转化缺乏完整工业体系的强有力支撑等困境。要想补齐现有的产业化短板，香港也需要进一步加强与深圳等创新型城市的合作。为此，需要在新形势下，进一步发挥生产性服务业与制造业协同集聚效应，规避产业空间错配的资源效率损失，通过生产性服务业与制造业协同集聚，深化深港科技协同创新，加快优化产业空间布局，推动产业科技高质量协同创新，携手打造国际科技创新中心。

随着珠三角城市生产性服务业的快速崛起，粤港澳三地实现了从传统的"前店后厂"模式向新型"前店后厂"模式转型。新时代深港在发挥生产性服务业对科技创新的作用方面进行积极探索和创新，取得了一定成效。在 CEPA 协议对港澳生产性服务业持续扩大开放力度的基础上，深港生产性服务业和先进制造业发展均取得了较大的进展。根据深圳市统计局数据显示，2018 年，深圳市现代服务业增加值 10 090.59 亿元，增长 7.1%；先进制造业增加值 6 564.83 亿元，增长 12.0%。依据《中国城市统计年鉴》数据进行测算，深圳生产性服务业与制造业协同集聚度从 2007 年的 3.86 上升至 2017 年的 3.96。得益于此，深圳高技术制造业增加值 6 131.20 亿元，增长 13.3%，发明专利申请量与授权量分别为 7.00 万件和 2.13 万件，分别增长 16.1% 和 12.6%，研发投入占 GDP 的比重已经达到 4.2%。中华人民共和国香港特别行政区政府统计处和知识产权署数据显示，2018 年，香港服务业占比超过九成。同时，香港标准专利申请数目为 314 件，相比 2014 年增长了 63.54%，标准专利授权数 161 件，相比 2014 年增长了 82.95%。广东省推进粤港澳大湾区建设新闻发布会数据显示，截至 2019 年 3 月，已有 6 所香港高校在深圳设立了 72 个科研机构，转化成果及技术服务近 300 项，粤港联合创新资助项目达 151 个。可见，近年来，深圳和香港在现代服务业和科技创新领域均呈现出良好的协同发展态势。在粤港澳大湾区加快建设、粤港澳产业合作渐入佳境的条件下，深港产业合作和科技创新有望取得新的突破。

二、深港生产性服务业与制造业协同集聚驱动科技协同创新存在的瓶颈和面临的挑战

深港生产性服务业与制造业协同集聚，对科技协同创新起到了良好的成效，

但也应看到，深港生产性服务业与制造业集聚发展还存在产业协同结构不优、合力不足、效益不高等现实障碍，仍需在优化产业空间协同布局、推动产业内外联动开放、强化制度政策创新等方面持续发力。

（一）深港产业协同发展战略相对缺乏，要素自由流动还有梗阻

近年来，深港科技和产业合作虽然取得了较大进展，但仍存在较大问题与阻力。一方面，深圳和香港两地在社会制度、法律体系、关税制度、货币体系等方面存在较大差异，导致两地在科技管理和产业政策体系上衔接不畅。如在研发资金跨境使用、关键科研设备过境等方面还存在困难，产学研用一体化的科技研发体系难形成，在一定程度上阻碍了两地的创新要素流动与配置、关键技术协同攻关与成果转移转化。这些问题成为深港产业科技协同创新高质量发展的掣肘。同时，现代服务要素，如研发设计服务、金融服务、人力资源服务等跨境流动还存在各种显隐性的障碍或政策制约。如何在顶层设计环节把握全局、协调各方利益冲突，避免两地重复建设、同质竞争，发挥各自服务优势，提高科研成果转化率，实现科技协同创新，还存在一些挑战和困难。另一方面，随着深圳现代服务业和高科技产业的快速崛起，深港两地在金融服务、高端物流服务、研发创新服务等部分高端服务业和先进制造业领域的发展路径存在重合，因此出现了一定程度的重叠和竞争。目前，两地产业对接协作的战略和机制仍相对不足。尽管香港拥有国际领先的研发创新等知识密集型服务业，但由于两地产学研之间的协作并未打通，中间缺乏共性技术和产业化技术对接环节，深港协同研发和成果转化的潜力还未得到充分释放，亟须加快提升深港两地的产业协同集聚及协同创新效率。

（二）深港产业协同集聚质量欠佳，高端服务业驱动产业核心技术创新能力有待提升

对标旧金山、纽约和东京等国际一流湾区，近年来，虽然深圳服务业发展异军突起，但其更多依赖于商业模式的创新驱动。在依靠基础研究能力驱动的研发设计、信息服务、高端金融等知识密集型服务业，或是资讯传输、软件和资讯技术服务、租赁和商务服务等新型服务业、高技术服务业领域，深圳服务业对科技成果的转化支撑能力还相对薄弱，且面临原始创新型人才匮乏、知识产权保护薄弱、科技服务配套不健全、科研成果与市场需求错配等困境，知识密集服务业发展仍是创新环节中的"短板"。而香港虽然在贸易及物流业、金融服务业、专业及工商业支持服务业与旅游业等领域占有优势，但在以新一代信息技术和高科技产业驱动的跨境电商、供应链金融等新型服务业方面，面临创新成本高、产业基础与市场需求缺乏、科研成果应用转化缓慢等瓶颈。由此造成当前深港产业协同集聚效率不够高，生产性服务业与制造业还存在空间错配和脱节化风险，以及产业集聚驱动深港协同创新集约发展有待提升等问题。此外，近年来深圳房价持续走高，"大城市病"诱发了较高的"拥挤成本"，对服务企业、服务人才等要素的挤出效应也逐渐显现。同时，深圳仍受到土地财政依赖症和行政区划利益等传统发展思维的束缚。产业关联机制未有效建立起来，集群效应不突出，缺乏关联、配套与协同效应，存在技术和信息等资源难以共享、对本地溢出效应不准等"卡脖子"难题，难以对产业协同集聚的价值链升级效应发挥成本降低和知识溢出效应。

（三）深港服务业开放程度不足，产业合作平台支撑作用有待加强

虽然深圳和香港近年来受益于CEPA及其补充协议，两地服务贸易开放程度一再扩大，但在高技术和新兴服务业领域双向联动开放格局尚未形成，产业协同集聚对深港协同创新的红利效应未能充分释放的情况下，新阶段下，对于深化深港现代服务业合作与开放，释放新兴产业增长潜力的需求十分强烈。特别是深圳现代服务业的现有开放度仍旧不高，电信、金融、教育等部分现代服务业领域还存在一定的准入门槛，外企和民企在行政审批、牌照获取等方面管制相当严格，未能享受公平竞争的发展环境，盈利能力受到一定的挤压。此外，香港在医师行业等现代服务业领域开放度不够，存在一定程度的保护主义，内地毕业生想进入香港，从事相关工作的门槛依然存在。虽然深圳和香港正致力于依托前海港现代服务业合作区等进行突破，但对标国内和国际先进水平，在新产业、新技术、新业态和新模式下，目前合作区服务业合作还面临政策创新力度不够、高端服务业发展不足等短板，合作平台在衔接效率、高端化发展上还有待提升，生产性服务业与制造业协同集聚，对促进深港科技协同创新的作用仍有待加强。

参考文献

[1] 顾乃华, 毕斗斗, 任旺兵. 中国转型期生产性服务业发展与制造业竞争力关系研究基于面板数据的实证分析 [J]. 中国工业经济, 2006(9): 14–21.

[2] 胡晓鹏, 李庆科. 生产性服务业与制造业共生关系研究——对苏、浙、沪投入产出表的动态比较 [J]. 数量经济技术经济研究, 2009(2): 33–45.

[3] 田家林, 黄涛珍. 生产性服务业与其他产业的互动关系——基于历次投入产出表的分析 [J]. 中国科技论坛, 2010(8): 53–59.

[4] 刘洁, 李雪源, 陈海波. 中国生产性服务业与制造业融合发展的行业差异 [J]. 中国科技论坛, 2015(2): 61–66.

[5] 王小波, 陈赤平, 文美玲. 生产性服务业与制造业融合发展研究 [J]. 湖南科技大学学报(社会科学版), 2016(11): 98–103.

[6] 杨少浪, 李华. "新常态"下广东生产性服务的发展与思考 [J]. 广东经济, 2016(11): 40–49.

[7] 鞠成江. 西南财经大学生产性服务业与制造业的互动研究——基于产业关联的视角 [D]. 成都: 西南财经大学, 2013.

[8] 张洁梅. 现代制造业与生产性服务业互动融合发展研究——以河南省为例 [M]. 北京: 中国经济出版社, 2013: 174–195.

[9] 王晓红, 王传荣. 产业转型条件的制造业与服务业融合 [J]. 改革, 2013(9): 40–47.

[10] 周洋. 河南省生产性服务业与制造业发展的互动机制研究 [D]. 郑州: 郑州大学, 2011.

[11] 肖珣. 中国生产性服务业发展对制造业升级的影响研究 [D]. 武汉: 中南财经政法大学, 2018.

[12] 蔡渊渊. 全球价值链下我国装备制造业与生产性服务业融合路径研究 [D]. 哈尔滨: 哈尔滨理工大学, 2019.

[13] 刘胜. 深港生产性服务业与制造业的协同集聚 [J]. 开放导报, 2019(10): 73-75.

[14] 程小阳. 基于区域合作视角的广州市生产性服务业发展模式探析 [J]. 商业现代化, 2019(17): 135.

[15] 李成青. 商业银行信贷支持制造业发展研究 [J]. 金融理论与实践, 2019(9): 87-88